高等院校经济管理类专业项目化（案例化）系列教材

统计分析项目化教程

主　编　刘乐荣
副主编　熊　云　李　英
　　　　刘彩云　赵婉婷
主　审　刘雪梅

北京理工大学出版社
BEIJING INSTITUTE OF TECHNOLOGY PRESS

内 容 简 介

本书是统计学课程组教师在多年来的应用型本科统计学课程教学实践与经验总结的基础上编写的。本书立足于应用型人才培养的目标及专业方向,内容体现了"基础性"和"应用性"。

本书较为全面地介绍了统计学的基本思想、基本理论和基本方法,以及计算机和统计软件在统计工作中的应用等。主要内容包括统计概况、数据来源与处理、数据特征的描述、抽样推断与统计检验、方差分析、相关分析与回归分析、动态数列的分析与应用和统计指数分析与应用。

本书在编写的构思上特别注重紧密联系社会实际,应用社会活动现象中的一些最新实例进行分析和阐述,同时,结合计算机的应用,安排了 SPSS 软件应用的上机操作内容,可作为高等院校经济管理类专业项目化系列教材,也可作为数据分析人员和统计专业学生的参考用书。

版权专有　侵权必究

图书在版编目（CIP）数据

统计分析项目化教程/刘乐荣主编．—北京：北京理工大学出版社，2019.9（2021.7重印）

ISBN 978-7-5682-7562-0

Ⅰ.①统…　Ⅱ.①刘…　Ⅲ.①统计分析-应用软件-高等学校-教材　Ⅳ.①C819

中国版本图书馆 CIP 数据核字（2019）第 202589 号

出版发行 / 北京理工大学出版社有限责任公司

社　　址 / 北京市海淀区中关村南大街 5 号

邮　　编 / 100081

电　　话 /（010）68914775（总编室）

　　　　　（010）82562903（教材售后服务热线）

　　　　　（010）68948351（其他图书服务热线）

网　　址 / http：//www.bitpress.com.cn

经　　销 / 全国各地新华书店

印　　刷 / 北京紫瑞利印刷有限公司

开　　本 / 787 毫米 × 1092 毫米　1/16

印　　张 / 16　　　　　　　　　　　　　　　　责任编辑 / 朱　婧

字　　数 / 388 千字　　　　　　　　　　　　　　文案编辑 / 赵　轩

版　　次 / 2019 年 9 月第 1 版　2021 年 7 月第 3 次印刷　　责任校对 / 周瑞红

定　　价 / 42.00 元　　　　　　　　　　　　　　责任印制 / 李志强

图书出现印装质量问题,请拨打售后服务热线,本社负责调换

前 言

本书是统计学课程组教师在多年的应用型本科教学基础上,根据应用型人才培养的要求而编写的。全书坚持以应用为导向,以方法为基础,以技能培养为重点,较为系统地介绍了统计学的基本理论和基本方法。

本书侧重于三个结合:一是理论教学与实践教学相结合。在教学内容安排上,在不降低对本课程理论教学的要求的基础上,加强了实践教学与应用环节的比重。在教材结构上,采用了项目化、任务式的导向和驱动方式,以便于学生能更好地掌握统计分析方法,提高分析问题的能力。二是基础性与实用性相结合。在教学内容安排上,侧重于统计分析基本方法在经济管理领域的应用,以介绍统计学的基本概念和基本方法为重点。在内容的表述上,尽可能地做到详略得当,通俗易懂,以方便一些数学基础较差的同学在学习本课程内容时轻易入门。三是统计分析方法与统计软件应用相结合。本书安排了目前使用较为广泛的 SPSS 软件操作演示案例,目的是要学生熟悉统计分析软件,至少能利用一种统计分析软件进行统计分析,以提高统计与分析的效率,更好地服务于今后的工作。

本书由长期在第一线担任本课程教学工作,且具有较丰富的教学和实践经验的专业教师编写。本书由刘乐荣任主编,并负责全书总纂和定稿工作;熊云、李英、刘彩云、赵婉婷任副主编;刘雪梅任主审。黄华珍、梁晨和方晓娟参加了本书部分内容的编写和资料整理工作。

由于编者水平所限,书中难免有错误和疏漏之处,敬请同行和读者提出宝贵意见。

编 者

目 录

项目一 统计概况 ……………………………………………………………… (1)

任务一 明确统计的含义、对象和特点 ……………………………………… (1)
一、统计的含义 ………………………………………………………………… (2)
二、统计学的研究对象 ………………………………………………………… (2)
三、统计的特点 ………………………………………………………………… (3)

任务二 了解统计的任务、过程、职能和应用领域 ………………………… (4)
一、统计的基本任务 …………………………………………………………… (4)
二、统计的工作过程 …………………………………………………………… (4)
三、统计的职能 ………………………………………………………………… (5)
四、统计的应用领域 …………………………………………………………… (5)

任务三 掌握好统计的基本术语 ……………………………………………… (6)
一、统计总体、样本和总体单位 ……………………………………………… (6)
二、统计标志、统计指标和统计指标体系 …………………………………… (7)
三、变量与变量值 ……………………………………………………………… (9)

任务四 了解 SPSS 软件与数据的建立 ……………………………………… (10)
一、SPSS 软件概述 …………………………………………………………… (11)
二、数据的建立 ………………………………………………………………… (11)

项目二 数据来源与处理 ……………………………………………………… (14)

任务一 明确数据来源 ………………………………………………………… (14)
一、数据的特点 ………………………………………………………………… (15)
二、数据的分类 ………………………………………………………………… (15)
三、数据的来源 ………………………………………………………………… (17)
四、调查数据的取得方式 ……………………………………………………… (17)

任务二 数据整理与分组 ……………………………………………………… (19)

一、数据整理 ··· (19)
　　二、数据分组 ··· (20)
　任务三　编制变量数列 ··· (22)
　　一、分配数列的概念 ··· (22)
　　二、分配数列的种类 ··· (23)
　　三、分配数列编制方法的选择 ·· (24)
　任务四　利用SPSS软件绘制统计图 ·· (28)
　　一、直方图的绘制 ··· (28)
　　二、条形图的绘制 ··· (29)

项目三　数据特征的描述 ··· (34)
　任务一　数据总量特征的描述 ·· (34)
　　一、总量指标的含义 ··· (35)
　　二、总量指标的分类 ··· (35)
　　三、总量指标统计的要求 ··· (36)
　任务二　数据相对特征的描述 ·· (37)
　　一、相对指标的含义 ··· (37)
　　二、相对指标的表现形式 ··· (37)
　　三、相对指标的种类 ··· (38)
　　四、计算和运用相对数的要求 ·· (40)
　任务三　数据集中趋势的描述 ·· (44)
　　一、平均指标的含义 ··· (44)
　　二、平均指标的作用 ··· (44)
　　三、平均指标的计算 ··· (45)
　任务四　数据离散趋势的描述 ·· (55)
　　一、变异指标的含义 ··· (55)
　　二、变异指标的作用 ··· (56)
　　三、变异指标的种类 ··· (56)
　　四、相对变异指标（变异系数）··· (57)
　任务五　利用SPSS软件进行数据特征描述 ······································ (60)
　　一、未分组资料的描述统计 ··· (60)
　　二、分组资料的描述统计 ··· (61)

项目四　抽样推断与统计检验 ·· (68)
　任务一　明确抽样推断的内涵 ·· (68)
　　一、抽样推断的概念与特点 ··· (69)
　　二、抽样推断的理论基础 ··· (69)
　　三、抽样推断的主要作用 ··· (70)

四、抽样推断的基本概念 …………………………………………… (70)
任务二　抽样误差的计算 ………………………………………………… (73)
　　一、抽样误差的含义及其影响因素 ………………………………… (73)
　　二、抽样平均误差的概念与计算 …………………………………… (74)
任务三　抽样推断的相关概念与方法 …………………………………… (77)
　　一、相关概念 ………………………………………………………… (77)
　　二、抽样推断的方法 ………………………………………………… (78)
任务四　假设检验 ………………………………………………………… (82)
　　一、假设检验的含义 ………………………………………………… (82)
　　二、假设检验的内容 ………………………………………………… (83)
　　三、小概率原理 ……………………………………………………… (83)
　　四、假设检验的两类错误 …………………………………………… (83)
　　五、假设检验的基本步骤 …………………………………………… (84)
　　六、假设检验的方法 ………………………………………………… (86)
任务五　利用 SPSS 软件进行抽样推断 ………………………………… (93)
　　一、利用 SPSS 软件进行单样本 t 检验 …………………………… (93)
　　二、利用 SPSS 软件进行独立样本 t 检验 ………………………… (94)
　　三、利用 SPSS 软件进行配对样本 t 检验 ………………………… (95)

项目五　方差分析 ……………………………………………………… (99)

任务一　了解方差分析的基本原理 ……………………………………… (99)
　　一、方差分析的相关概念 …………………………………………… (100)
　　二、方差的定义与估计 ……………………………………………… (100)
　　三、F 分布与 F 检验 ……………………………………………… (101)
　　四、多重比较 ………………………………………………………… (102)
任务二　单因素方差分析与应用 ………………………………………… (103)
　　一、数据结构 ………………………………………………………… (104)
　　二、误差的分解 ……………………………………………………… (104)
　　三、方差估计 ………………………………………………………… (105)
　　四、分析方法 ………………………………………………………… (106)
任务三　无交互作用的方差分析 ………………………………………… (109)
　　一、数据结构 ………………………………………………………… (110)
　　二、误差分解 ………………………………………………………… (110)
　　三、方差估计 ………………………………………………………… (111)
　　四、分析方法 ………………………………………………………… (111)
任务四　有交互作用的方差分析 ………………………………………… (113)
　　一、数据结构 ………………………………………………………… (114)
　　二、误差分解 ………………………………………………………… (115)

三、分析方法 …………………………………………………………… (116)
　任务五　协方差分析 …………………………………………………………… (119)
　　一、协方差的概念与作用 ………………………………………………… (119)
　　二、协方差分析的意义 …………………………………………………… (120)
　　三、协方差的测定 ………………………………………………………… (120)
　任务六　利用 SPSS 软件进行方差分析 ……………………………………… (123)
　　一、利用 SPSS 软件进行单因素方差分析 ……………………………… (123)
　　二、利用 SPSS 软件进行无交互作用的双因素方差分析 ……………… (125)
　　三、利用 SPSS 软件进行协方差分析 …………………………………… (127)

项目六　相关分析与回归分析 …………………………………………………… (133)

　任务一　认识经济现象之间的关系 …………………………………………… (133)
　　一、现象之间关系的基本形式 …………………………………………… (134)
　　二、相关关系的种类 ……………………………………………………… (134)
　任务二　简单相关分析与应用 ………………………………………………… (135)
　　一、相关分析的含义 ……………………………………………………… (135)
　　二、相关关系的描述 ……………………………………………………… (136)
　　三、相关性质和相关程度的判别 ………………………………………… (138)
　任务三　一元回归分析与应用 ………………………………………………… (142)
　　一、什么是回归现象 ……………………………………………………… (142)
　　二、回归分析的含义 ……………………………………………………… (143)
　　三、回归方程 ……………………………………………………………… (143)
　　四、回归方程误差的分解 ………………………………………………… (145)
　　五、判定系数 r^2 ………………………………………………………… (145)
　　六、估计标准误差 ………………………………………………………… (146)
　任务四　多元线性回归分析与应用 …………………………………………… (150)
　　一、多元线性回归分析的含义 …………………………………………… (150)
　　二、多元线性回归分析的方法 …………………………………………… (150)
　　三、多元线性回归估计标准误差的测定 ………………………………… (151)
　任务五　非线性回归分析与应用 ……………………………………………… (153)
　　一、非线性回归的含义 …………………………………………………… (154)
　　二、非线性回归分析的类型与方法 ……………………………………… (154)
　任务六　利用 SPSS 软件进行相关与回归分析 ……………………………… (159)
　　一、利用 SPSS 软件进行简单相关与回归分析 ………………………… (159)
　　二、利用 SPSS 软件进行多元相关与回归分析 ………………………… (161)

项目七　动态数列的分析与应用 ………………………………………………… (167)

　任务一　动态数列的编制 ……………………………………………………… (167)

一、时间数列的概念 …………………………………………………… (168)
　　二、时间数列的种类 …………………………………………………… (168)
　　三、时间数列的编制原则 ……………………………………………… (170)
　任务二　动态数列的水平指标分析 ………………………………………… (170)
　　一、发展水平 …………………………………………………………… (171)
　　二、平均发展水平 ……………………………………………………… (171)
　　三、增长量 ……………………………………………………………… (172)
　　四、平均增长量 ………………………………………………………… (173)
　任务三　动态数列的速度指标分析 ………………………………………… (177)
　　一、发展速度 …………………………………………………………… (178)
　　二、增长速度 …………………………………………………………… (179)
　　三、平均发展速度 ……………………………………………………… (180)
　　四、平均增长速度 ……………………………………………………… (182)
　任务四　动态数列的趋势分析 ……………………………………………… (184)
　　一、动态数列分析概况 ………………………………………………… (185)
　　二、长期趋势的测定方法 ……………………………………………… (185)
　任务五　动态数列的季节性分析 …………………………………………… (196)
　　一、季节变动及其产生的原因 ………………………………………… (196)
　　二、季节变动分析的意义 ……………………………………………… (196)
　　三、季节变动分析的基本原理 ………………………………………… (196)
　　四、季节变动的测定方法 ……………………………………………… (197)
　任务六　利用SPSS软件进行长期趋势分析 ……………………………… (201)

项目八　统计指数分析与应用 ………………………………………… (210)

　任务一　认识统计指数 ……………………………………………………… (210)
　　一、什么是统计指数 …………………………………………………… (211)
　　二、统计指数的作用 …………………………………………………… (211)
　　三、统计指数的分类 …………………………………………………… (211)
　任务二　编制综合指数 ……………………………………………………… (212)
　　一、什么是综合指数 …………………………………………………… (213)
　　二、如何编制综合指数 ………………………………………………… (213)
　任务三　编制平均数指数 …………………………………………………… (216)
　　一、平均数指数的概念 ………………………………………………… (216)
　　二、平均数指数的基本形式 …………………………………………… (216)
　任务四　因素分析与应用 …………………………………………………… (220)
　　一、指数体系 …………………………………………………………… (220)
　　二、因素分析 …………………………………………………………… (220)
　任务五　平均指标对比指数分析与应用 …………………………………… (226)

一、平均指标对比指数的概念 ……………………………………………… (226)
二、平均指标对比指数的分解 ……………………………………………… (227)
三、平均指标对比指数体系 ………………………………………………… (228)

附录 ………………………………………………………………………… (234)

参考文献 …………………………………………………………………… (246)

项目一

统计概况

★ **应达目标**

知识目标

1. 明确统计的含义、对象和特点；
2. 了解统计的任务、过程、职能和应用领域；
3. 掌握统计的基本术语。

技能目标

1. 能结合现实生活中的例子准确地界定总体和总体单位；
2. 能在实践中准确地识别和区分标志和指标、数量指标和质量指标。

任务一 明确统计的含义、对象和特点

★ **任务导入**

你了解统计学吗？

美国普林斯顿大学冠名金融学讲座教授、国际数理统计学会会长范剑青说："社会活动看似杂乱无章，对个体来说有很多不确定性，但总体上都是服从一些统计规律的。无论医学、经济学、社会科学或是科学实验得到的都是数据，统计学就是对这些数据进行加工和提炼，找出规律、预测未知。"

然而，在大数据与云计算的时代，不管你是否愿意，都必须面对大量的信息，并需要从中搜寻到有价值的资料加以使用。而数据是信息的主体，绝大多数信息都是以数据的形式存

在的。因此，在科学技术迅速发展的今天，工作和生活中，我们必须从纷繁杂乱的海量数据的分析中发现事物的变化规律，以做出正确的判断，制定合适的行动方针。

统计学就是关于收集和分析数据的科学和艺术。作为数据处理和分析技术的统计方法已经越来越广泛地应用于科学研究、生产经营管理和普通人的日常生活之中。学习统计知识、掌握统计思想、运用统计方法满足人们的各种需求，已成为现代社会发展的必然趋势。

★ 知识共享

一、统计的含义

统计作为一种社会实践活动具有悠久的历史。"统计"一词已被人们赋予多种含义，且在不同场合具有不同的含义，目前人们所公认的有三层含义。

1. 统计工作

统计工作是指对客观存在的社会经济现象的数量方面进行搜集、整理和分析研究工作的总称，它是一种社会调查研究活动。随着历史的发展，统计工作也在逐渐发展和完善，并成为国家和地区、企事业单位和个人认识与改造客观世界和主观世界的一种有力工具。

2. 统计资料

统计资料是指统计工作中所取得的各项数字资料和其他与之相联系的资料的总称。它是国家政府进行国民经济宏观调控的决策依据，是社会公众了解国情、国力和社会经济发展状况的信息主体。不管是个人、集体和社会，还是国家和地区、企事业单位都离不开统计资料。例如由国家统计局编辑、中国统计出版社出版的每年的《中国统计年鉴》以及国家统计局公布的《国民经济和社会发展统计公报》等即是统计资料。

3. 统计学

统计学是指对研究对象的数据资料进行搜集、整理、分析和研究，以显示其总体的特征、趋势和规律性的学科。它以搜集、整理、分析和研究等统计技术为手段，对所研究对象的总体数量关系和数据资料去伪存真、去粗取精。

统计的三层含义是紧密结合、相互联系的。统计学是从统计实践中产生的，只有接受实践的检验，在实践中得到发展，统计学才能成为指导统计工作的科学。统计工作与统计资料是过程与结果的关系。统计工作、统计资料与统计学是实践与理论的辩证关系。

二、统计学的研究对象

关于统计学的研究对象，国内外学者有不同的看法。关于这个问题的争论已经延续了几百年，不同的学派有不同的观点，各执己见，争论不休。目前国内比较一致的看法是，统计学的研究对象是统计研究所要认识的客体。一般来说，统计学的研究对象是客观现象总体的数量特征和数量关系，以及通过这些数量方面反映出来的客观现象的发展变化和规律性。

统计学在研究社会经济现象的数量方面，主要是运用科学的方法去搜集、整理、分析国民经济和社会发展的实际数据，并通过统计所特有的统计指标和指标体系，表明所研究对象的规模、水平、速度、比例和效益，以反映社会经济发展规律在一定时间、地点条件下的作用。这与社会经济统计工作的研究对象既相同又有区别。统计学的研究对象和社会经济统计工作的研究对象虽然都是社会经济数量方面（对象一致），但统计学偏重从理论角度进行研究，而统计工作则是从实践上进行具体研究（重点不同）。由此可以得出，统计学的研究对象是社会经济现象方面的理论和方法，是统计工作实践经验和理论的概括与升华，而社会经济统计工作的研究对象是在具体时间、地点和条件下的数量表现。

三、统计的特点

社会经济统计学是一门独立的社会科学。统计具有数量性、总体性、具体性、社会性、广泛性五个方面的特点。

1. 数量性

统计学用数据表述客观事实和依据客观事实的逻辑归纳做出定量推断；统计学用大量数字资料来说明事物的规模、水平、结构、比例关系、普遍程度、发展水平、发展速度等特征。可见，研究现象的数量方面是统计学研究对象的基本特征。一切客观事物都有质和量两个方面，事物的质与量总是密切联系的，它们共同规定着事物的性质。没有无量的质，也没有无质的量。一定的质规定着一定的量，一定的量也表现为一定的质。量变引起质变，质变又能促进新的量变。这种质与量相互联系的哲学观点，是统计学研究社会现象数量关系的准则。

2. 总体性

统计学从整体上研究现象的数量表现，把握事物的变化规律。统计研究强调研究对象的集合特征，即通过对总体现象的整体归纳，消除个别的、偶然的因素影响，使总体呈现相对稳定的规律性事实。因此，只有从总体上去进行定量认识才能够认识事物总体发展的规律。

3. 具体性

统计学的研究对象是具体事物的数量方面，不是抽象的量。统计研究的量是在具体时间、地点条件下所发生的量，它总是和具体的社会经济内容紧密地联系在一起。

4. 社会性

统计学的研究对象是社会经济现象的数量方面，社会经济现象是人类社会活动的条件、过程和结果；人类社会活动是人们有意识、有目的的活动，各种活动都贯穿着人与人的关系、人与社会的关系。

5. 广泛性

统计学研究的数量方面非常广泛，包括全部社会经济现象的数量方面。统计学几乎不同程度地渗透到所有人类活动的领域。它既研究生产关系，也研究生产力，以及生产关系和生产力之间的关系；既研究经济基础，也研究上层建筑，以及经济基础和上层建筑之间的关系。此外，还研究生产、流通、分配、消费等社会再生产的全过程，以及社会、政治、经济、军事、法律、文化、教育等全部社会现象的数量方面。

任务二 了解统计的任务、过程、职能和应用领域

★任务导入

2014 年，阿里巴巴第一次把"双 11"扩展到全球

2014 年 11 月 11 日刚过，阿里巴巴就公布了"双 11"的最终战绩：交易额突破 571 亿元，其中移动交易额为 243 亿元，占比 42.6%，物流订单量为 2.78 亿，创下全球移动电商平台单日成交的历史新高。2014 年总共有 217 个国家和地区参与"双 11"。国内交易额排名前十的省市分别是：广东、浙江、江苏、上海、山东、四川、北京、湖北、湖南、河南；海外国家排行中，美国、日本、韩国、澳大利亚、新西兰、德国成为最受中国买家喜爱的产品输出国。2014 年天猫国际、淘宝海外、速卖通等首次参加"双 11"，也是阿里巴巴第一次把"双 11"扩展到全球。阿里巴巴为什么能在"双 11"活动刚结束后的第一时间就公布最终战绩？这就得益于大数据与"互联网+数据"背景下的统计结果。

★知识共享

一、统计的基本任务

《中华人民共和国统计法》（以下简称《统计法》）第二条规定："统计的基本任务是对经济社会发展情况进行统计调查、统计分析，提供统计资料和统计咨询意见，实行统计监督。"这是《统计法》对我国政府统计基本任务的法律规定。

对国民经济和社会发展情况进行统计调查和统计分析是我国政府统计工作第一项法定的基本任务；提供统计资料和统计咨询意见是我国政府统计工作第二项法定的基本任务；对国民经济和社会的运行状态实行统计监督是我国政府统计工作第三项法定的基本任务。

二、统计的工作过程

从理论上讲，完整的统计工作包括四个阶段，即统计设计、统计调查、统计整理和统计分析。

1. 统计设计

统计设计是根据统计研究对象的特点和研究的目的、任务，对统计工作的各个方面和各个环节的通盘考虑和安排，是统计认识过程的第一个阶段，即定性认识的阶段。统计设计之所以必要，是因为统计是一项需要高度集中统一的工作，没有预先科学的设计，没有具体的工作规范，就难以达到预期的效果。因此在一项大规模的统计工作开始前，必须进行统计设计。

2. 统计调查

统计调查是根据统计研究的对象和目的，根据统计设计的内容、指标和指标体系，有计划、有目的、有组织地搜集统计原始资料的工作过程，是统计认识过程的第二个阶段，即定量认识的阶段。统计用数字说话，而各种统计数字都直接来自统计调查，管理者和决策者都需要根据大量翔实的统计信息进行管理和决策，科研工作者也需要根据统计调查得到的资料

进行科学研究。

3. 统计整理

统计整理是指根据统计研究的目的,将统计调查得到的原始资料和次级资料进行科学的分类和汇总,使其条理化、系统化的工作过程,是统计认识过程的第三个阶段,与统计调查同属于定量认识的阶段。这个阶段的主要任务就是为统计分析阶段准备能在一定程度上说明总体特征的统计资料。但在实际工作中,统计整理与统计调查和统计分析并非总是截然分开的,而是相互交织在一起的,统计整理是统计调查的继续,也是统计分析的开始。

4. 统计分析

统计分析是在统计整理的基础上根据研究目的和任务,利用科学的统计分析方法,对统计研究对象的数量方面进行计算、分析的工作过程。统计认识的结论要从分析中得出,因此,这一阶段虽然是对统计资料的计算分析,但其目的却是要揭示统计研究对象的状况、特点、问题、规律性等,所以这是统计认识过程的最后阶段,即统计认识的定性阶段。

因此,从认识的顺序来看,上述四个阶段是从定性认识开始,经过定量认识,再到定性认识的循环往复的过程,即定性认识(统计设计)—定量认识(统计调查和统计整理)—定性认识(在定量认识的基础上进行的统计分析)的过程。

三、统计的职能

《统计法》规定政府统计的基本任务,也是对我国政府统计信息、咨询、监督三大功能(也称职能)的法律认可。统计的三大职能是相互联系、相辅相成的。统计信息职能是基础职能,是保证咨询职能和监督职能有效发挥的基础,而咨询职能则是信息职能的延伸和深化;监督职能则是信息职能和咨询职能的拓展。只有同时发挥统计的信息职能、咨询职能和监督职能才能体现统计的整体职能,才能搞好搞活社会经济统计,为市场经济服务,从而发挥社会经济统计的应有作用。

四、统计的应用领域

统计已广泛应用于自然科学和社会科学的各个领域,如社会经济统计、农业统计、工业统计、生物统计、医用统计、教育统计、心理学统计、体育统计等。就经济管理工作来说,其主要有以下五个方面的应用。

1. 在经济分析与预测中的应用

企业为了更好地发展,不仅要对过去的经营状况进行分析,还要对未来的经营前景和市场经济状况进行预测。在类似的分析与预测时都要使用各种统计信息和统计方法。比如,一个企业要对新开发的产品的市场前景和潜力做出预测时,就需要利用市场调查取得数据,并对数据进行统计整理和分析,然后进行预测。同样,经济学家在预测通货膨胀时,要利用有关生产价格指数、失业率、生产能力等统计数据,然后通过统计模型进行预测。

2. 在企业发展战略中的应用

发展战略是一个企业的长远发展方向。企业在制定发展战略时,一方面需要及时了解整个市场的宏观经济发展状况,把握整个市场的发展变化趋势,做到应对自如;另一方面,还要进行合理的市场定位,把握企业自身的优势和劣势,做到扬长避短。要做好这两个方面的工作,就需要统计提供可靠的数据,再利用统计方法对数据进行科学的分析和预测。

3. 在市场分析与研究中的应用

企业要在激烈的市场竞争中取得竞争优势,首先必须了解市场。而要了解市场就必须进行广泛的市场调查。通过调查获取相关的信息,并对这些信息进行科学的处理和分析之后,企业就可以此作为生产和营销活动安排的依据。这里的信息处理和分析就要应用统计学原理和方法做支撑。

4. 在财务分析与管理中的应用

在财务分析与管理中,需要应用统计方法的地方非常多,如财务审计中的审计抽样,要应用到统计抽样技术和方法;财务管理中的收益和风险管理,要应用到统计技术中的标准差系数法;在对资金需要量等指标进行预测时,要应用到统计技术中的平滑法指数和回归法预测;在进行成本管理过程中,基本做法就是根据以往若干时期(若干月或若干年)的数据所表现出来的实际成本与业务量之间的依存关系来描述成本的性态,并以此来确定决策所需要的未来成本数据;又如,对一个上市公司来说,其财务数据是股民投资选择的重要参考依据。一些投资咨询公司主要是根据上市公司提供的财务数据和统计资料进行分析,为股民提供投资参考。企业自身的投资,也离不开对财务数据的分析,其中同样要用到大量的统计方法。

5. 在经济管理其他方面的应用

必须说明的是,统计在经济管理中的应用,对一个企业来说,除以上应用范围外,还在产品质量管理与控制、人力资源管理等方面具有重要作用。当然,统计并不是仅仅为了管理发展的,它是为自然科学、社会科学的多个领域而发展起来的,为多个学科提供了通用的数据分析方法。从某种意义上说,统计不仅仅是一种数据分析的方法,还与数学一样是一种工具,一种数据分析工具。

任务三　掌握好统计的基本术语

★任务导入

统计中的基本术语有哪些?

至今,统计已应用到人类社会和自然界的所有领域。然而不管统计问题如何复杂,其核心的解决方法均以样本数据(标志)分析结果来推断总体数量(指标)特征,然后再对总体现象做出合理解释。这里所说的总体、样本、指标和标志是统计研究中的最基本要素,这些基本要素就是关于统计学表述中应用最多的名词术语。因此,我们要学习、掌握和应用好统计知识和分析方法,首先要掌握好统计的基本术语。

★知识共享

一、统计总体、样本和总体单位

(一)统计总体

统计总体简称总体,是统计研究中确定的客观对象,是由许多具有共同性质的单位组成的整体。如研究某一地区工业企业时，则该地区所有工业企业就是一个总体，因为这些工业企业在性质上都是相同的，都是从事工业生产活动的基本单位。又如，研究某一学校学生情况，则该学校所有学生也是一个总体，因为这些学生都具有该校的学籍。总体还可分为有限总体和无限总体两种。总体所包含的单位数是有限的称为有限总体，总体所包含的单位数是无限的称为无限总体。对有限总体可以进行全面调查，也可以进行非全面调查；但对无限总体只能抽取一部分单位进行非全面调查，据以推断总体。

（二）样本

样本是指从总体中抽取的部分个体所构成的子集体（子团体、子群体）。样本随着抽样的不同而不同，因此，样本结果是随机的。样本有大小之分，传统的分类方法是样本含量在 30 和 30 以上为大样本，在 30 以下为小样本。样本之所以分大小，是因为应用公式不同。

（三）总体单位

总体单位是构成总体的每一个成员（或事物），简称个体。总体单位可以是人、物，也可以是组织机构或单位，还可以是某种现象的状态。如统计总体是某一地区工业企业时，则该地区的每家工业企业就是总体单位。

二、统计标志、统计指标和统计指标体系

（一）统计标志

统计标志简称标志，是说明总体单位属性和特征的名称。总体单位是标志的直接承担者，标志是依附于总体单位的。从不同角度考察，每个总体单位可以有许多属性或特征。如每个职工可以有性别、年龄、民族、工种等特征。这些都是职工的标志。

标志按特征的不同可分为品质标志和数量标志。只能用文字来表示事物属性（质的特性）的标志称为品质标志，如职工的性别、民族、工种等，可以用数值来表示事物特征（量的特性）的标志称为数量标志，如职工的年龄、工资、工龄等。品质标志主要用于分组，将性质不相同的总体单位划分开来，便于计算各组的总体单位数、计算结构和比例指标。数量标志既可用于分组，也可用于计算标志总量。

（二）统计指标

1. 统计指标的含义

统计指标简称指标，是反映社会经济总体现象数量特征的概念和数值。一个完整的指标包括指标名称和指标数值两部分。例如，2018 年我国国内生产总值为 900 309 亿元，即指标。在实际工作中，每一项指标都由指标名称、指标数值、计量单位、计算方法、时间限制和空间限制六个方面组成。

2. 统计指标的特点

统计指标主要有以下三个特点。

（1）数量性。即所有的统计指标都是可以用数值来表现的。这是统计指标最基本的特点。统计指标所反映的就是客观现象的数量特征，这种数量特征，是统计指标存在的形式，没有数量特征的统计指标是不存在的。正因为统计指标具有数量性的特点，才能对客观总体进行量的描述，使统计研究运用数学方法和现代计算技术成为可能。

(2) 综合性。综合性是指统计指标既是同质总体大量个别单位的总计，又是大量个别单位标志差异的综合，是许多个体现象数量综合的结果。例如，某人的年龄、某人的存款额不能叫作统计指标，一些人的平均年龄、一些人的储蓄总额、人均储蓄才叫作统计指标。统计指标的形成都必须经过从个体到总体的过程，它是通过个别单位数量差异的抽象化来体现总体综合数量的特点。

(3) 具体性。统计指标的具体性有两方面的含义。一方面，统计指标不是抽象的概念和数字，而是一定的具体社会经济现象的量的反映，是在质的基础上的量的集合。另一方面，统计指标说明的是客观存在的、已经发生的事实，反映了社会经济现象在具体地点、时间和条件下的数量变化。

3. 统计指标的分类

(1) 统计指标按其作用和表现形式的不同，可分为总量指标、相对指标和平均指标。

①总量指标是反映在一定时间、地点和条件下的社会经济现象总体规模或水平的统计指标。总量指标是最基本的综合指标，其形式为绝对数，亦称绝对数。

②相对指标是用两个有联系的总量指标进行对比，得出比值来反映社会经济现象数量特征和数量关系的综合指标。相对指标也称作相对数。

③平均指标是指社会经济现象总体内，各单位某一数量标志在一定时间达到的一般水平。平均指标也称为平均数。

(2) 统计指标按其说明总体内容的不同，可分为数量指标和质量指标。

①数量指标是说明现象总体规模和水平的统计指标，如人口数、企业数、工资总额、商品销售额等。数量指标所反映的是总体的绝对数量，具有实物的或货币的计量单位，其数值的大小，随着总体范围的变化而变化，它是认识总体现象的基础指标。

②质量指标是说明现象总体内部数量关系和内涵价值的统计指标，如人口的年龄构成、性别比例、平均单产、平均工资等。它通常用相对数和平均数的形式表现，其数值的大小与范围的变化没有直接关系。

4. 统计标志与统计指标的区别和联系

(1) 主要区别：

第一，统计标志是说明总体单位特征的，统计指标则是说明总体特征的。例如，一个工人的工资是数量标志，全体工人的工资总额是统计指标。

第二，统计标志有用文字表示的品质标志和用数值表示的数量标志，统计指标则是用数值表示的，没有不能用数值表示的统计指标。

(2) 主要联系：

第一，统计指标的数值多是由总体单位的数量标志值汇总而来。例如，工资总额是各个职工的工资之和，工业总产值是各个工业企业的工业总产值之和。由于统计指标与统计标志的这种综合汇总关系，有些统计指标的名称与统计标志是一样的，如工业总产值。

第二，统计标志与统计指标之间存在着变换关系。如果统计研究目的发生变化，原来的统计总体变成总体单位了，则相对应的统计指标也就变成了数量标志。反之，如果原来的总体单位变成总体了，则相对应的数量标志也就变成了统计指标。

(三) 统计指标体系

统计指标体系就是各种相互联系的统计指标所构成的一个有机整体，用来说明所研究现象各个方面相互依存和相互制约的关系。由于现象的复杂多样性，各种现象之间相互联系的性质，只用个别统计指标来反映是不够的，需要采用统计指标体系来进行描述。统计指标体系因各种现象本身联系的多样性和统计研究目的的不同而不同。

1. 根据所研究问题的范围不同

根据所研究问题的范围不同，统计指标可以分为宏观指标体系、微观指标体系和中观指标体系。

宏观指标体系就是反映整个现象大范围的指标体系。如反映整个国民经济和社会发展的统计指标体系。微观指标体系就是反映现象较小范围的指标体系。如反映企业或事业单位的统计指标体系。介于这两者之间的可以称为中观指标体系。如反映各地区或各部门的统计指标体系。

2. 根据所反映现象的范围不同

根据所反映现象的范围不同，统计指标体系可以分为综合性指标体系和专题性指标体系。综合性指标体系是较全面地反映总系统及其各个子系统综合情况的统计指标体系。如国民经济和社会发展统计指标体系。专题性指标体系则是反映某个方面或问题的统计指标体系。如经济效益指标体系就是专题性指标体系。

统计指标体系也可以指若干个统计指标之间的联系，表现为一个方程关系。例如，工资总额＝平均工资×职工人数；商品销售额＝商品销售量×商品销售价格；等等。

统计指标体系对于统计分析和研究具有重要的意义。通过一个设计科学的统计指标体系，可以描述现象的全貌和发展的全过程，可以分析和研究现象总体存在的矛盾以及各种因素对现象总体变动结果的影响方向和程度，也可以对未来的统计指标进行计算和预测，对未来现象发展变化的趋势进行预测。

三、变量与变量值

（一）变量

变量是说明现象某种特征的概念。变量的类型有分类变量、顺序变量、数值型变量等，但在多数情况下所说的变量主要是指数值型变量，即说明事物数量特征的一个名称，可以取不同数值的量，包括可变的数量标志或统计指标。在本书中，我们将变量定义为数值型变量。例如，企业的产值、学校的学生数、工人的劳动生产率等。

（二）变量值

变量值是变量的具体表现。例如，产值100万元、学生3 000人、劳动生产率100元/人等。

根据变量值是否连续，可以将变量分为连续变量与离散变量两种。在一定区间内可任意取值的变量叫连续变量，其数值是连续不断的，相邻两个数值可做无限分割，即可取无限个数值，其数值可以用小数来表示。例如，生产零件的规格尺寸，人体测量的身高、体重、胸围等均为连续变量，其数值只能用测量或计量的方法取得。可按一定顺序——列举其数值的变量叫离散变量，其数值表现为断开的，其数值只能用整数来表示。例如，企业个数、职工人数、设备台数、学校数、医院数等，都只能按计量单位数计数，这种变量的数值一般用计数方法取得。

知识扩展

统计学与其他学科的关系

统计学与数学关系密切，但又有本质的区别。由于现代统计学中研究理论统计学的人需要有较深的数学知识，应用统计方法的人也要具备良好的数学基础。这就给人们造成了一种错觉，似乎统计学只是数学的一个分支，这种理解是不妥当的。实际上，统计学只是为统计理论和统计方法的发展提供了数学基础，而且统计学的主要特征是研究数据；另外，统计方法与数学方法一样，并不能独立地直接研究和探索客观现象的规律，而是给各学科提供了一种研究和探索客观规律的数量统计方法。虽然表面上看统计学与数学都是研究数量规律的，都是和数字打交道的，但实际上却有着明显的差别。首先，数学研究的是抽象的数量规律，而统计学则是研究具体的、实际现象的数量规律；其次，数学研究的是没有量纲或单位的抽象的数，而统计学研究的是有具体实物或计量单位的数据；最后，统计学与数学研究中所使用的逻辑方法也是不同的，数学研究所使用的是纯粹的演绎，而统计学则是演绎与归纳相结合，占主导地位的是归纳。数学家可以坐在屋里，凭借聪明的大脑从假设命题出发而推导出漂亮的结果，而统计学家则要深入实际收集数据，并与具体的实际问题相结合，经过大量的数据归纳才能得出有益的结论。

统计学是一门应用性很强的学科，同时由于几乎所有的学科都要研究和分析数据，因而，统计学几乎与所有的学科都有着或多或少的联系。这种联系表现为，统计方法可以帮助其他学科探索学科内在的数量规律性，而对这种数量规律性的解释和具体学科内在规律的研究，只能由各学科自己来完成。比如，古老的大量观察法已经发现了新生婴儿的性别比是107：100，但为什么会是这样的比例，形成这一比例的原因则应由人类遗传学或医生来研究和解释，而非统计方法所能解决的了。再如，利用统计方法对吸烟和不吸烟者患肺癌的数据进行分析，得出吸烟是导致肺癌的原因之一，但为什么吸烟能导致肺癌，这就需要医学进行解释了。

由此可以看出，统计方法仅仅是一种有用的、定量分析的工具，它不是万能的，不能解决你想要解决的所有问题。能否用统计方法解决各学科的具体问题，首先要看使用统计工具的人是否能正确选择统计方法，其次还要在定量分析的同时进行必要的定性分析，也就是要在定性分析的基础上进行定量分析，最后再应用各学科的专业知识对统计分析的结果做进一步研究，才能得出令人满意的结果。尽管各学科所需要的统计知识不同，使用统计方法的复杂程度也大不相同，统计学也不能解决各学科的所有问题，但是统计方法在各学科的研究中会发挥越来越重要的作用。

任务四 了解 SPSS 软件与数据的建立

★任务导入

SPSS 软件是 IBM 公司推出的一款专业统计软件，是世界上最早的统计分析软件，也是目前世界范围内应用最为广泛的专业统计软件之一。其在经济学、数学、统计学、物流管理、生物学、心理学、地理学、医疗卫生、体育、农业、林业和商业等各个领域都有广泛应用。

★知识共享

一、SPSS 软件概述

最初，SPSS 软件全称为"Statistical Package for the Social Sciences"，即"社会科学统计软件包"，但随着 SPSS 产品服务领域的扩大和服务深度的增加，SPSS 公司已于 2000 年正式将英文全称更改为"Statistical Product and Service Solutions"，即"统计产品与服务解决方案"，其主要功能是统计学分析运算、数据挖掘、预测分析和决策支持。SPSS 软件经过 40 多年的发展，其版本越来越高，当然版本越高对计算机的配置要求也越高，本书编写采用的是使用较为广泛的 SPSS17.0 版本。

SPSS 软件运行过程中最主要的界面窗口有四个，即数据编辑窗口、结果输出窗口、脚本窗口和语法窗口。其中，数据编辑窗口和结果输出窗口是最常用的界面。数据编辑窗口中，用户可以进行数据的录入、编辑以及变量属性的定义和编辑等操作，在该窗口中可以进行"数据视图"和"变量视图"窗口的切换。数据视图，即数据浏览窗口，用于样本数据的查看、录入和修改，每一行代表一个个案，每一列代表一个变量。变量视图，即变量浏览窗口，用于定义数据的格式（如变量名、类型、宽度等）。关于结果输出窗口，当用户对数据进行某项统计分析时，结果输出窗口将被自动调出。在 SPSS 软件中，大多数统计分析结果都将以表和图的形式在结果输出窗口中显示。

二、数据的建立

在 SPSS 软件中建立数据文件大致有两种情况：一种是将原始数据直接录入 SPSS 软件中，另一种是利用 SPSS 软件读取其他数据格式的资料。数据录入是把每个个案（公司、被调查者等）的每个指标（变量）录入软件中。在录入数据时，大致可归纳为三个步骤：首先，定义变量名，即给每个指标起个名字；其次，指定每个变量的各种属性，即对每个指标的一些统计特性做出指定；最后，录入数据，即把每个个案的各指标值录入。

需要注意的是，要将非电子化的原始问卷资料录入 SPSS 软件中，需遵循以下几个基本原则：①每个个案要设置标记 ID，以便核对数据信息及作为其他数据处理的关键变量；②变量信息要简单独立，一个属性就是一个变量，避免一个变量多重属性；③统计指标（变量）在列，样本在行，一个变量一列，一个样本一行；④录入的数据为原始数据而不是汇总数据；⑤数据应先对变量进行分类编码（数字化）之后再录入。

知识自测

一、单项选择题

1. 社会经济统计的研究对象是（　　）。
   A. 抽象的数量关系　　　　　　　　　B. 社会经济现象的规律性
   C. 社会经济现象的数量特征和数量关系　　D. 社会经济统计认识过程的规律和方法

2. "统计"一词的基本含义是（ ）。
   A. 统计调查、统计整理、统计分析　　B. 统计设计、统计分组、统计计算
   C. 统计方法、统计分析、统计计算　　D. 统计学、统计工作、统计资料
3. 统计有三种含义，其基础是（ ）。
   A. 统计学　　　B. 统计工作　　　C. 统计方法　　　D. 统计资料
4. 一个统计总体（ ）。
   A. 只能有一个标志　B. 只能有一个指标　C. 可以有多个标志　D. 可以有多个指标
5. 对50名职工的工资收入情况进行调查，则总体单位是（ ）。
   A. 50名职工　　　　　　　　　　　　B. 50名职工的工资总额
   C. 每一名职工　　　　　　　　　　　D. 每一名职工的工资
6. 某班学生统计学考试成绩分别为75分、61分、70分和88分，这四个数字是（ ）。
   A. 指标　　　　　B. 标志　　　　　C. 变量　　　　　D. 标志值
7. 下列属于品质标志的是（ ）。
   A. 工人年龄　　　B. 工人性别　　　C. 工人体重　　　D. 工人工资
8. 商业企业的职工数、商品销售额是（ ）。
   A. 连续变量　　　　　　　　　　　　B. 前者是连续变量，后者是离散变量
   C. 离散变量　　　　　　　　　　　　D. 前者是离散变量，后者是连续变量

二、多项选择题

1. 社会经济统计的特点，可概括为（ ）。
   A. 数量性　　　　B. 同质性　　　　C. 总体性　　　　D. 具体性
   E. 社会性
2. 国家统计系统的功能或统计的职能是（ ）。
   A. 信息职能　　　B. 咨询职能　　　C. 监督职能　　　D. 决策职能
   E. 协调职能
3. 下列标志中，属于数量标志的有（ ）。
   A. 性别　　　　　B. 工种　　　　　C. 工资　　　　　D. 民族
   E. 年龄
4. 下列属于质量指标的是（ ）。
   A. 产品合格率　　　　　　　　　　　B. 废品量
   C. 单位产品成本　　　　　　　　　　D. 资金利润率
   E. 工资总额
5. 下列表述中，说法正确的是（ ）。
   A. 标志是说明总体单位特征的　　　　B. 指标是说明总体特征的
   C. 变异是可变标志的差异　　　　　　D. 变量是可变的数量标志
   E. 标志值是变量的数值表现
6. 下列各项中属于连续变量的有（ ）。
   A. 厂房面积　　　　　　　　　　　　B. 职工人数
   C. 营业利润　　　　　　　　　　　　D. 设备数量
   E. 产值

7. 统计指标与统计标志之间存在着变换关系，是指（　　）。
   A. 在同一研究目的下，统计指标和统计标志可以相互对调
   B. 统计指标有可能成为统计标志
   C. 统计标志有可能成为统计指标
   D. 在不同研究目的中，统计指标和统计标志可以相互对调
   E. 在任何情况下，统计指标和统计标志都可以相互对调
8. 要了解某地区全部成年人口的就业情况，那么（　　）。
   A. 全部成年人是研究的总体
   B. 成年人口总数是统计指标
   C. 成年人口就业率是统计标志
   D. "职业"是每个人的特征，"职业"是数量指标
   E. 某人职业是"教师"，这里的"教师"是标志表现

三、判断题

1. 三个同学的成绩不同，因此存在三个变量。（　　）
2. 统计数字的具体性是统计学区别于数学的根本标志。（　　）
3. 统计指标体系是许多指标集合的总称。（　　）
4. 一般而言，指标总是依附在总体上，而总体单位则是标志的直接承担者。（　　）
5. 变量是指可变的数量标志。（　　）
6. 社会经济统计是在质与量的联系中，观察和研究社会经济现象的数量方面。（　　）
7. 运用大量观察法，必须对研究对象的所有单位进行观察调查。（　　）
8. 综合为统计指标的前提是总体的同质性。（　　）
9. 单位产品原材料消耗量是数量指标，其值大小与研究的范围大小有关。（　　）
10. 质量指标是反映总体质量的特征，因此，可以用文字来表述。（　　）
11. 某班平均成绩是质量指标。（　　）
12. 总体随着研究目的的改变而变化。（　　）

四、简答题

1. 统计一词有几层含义？
2. 什么是统计学？怎样理解统计学与统计数据的关系？
3. 统计学与数学有何区别与联系？
4. 统计方法在探索经济现象数量规律性中有什么地位和作用？
5. 品质标志和数量标志有什么区别？
6. 什么是统计指标？统计指标和统计标志有什么区别与联系？

项目二

数据来源与处理

★应达目标

知识目标
1. 了解数据整理的含义、内容及意义；
2. 了解数据分组及变量数列的含义、内容及意义；
3. 掌握数据分组及变量数列编制的方法。

技能目标
1. 能熟练运用数据整理、分组技术进行数据处理；
2. 能根据不同的统计原始数据编制相应的分配数列；
3. 能利用所学的知识对经济现象特征进行准确的描述和表达；
4. 能利用 SPSS 软件进行分组、编制统计表和绘制统计图。

任务一 明确数据来源

★任务导入

统计数据是社会经济活动结果的具体体现。由于社会经济活动具有复杂性和广泛性的特点，社会经济活动统计数据也具有多样性。因此，在进行社会经济活动数据分析时，必须明确数据来源，认识数据的特点，掌握数据收集的方法，特别是在大数据的环境下显得更为重要，因为它们能帮助人们从海量数据中获取有用的数据资料进行数据分析。

★ 知识共享

一、数据的特点

1. 离散性

无论调查得到的数据在性质上是属于连续性的还是离散性的，在形式上都是离散的，都是以一个个分散的数字形式出现的。离散性表示数据在数轴上的变化是不连续的、间断的，数目是有限的。

2. 波动性

由于受各种随机因素以及其他各种因素的影响，两次调查难以收集到完全相同的数据。数据总是在一定的范围内变化，呈现出波动性（又称变异性）的特点。在统计学中称这些具有波动性的数据为变量。

3. 规律性

调查数据表面上是波动的，但在波动性的背后，存在着一定的规律性。规律性主要体现在两个方面：一是社会调查数据是社会现象数量方面特征的反映，社会现象的规律性通过调查数据在一定程度上表现出来；二是个别数据似乎是杂乱无章的，但随着个数的增多，数据会呈现出一定的稳定性，这种稳定性就是一种规律性。

二、数据的分类

变量以具体的数据表现出来，因此数据的分类就是变量的分类。根据不同的标准，可以对数据做出不同的分类。

（一）按数据获取方法的不同分类

1. 计数数据

计数数据是指计算个数的数据，它以事物的不同特性和归属为标准。这类数据不具有数值的意义，只是一种分类符号，只能对其个数"计数"，而无法对其"数值"进行运算。例如，性别、民族、职业等都属于计数数据。计数数据一般都取整数形式，除特殊情况外，不取小数和分数形式。

2. 测量数据

测量数据一般是指借助于一定的测量工具或测量标准得到的数据，例如，身高、体重、温度等是借助尺子、温度计等测量工具得到的数据；兴趣爱好、学习成绩等数据是根据量表或测验试卷等测量标准得到的数据。这类数据按是否连续来划分，可分为离散性数据和连续性数据。

(1) 离散性数据的特点是数据只能取整数。两个单位之间是独立的、间断的，不能再进一步细分。比如"人"，只能说1个人，2个人，处在"1"和"2"之间的"人"是不存在的。计数数据大都属于离散性数据。

(2) 连续性数据的特点是数据可以是小数。两个单位之间存在无数个数据，即两个单位之间能够无限细分，细分的程度可以达到只能想象的程度。比如物体的长度就是一个连续性数据，可以1 m、1.1 m、1.11 m……无限细分下去，并且在1 m和1.1 m之间还存在着无数个数据。用测量工具测量才能得到的数据，一般都属于连续性数据。

（二）按数据计量尺度的不同分类

1. 定类变量

定类变量也称定类数据、类别数据，它是事物性质的划分，是一种分类体系。定类变量中的"数字"不具有数值意义，不反映事物本身的数量状况，既不能用大于、小于来比较，也不能进行加、减、乘、除运算，只能用等于、不等于来表示是否具有某种性质。

2. 定序变量

定序变量也称定序数据或等级数据。这类数据具有某种逻辑顺序，没有相等的单位，只是表明等级，并不反映等级之间的具体差异量。因此，不能对它们进行加、减运算，更不能进行乘、除运算。比如，"学历"是一个比较典型的定序变量，若用"1"代表小学，"2"代表初中，"3"代表高中，"1""2""3"的顺序虽然一目了然，但不能进行加、减、乘、除的运算。如"工作效率""等级评定""喜爱程度"等都属于定序变量。

3. 定距变量

定距变量也称定距数据或等距数据。定距变量不仅能区分变量的类别和顺序，还可以确定变量之间的数量差别和间隔距离。从运算角度看，定距变量不仅具有等于、不等于、大于、小于的关系，还能进行加、减运算。智力测验中的"智商"、气温测量中的"温度"等都属于比较典型的定距变量，人们不仅能比较"智商"高低或"温度"高低，而且能通过加、减运算具体说明到底高或低多少。但是，定距变量没有绝对零点，其中的"零"，只是一种人为规定，并不表示"没有"，因而不能进行乘、除运算。以温度为例，今天温度为6 ℃，昨天温度为3 ℃，我们可以说今天比昨天高3 ℃，却不能说今天的温度是昨天温度的2倍。否则，若昨天温度是-3 ℃，今天温度是昨天的几倍？所以，温度计上摄氏零度只是一个相对概念，是对水开始结冰的临界点的规定，并不说明"没有"温度。

4. 定比变量

定比变量也称定比数据或比例数据。定比变量不仅具有相等的单位，还具有实际意义上的绝对零点，所以，它的数据既可进行加、减运算，也可进行乘、除运算。如"收入""体重""年龄""出生率"等都是定比变量。

> **知识扩展**
>
> **数据分类在分析应用时要注意的问题**
>
> （1）定距变量和定比变量在实际运用中往往很难区分，所以，人们一般将这两类变量合并为一类，对它们不再加以区分，这样四类变量减少为三类变量。SPSS统计软件即采用三类划分法。
>
> （2）社会调查中的变量类型，一般在问卷答案的设计上就基本确定了。变量的类型不同，采用的统计方法也不同。一般来说，对于定距变量和定比变量，研究者可选择的统计方法比较多。而适用于定类变量和定序变量的统计方法相对较少。因此，在编制问卷时，应尽可能从定比变量或定距变量的角度设计问卷答案。
>
> （3）在统计分析中，定比变量或定距变量比定类变量、定序变量更为灵活。定比变量或定距变量包含了定类变量、定序变量的性质，可以转化为定类变量、定序变量。但是，定类变量、定序变量却不能转化为定比变量、定距变量。以定比变量"年龄"为例，分析中

可以对年龄分组,将12岁以下称为童年,13~16岁称为少年,17~28岁称为青年……,或按其他数量标志分类。定比变量可转化为定序变量,但反过来定序变量不能转化为定比变量。若编制问卷时便将"年龄"设计为定序变量,则深入分析的空间会受到限制。

三、数据的来源

所有统计数据追踪其初始来源,都是来自调查或实验。但是,从使用者的角度看,统计数据的来源主要有两种渠道:一种是数据的直接来源,即通过自己的调查或实验活动,直接获得一手数据,称为直接来源,其数据称为一手资料或原始资料;另一种是数据的间接来源,即数据是由别人通过调查或实验的方法获得的,使用者只是找到它们并加以使用,称为间接来源,其数据称为二手资料。

(一)数据的直接来源

虽然二手数据具有搜集方便、数据采集快、采集成本低等优点,但对一个特定的研究问题而言,二手数据的主要局限性是与研究问题的相关性不够,所以仅靠二手数据还不能完全回答研究所提出的问题,这时就要通过调查的方法和实验的方法直接获得一手数据。我们把通过调查方法获得的数据称为调查数据,把通过实验方法得到的数据称为实验数据。

(二)数据的间接来源

间接数据可以取自系统外部,也可以取自系统内部。数据取自系统外部的主要渠道有:统计部门和各级政府部门公布的有关资料,如定期发布的统计公报,定期出版的各类统计年鉴;各类经济信息中心、信息咨询机构、专业调查机构,各行业协会和联合会提供的市场信息和行业发展的数据情报;各类专业期刊、报纸、书籍所提供的文献资料;各种会议,如博览会、展销会、交易会及专业性、学术性研讨会上交流的有关资料;从互联网或图书馆查阅到的相关资料等。取自系统内部的资料,如果就经济活动而言,则主要包括业务资料,如与业务经营活动有关的各种单据、记录;经营活动过程中的各种统计报表;各种财务、会计核算和分析资料等。

二手数据的优势是搜集比较容易,获取迅速,并且采集数据的成本低。二手数据的作用也非常广泛,除了分析所要研究的问题之外,还可以提供研究问题的背景,帮助研究者更好地定义问题,寻找研究问题的思路和途径。二手数据由于并不是为研究者研究特定的问题而产生的,所以在回答研究者所研究的问题方面是有局限性的,如与研究问题的相关性不够,统计口径可能不一致,数据准确性较低、时效性较差,等等。

四、调查数据的取得方式

(一)统计报表

统计报表是指按照国家统一规定的表格形式,统一规定的指标内容,统一规定的报送程序和报送时间,由填报单位自下而上逐级提供统计资料的一种统计调查方式。统计报表的作用主要体现在以下三个方面:①统计报表是编制社会经济发展计划,检查该计划执行情况的基本依据;②统计报表是反映社会经济发展,研究社会经济建设及其发展规律不可或缺的依据;③统计报表(特别是业务系统的报表)是指导生产和经营管理的重要工具。

统计报表在使用过程中存在一定的局限性。一是取得资料的时效性差。因为统计报表的内容比较固定，且涉及的范围广、中间环节多，所以，往往会导致时效性较差。二是缺乏灵活性。这是因为统计报表所反映的是现象的结果，无法反映经济社会现象发生、发展的过程。三是单一性。单一地采用统计报表往往还不能如实取得原始资料，这时往往就需要结合运用其他统计调查方式。

统计报表通常有五类：①全面统计报表和非全面统计报表；②年度报表和定期报表；③基层报表和综合报表；④邮寄报表和电讯报表；⑤国家统计报表、业务部门统计报表和地方统计报表。

（二）普查

普查是针对总体中的所有个体单位进行的调查。普查涉及的范围广，接受调查的单位多，所以耗时、费力，调查的成本也较高，因此普查是不经常进行的。普查有三个特征：第一，普查是一种不连续性调查，即一次性调查，调查一定时间点上社会经济现象的总量；第二，普查是专门组织的调查，通常是由国家有关部门为了解决某些问题而专门组织的；第三，普查是全面调查，是所有调查中覆盖面最广的一种统计调查，普查所包括的单位、分组目录以及指标内容也是最广泛、最详尽的，因此，最后掌握的资料也更全面。普查的具体组织方式主要有两种：一种是从上至下组织专门的普查机构和普查队伍对调查单位直接进行登记；另一种是利用调查单位的原始记录和核算资料，由调查单位自填调查表。

（三）重点调查

重点调查是一种非全面的专门调查，它是在调查对象中选择一部分重点单位进行调查。重点单位是指在总量中虽然数目不多，但对其调查的标志值在总量中占有很大比重的部分单位。重点调查具有客观性和非全面性的特点，客观性是指对重点调查单位一般不具有主观性，通常以其标志值占总量的绝大多数为依据，非全面性是指所调查的单位只是总体所有单位中的一部分，或者说是重要部分。

重点调查的组织形式可以是定期进行，也可以是一次性的，适用于经常性调查任务，但更适用于临时专门组织的一次性调查。重点单位的选择应该遵循以下几项原则：①重点单位应尽可能少，但标志值在总体标志总量中所占比重应尽可能大。②重点单位的选择应该根据调查任务与要求来确定，不能固定不变。因为有些单位在某一方面调查是重点，但在另一方面调查就不一定是重点；有些单位在现在的调查中是重点，但在以后的调查中却不一定是重点。③重点单位应该是管理健全、统计基础较好的单位，以保证资料的准确性和及时性。

（四）典型调查

典型调查就是在调查对象中根据主观判断，有意识地选取若干个具有典型意义的或具有代表性的单位进行非全面调查。其主要特点是：①主观性。典型调查单位是调查者有意识地选取的，所以会受调查者的主观意志影响。②非全面性。典型调查针对的是少数单位或个别单位，属于非全面调查，调查工作能进行得更深入。③经济性。典型调查相对灵活，可节省较多人力和财力。

典型调查的作用有：①由于选择的单位较少，能对所研究的问题做更加具体、深入的分析，从而弄清事物的发展规律或结合实际，总结经验教训；②典型调查便于发现和研究社会生活中的新事物，从而能及时反映各种新情况、新问题；③典型调查是普查的有益补充，典型调查的资料对全面调查的结果进行检验和核实。

典型调查一般有两种类型，一种是"解剖麻雀"式的调查，即对个别典型单位进行深入细致的调查和研究，目的在于通过典型单位来说明现象发展变化的一般规律性；另一种是"划类选典"式的调查，即通常先对调查对象进行分类，然后在各类中分别选择典型单位的调查方式，以便于根据一些典型单位状况来推断总体的状况。

（五）抽样调查

抽样调查是指按照随机原则从总体中抽取部分调查单位进行观察用以推算总体数量的一种统计调查方法。这种调查方法非常科学，应用非常广泛。其主要特点是：①随机性，即按照随机原则抽选单位，排除个人主观臆断的影响；②非全面性，即对总体中的一部分单位进行深入细致的研究，取得结果数据，并依此从数量上推算总体。

抽样调查的优势在于：①经济性。由于抽样调查的单位少，所以能大大减轻调查者的工作量，特别是对于调查总体很大、情况很复杂的现象，抽样调查能大大节省人力、物力和财力。②时效性。抽样调查通常是直达调查单位，直接进行抽样调查，中间环节少，同时调查的单位少，所需的时间也少，所以能大大提高调查的时效性，其特别适用于时间性要求很强的项目，如农作物产量调查。③准确性。由于抽样调查不需通过很多中间环节，且抽取样本时遵循随机原则，从而排除了调查者主观因素的影响，使得抽样调查的准确性较高。而统计报表因为中间环节过多则常会导致出现这样或那样的差错。④灵活性。抽样调查的灵活性表现在组织方便，调查项目可多可少，考察范围可大可小，且适应性强，既适用于专题调查，也适用于经常性调查项目。

任务二　数据整理与分组

★任务导入

统计工作经过了统计调查阶段之后，搜集到了大量的统计资料，但所取得的统计资料主要是反映总体单位特征的原始资料，这些资料都是零星的、分散的、不系统的，其结果只能表明各个被调查单位的具体情况，反映的是事物的表面现象，不能说明被研究总体的全貌，不能说明事物的本质特征，也无法揭示事物的发展规律。因此必须对这些调查资料进行加工、整理和分类，以反映现象的总体特征。

★知识共享

一、数据整理

1. 数据整理的含义

数据整理就是根据统计研究的任务和要求，对统计调查搜集到的大量原始资料进行审核、分组、汇总，使之条理化、系统化，并能反映总体综合特征的资料梳理过程。数据整理既是统计分析的基础，又是积累历史资料的必要手段。统计研究中经常用到动态分析，这就需要有长期积累的历史资料作为参考依据。而根据统计研究的要求，对已有的资料进行甄选、重新整理、分类和汇总等，都需要通过数据整理来完成。因此，数据整理在统计工作中起着承前启后的重要作用。

2. 数据整理的步骤

数据整理包括对原始资料数据的整理，也包括对次级资料数据的整理。其基本步骤是：

第一步，制订数据整理方案。在进行数据整理之前，要根据研究的任务和要求，确定统计指标及统计指标体系，确定统计分组的方法，确定统计汇总的方法，确定表现统计指标的形式等。数据整理方案是数据整理工作的具体表现，是保证数据整理工作顺利进行的前提。

第二步，原始数据的审核。为了确保统计数据的质量，在对原始数据进行汇总之前，必须做到"不审不汇，不核不报"。审核的内容主要包括：①准确性审核。一方面是要检查数据资料是否真实可靠，是否符合客观实际；另一方面是要检查数据是否有错误，计算是否正确等。②时效性审核。主要是针对有些时效性较强的研究问题，检查所获取的数据资料是否过于滞后，确保使用的数据是最新的。③完整性审核。主要是检查应调查的单位或个体是否有遗漏，所有的调查项目或指标是否填写齐全等。

第三步，原始数据的分组。按照数据整理的要求，采用科学的方法对原始数据进行分组，并在此基础上进行汇总，使研究总体的基本现状和内部结构能清晰地呈现出来，为统计分析奠定基础。

第四步，数据整理结果的显示。数据整理的结果，需要用一定的方式表现出来，统计表和统计图是表现统计数据的两种主要方式，通过统计表或统计图表现，统计数据可以达到一目了然、简明扼要的效果，并且便于使用。

二、数据分组

1. 数据分组的含义

数据分组是指根据所研究的现象事物的特点和统计研究或统计工作的目的与任务，按照一定的分组标志将总体划分成若干个性质不同但又有联系的组成部分的一种统计方法。分组后的数据具有"组间的差异性，组内的同质性"的特点。由此可见，数据分组有"分"与"合"双层含义。对于总体而言是"分"，即将总体分为性质不同的若干组成部分。而对于总体单位来说是"合"，即将性质相同的总体单位结合到一组。可见分组是本着"相同者合并，不同者分开"的原则，其实质是在统计总体内部进行的定性分类。

2. 数据分组的作用

数据分组在数据整理和数据分析中的作用表现在以下三个方面：①划分经济现象的类型。数据分组的根本作用就在于划分社会经济现象的类型（即类型分组）。通过类型分组，可以对各种类型的数量表现及其数量关系进行研究，达到认识社会经济现象总体内部结构、本质特征及其发展规律的目的。②研究总体的内部结构。将总体按照某一标志划分成若干个不同部分后，通过计算总体各个组成部分占总体的比重，可以说明总体内部的结构、性质和各组成部分在总体中的地位，通过比重在时间上的变化，可以说明总体内部结构的发展变化趋势。③分析现象之间的依存关系。经过数据分组可以反映各类现象相互依存关系的程度，有助于人们全面、深入地认识现象。

3. 数据分组的方法

正确选择分组标志和划分各组界限，是数据分组的关键。分组标志是指对总体进行分组时所遵循的标准或依据。即按什么标志分组，这个标志就是分组标志。划分各组界限，就是在分组标志变异的范围内，划分各相邻组间的性质界限和数量界限。

（1）正确选择分组标志。任何事物都有许多反映其特征的标志。要正确地反映统计总体的特征，必须正确地选择分组标志。选择分组标志时应遵循的原则是：①根据现象研究的目的选择分组标志。说明总体单位特征的标志有很多，选择什么分组标志进行分组，取决于研究的目的。同一总体，由于研究目的的不同，需要采用的分组标志就不同。②选择最能够反映现象本质特征的标志作为分组标志。在同一研究目的下，往往有多种分组标志可供选择。在这些标志中有些是本质的或主要的，有些是非本质的或次要的，应力求选择最能反映现象本质的标志作为分组标志。③根据事物所处的具体条件选择分组标志。社会在不断发展，历史条件和经济条件也在不断变化。社会经济现象的特征是随着时间、地点、条件的变化而发生变化的，具体的条件变了，所选择的标志也要随之变化。

（2）正确划分各组界限。分组标志确定以后，区分各组性质差别界限划分正确与否，直接影响统计分析结果的真实性。根据所选择分组标志的特征不同可按两种标志进行分组。一是按品质标志分组。按品质标志分组是指选择反映现象属性特征的品质标志作为分组标志，并在品质标志的变异范围内划分各组界限，将总体分为若干性质不同的组成部分。二是按数量标志分组。按数量标志分组是指选择反映现象数量特征的数量标志作为分组标志，并在数量标志的变异范围内划分各组界限，将总体分成若干性质不同的组成部分。

4. 分组体系

分组体系是根据统计分析的要求，运用多个分组标志对同一总体进行分组，形成一系列相互联系、相互补充的有机整体。其形式有平行分组体系和复合分组体系两种。

（1）平行分组体系。对总体只按一个标志进行分组称为简单分组。例如，将企业按规模分为大、中、小型三组，将人口按性别分为男、女两组。对同一总体按两个或两个以上的标志分别进行简单分组，就形成了平行分组体系。平行分组体系是对研究总体现象的广度进行分析，从不同角度说明总体的特征。

（2）复合分组体系。对同一总体按两个或两个以上的标志层叠起来进行分组称为复合分组。复合分组构成了复合分组体系。例如，为了解我国人口的基本构成，可同时选择性别、年龄两个标志进行复合分组。复合分组体系是对研究总体现象进行深度分析，能够较为全面地说明总体的特征。

★任务分享

【例2-1】某公司在2018年的业绩考核方案中规定，每个业务员销售业绩的基本任务为60万元，凡完成基本任务者就奖励1 000元，且规定在此基础上每超10万元就增加奖金500元。在年终到来时，财务部为了便于对奖金做出预算并准备好备用金，对50名业务员的业绩进行了统计，统计结果见表2-1。

表2-1　某公司2018年50名业务员销售业绩数据统计表

85，77，52，70，81，74，58，77，63，98，84，74，83，79，48，77，54，88，57，84，81，78，76，71，85，86，73，78，62，76，92，95，82，72，75，83，65，89，72，86，91，66，73，75，60，87，67，68，69，90

任务解析：从资料数据排列看，非常凌乱，没有规律。而按照任务要求就是要进行整理和分组，再根据分组结果来预算和确定奖金备用金。所以需运用统计分组方法修改统计表，具体步骤如下：

第一步，数据预处理。对50名业务员的业绩进行审核，并进行简单排序，见表2-2。

表2-2　某公司2018年50名业务员销售业绩排序统计表

48, 52, 54, 57, 58, 60, 62, 63, 65, 66, 67, 68, 69, 70, 71, 72, 72, 73, 73, 74, 74, 75, 75, 76, 76, 77, 77, 77, 78, 78, 79, 81, 81, 82, 83, 83, 84, 84, 85, 85, 86, 86, 87, 88, 89, 90, 91, 92, 95, 98

第二步，进行数据分组。以公司业绩考核奖励方案中的规定为依据进行分组，结果见表2-3。

表2-3　某公司2018年50名业务员销售业绩分组结果统计表

销售业绩/万元	业务员人数/人	比重/%
60以下	5	10.0
60~70	8	16.0
70~80	18	36.0
80~90	14	28.0
90以上	5	10.0
合　计	50	100.0

由此可见，有了表2-3的统计结果之后，财务部就可以准确而又快速地预算出应发奖金总额，并预留好备用金。

任务三　编制变量数列

★任务导入

数据整理的结果可以反映经济活动的基本状况，但不能反映经济活动数据的分布特征和结构状况；而要能反映经济活动数据的分布特征和结构状况，就要编制变量数列，变量数列是统计总体单位按一定的数量标志分组所构成的分配数列。通过分配数列，可以反映总体中所有单位在各组间的分布特征和结构状况，并在这一基础上进一步研究总体的构成、平均水平及变动的规律性。

★知识共享

一、分配数列的概念

在统计分组的基础上，将总体中的所有单位按组归类整理，并按一定顺序排列，形成各组单位数在总体中的分布状况的数列就称为分配数列，又称分布数列或次数分布。分配数列由组名（各组的品质属性或变量值）和次数两个要素组成。其中，分布在各组的总体单位数表现为绝对数，称为次数或频数；表现为相对数即各组次数与总次数之比，称为比率或频率。

二、分配数列的种类

根据所采用的分组标志的性质不同，分配数列可分为品质分配数列和变量分配数列两种（重点讨论变量分配数列）。

1. 品质分配数列

品质分配数列是指按品质标志分组形成的分配数列，简称品质数列（见表2-4）。

表2-4 某地区2017年人口数及其构成统计表

指标	年末数/万人	比重/%
地区总人口	133 474	100.0
其中：城镇	62 186	46.6
乡村	71 288	53.4
其中：男性	68 652	51.4
女性	64 822	48.6
其中：0～14岁	24 663	18.5
15～59岁	92 097	69.0
60岁及以上	16 714	12.5
其中：65岁及以上	11 309	8.5

2. 变量分配数列

变量分配数列是指按可变的数量标志分组形成的分配数列，简称变量数列。按照变量值在各组是否存在变动范围，变量数列可分为单项变量数列和组距变量数列。

（1）单项变量数列。单项变量数列是指数列中的每个组只用一个变量值表示并按顺序排列而形成的数列，简称单项数列（见表2-5）。

表2-5 某地区2017年家庭人口数抽样资料统计表

家庭人口数/人	户数/户	比重/%
2	100	33.33
3	130	43.33
4	50	16.67
5	20	6.67
合计	300	100.00

由此可见，单项变量数列的特点是每个组只有一个变量值；组数的多少由不同变量值的

个数决定。

（2）组距变量数列。组距变量数列是指数列中的每个组用表示一定范围的两个变量值表示，并按顺序排列而形成的数列，简称组距数列（见表2-6）。

表2-6　某企业职工工资分配情况统计表

月工资标准/元	人数/人	比重/%
2 500 以下	25	7.9
2 500 ~ 3 000	54	17.1
3 000 ~ 3 500	136	43.2
3 500 ~ 4 000	69	21.9
4 000 以上	31	9.9
合　计	315	100.0

由表2-6可知，组距变量数列的特点是每个组变量值用一个限定区间来表示，在这个区间范围内可以有多个变量值。

三、分配数列编制方法的选择

编制单项数列必须具备两个条件：一是变量是离散性的，二是变量值的个数不多。只有同时具备这两个条件才可采用单项数列形式。编制组距数列应具备两个条件：一是适用于连续性变量，二是变量是离散性的且变量值比较多。

★任务分享

【例2-2】某营销总公司在30个地区的销售网点设置数量情况见表2-7。试利用该资料编制变量数列。

表2-7　某公司销售网点设置数量统计表

3	6	5	5	4	3	5	4	4	3	4	5	4	2	5
6	4	5	4	4	4	5	3	3	4	5	4	5	3	4

任务解析：由于资料数据比较少，且数据比较简单，适合于单项变量数列编制。其编制步骤如下：

第一步，将变量值的原始资料按顺序排列，排序结果见表2-8。

表2-8　某公司营业网点设置数量排序结果表

2	2	3	3	3	3	3	4	4	4	4	4	4	4	4
4	4	4	4	5	5	5	5	5	5	5	5	6	6	

第二步，确定各组的变量值和组数。依据是一个变量值为一组，重复出现的变量值只取一个。组别可设置为：2、3、4、5、6，即共分为五组。

第三步，编制变量数列，结果见表2-9。

表 2-9　某公司营业网点设置数量分布情况统计表

各地区设有网点数/个	地区数/个	比重/%
2	3	10.0
3	6	20.0
4	10	33.3
5	9	30.0
6	2	6.7
合　计	30	100.0

【例 2-3】 现以表 2-1 某公司 2018 年 50 名业务员销售业绩数据资料为例,说明组距变量数列的编制与应用。

任务解析:由于资料数据比较多,且数据变动范围比较大,所以适合于组距变量数列编制。其编制步骤如下:

第一步,数据预处理。对 50 名业务员的销售业绩进行审核并进行简单排序,排序结果见表 2-2。

第二步,数据分组,包括计算全距、确定组数和确定组距等。

(1) 计算全距 (R)。全距是原始资料中最大值与最小值之差,即:$R = x_{max} - x_{min}$。

$$R = 98 - 48 = 50$$

(2) 确定组数 (k)。组数确定的方法有两种:

①用公式来计算:$k = 1 + 3.322 \lg N$ (N 为总体单位数)。

②直观经验:参考范围一般为 5~13 组。

本例确定分为 5 组 ($k = 5$)。

(3) 确定组距 (i)。组距为各组最大值与最小值之差,即:组距 = 组内最大值 - 组内最小值。

$$组距(i) = \frac{全距}{组数} = \frac{R}{k} = \frac{50}{5} = 10$$

为了分组方便,如果计算结果为小数,可取近似于实际计算结果的整数,如 5、10 或 5 和 10 的倍数。从组距确定方法来看,组距与组数互相制约,在组距既定的条件下,全距大则组数多,全距小则组数少;在全距既定的条件下,组距大则组数少,组距小则组数多。

(4) 确定组限。组限是各组标志值取值范围的限定值(两个极限值),大的称为"组上限",小的称为"组下限"。组限的表现形式一般有以下两种:

①闭口组。闭口组就是表现形式为"既有上限又有下限"的组限。闭口组包括有重叠闭口组和无重叠闭口组两种表现形式。

有重叠闭口组是相邻组限有重叠的表现形式,如 60~70,70~80;无重叠闭口组就是相邻组限不重叠的形式,如 60~69,70~79。社会经济统计学中一般采用有重叠闭口组来表示。

②开口组。开口组就是表现形式为"有上限无下限"或"有下限无上限"的组限。"有上限无下限"称为"下开口组",如"60 以下"。"有下限无上限"的称为"上开口组",如"90 以上"。

在确定组限时，关键是要确定好第一组的组限，一般来说，第一组所含的变量值个数不宜多，且第一组的中心值以小于资料的最小标志值为好（有特殊要求和极小值太小的例外）。本例组限确定结果见表 2-10。

(5) 计算组中值。组中值是各组中点位置所对应的变量值，代表各组变量值的平均水平。

①组限的表示形式为闭口组时：

$$组中值 = 本组上限 - \frac{邻组组距}{2}$$

②组限的表示形式为下开口组时：

$$组中值 = \frac{组下限 + 组上限}{2}$$

③组限的表示形式为上开口组时：

$$组中值 = 本组下限 - \frac{邻组组距}{2}$$

根据上述方法，本例组中值计算结果见表 2-10。

(6) 数据归组。在以上分组准备工作基础上，把 50 个业绩归并到相应组中（也就是数据分配），并统计各组次数，结果见表 2-10。在分配变量值时要说明的是，当统计分组为重叠分组时，应遵循"上限不在本组内原则"，这样就保证变量值的分配不重不漏，准确无误。

第三步，分组结果显示。

(1) 绘制次数分布表和次数分布图。次数分布就是总体中各单位数在各组的分布。通过次数的分布规律，可以看出事物的统计规律。根据前面的变量数列的编制方法，将总体各单位划归到所属各组之后，并计算出各组次数，便得到了组距数列的次数分布表（见表 2-10）。

表 2-10　某公司 2018 年 50 名业务员销售业绩次数分布表

销售业绩/万元	组中值	人数/人	比重/%
60 以下	55	5	10.0
60～70	65	8	16.0
70～80	75	18	36.0
80～90	85	14	28.0
90 以上	95	5	10.0
合计	—	50	100.0

如果以次数分布表中的销售业绩作横坐标，以各组的人数作纵坐标，就可得到该公司 50 名业务员销售业绩次数分布图，亦称直方图或矩形图，如图 2-1 所示。

(2) 绘制累计次数分布表和累计次数分布图。累计次数分布是将各组变量的次数和频率逐组累计，它表明总体的某一标志值在某一水平上下的总体次数和比率。通过累计次数分布可以知道截至某一组变量值以上或以下的分布次数以及所研究现象的发展进程等情况。累计次数分布的计算方法有向上累计次数和向下累计次数两种。

向上累计次数是将各组次数或比率，从变量值低的组向变量值高的组逐组累计。向上累计次数中每组的累计次数或累计频率表示该组上限以下的次数和或频率和，这就是所谓的

项目二 数据来源与处理

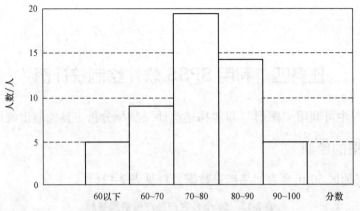

图 2-1　50 名业务员销售业绩次数分布图

"上限以下"。向下累计次数是将各组次数或比率，从变量值高的组向变量值低的组逐组累计。向下累计次数中每组的累计次数或累计频率表示该组下限以上的次数和或频率和，这就是所谓的"上限以上"。

如果将表 2-10 中的分布次数分别按照向上累计次数和向下累计次数两种计算方法进行累计，就可得到表 2-11 所示的累计次数分布表。

表 2-11　50 名业务员销售业绩累计次数分布表

学习成绩/分	组中值	人数/人	比重/%	向上累计次数	向下累计次数
60 以下	55	5	10	5	50
60～70	65	8	16	13	45
70～80	75	18	36	31	37
80～90	85	14	28	45	19
90～100	95	5	10	50	5
合计	—	50	100	—	—

同理，如果以次数分布表中的组中值作横坐标，以各组的人数作纵坐标，就可得到累计次数分布图，如图 2-2 所示。

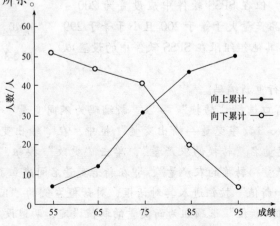

图 2-2　50 名业务员销售业绩累计次数分布图

任务四　利用 SPSS 软件绘制统计图

在 SPSS 软件中可利用"图形"和"描述统计"数据分析工具绘制出统计表和统计图。

一、直方图的绘制

【例 2-4】某地区 50 个乡农产品产量数据资料见表 2-12。

表 2-12　50 个乡农产品产量数据资料　　　　　　　　　　　　单位：吨

240	440	400	375	500	528	412	425	320	400	520	600	485
600	588	412	444	430	342	364	450	455	465	500	580	345
340	320	300	403	445	360	517	390	410	360	422	428	520
400	425	385	440	380	548	304	448	605	325	500		

要求：编制次数分布数列（组距为 100，进行等距分组），并绘制直方图。

任务解析：

步骤 1：录入数据，确定组限。

（1）在 SPSS 软件中录入数据，如图 2-3 所示。

（2）确定组限。在确定组限时，需要注意以下几点：

①对未排序的亩产量数据，可先做"升序排列"，以方便确定组限。

②通过分析，将 50 个单位分成 5 组，如第一组组限为 200～300，第二组为 300～400，……，最后一组为 600～700。

③运用"重新编码"工具时，为符合统计分组"上限不在本组内"原则，在 SPSS 软件中应设置为每个组的上限均不与下一组的下限相同。如本例中，统计分组时第一组组限确定为 200～300，但在 SPSS 软件中应设置为 200～299，表示将要对农产品产量大于等于 200 且小于等于 299 的区间数据进行编码。其他组组限在 SPSS 软件中的设置以此类推。

	农产量
1	240
2	440
3	400
4	375
5	500
6	528
7	412
8	425
9	320
10	400

图 2-3　某地区农产量数据

步骤 2：对数据进行重新编码。

（1）在数据编辑窗口选择"转换"→"重新编码为不同变量"命令。进入其对话框，将"农产量"变量选入"数字变量→输出变量"框中，在"输出变量"选项组中的"名称"文本框中输入新变量名"转换的农产量"，单击"更改"按钮，原来的变量名"农产量→"就会变为"农产量→转换的农产量"，即在新老变量名间建立了对应关系。

（2）单击"旧值和新值"按钮进入其对话框，对话框左侧的"旧值"选项组为原有变量的取值设定，右侧的"新值"选项组为新变量的取值设定，两边设定完毕后单击"添加"按钮，新旧变量间的对应编码规则就会被加入右下方的规则列表框中。然后，在"旧值"

选项组中勾选"范围"单选框,并在下方文本框中输入"200~299",在"新值"选项组中,勾选"值"单选框,并在右侧文本框中输入"1",以此操作步骤,依次分别在"旧值""范围"中和"新值""值"中输入"300~399""2";"400~499""3";"500~599""4";"600~699""5"四组数值,并单击"添加"按钮,将上述数值添加到右下方"旧→新"规则列表框中。单击"继续"按钮回到主对话框,单击"确定"按钮。

步骤3:次数分布表与直方图的绘制。

在数据编辑窗口,依次选择"分析"→"描述统计"→"频率"命令。进入其对话框,将左侧列表框中"转换的农产量"添加到右侧"变量"框中,选中左下方的"显示频率表格",并单击"图表"按钮,在"图表类型"中选择"直方图",依次单击"继续""确定"按钮,提交系统分析,结果见表2-13和图2-4。

表2-13 转换的农产量次数分布表

		频数	百分比	有效百分比	累积百分比
有效	1.00	1	2.0	2.0	2.0
	2.00	15	30.0	30.0	32.0
	3.00	21	42.0	42.0	74.0
	4.00	10	20.0	20.0	94.0
	5.00	3	6.0	6.0	100.0
	合计	50	100.0	100.0	—

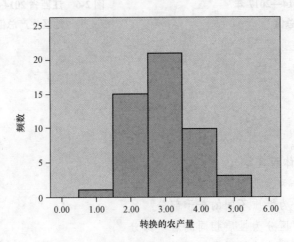

图2-4 转换的农产量次数分布直方图

二、条形图的绘制

【例2-5】根据江西省2014—2017年地区生产总值数据制作条形图。

任务解析:

步骤1:打开将要绘制统计图的资料,如图2-5所示。

步骤2:数据打开后,依次选择"图形"→"旧对话框"→"条形图"命令。

步骤3:进入"条形图"对话框,各选项保持系统默认状态,单击"定义"按钮。

步骤4：单击“定义”按钮后，出现“定义简单条形图：个案组摘要”对话框。勾选“其他统计（例如平均值）”单选框，将左侧变量列表中要分析的变量“生产总值”添加到右侧“变量”框中，并单击“变量”框下的“更改统计”按钮，出现“统计”对话框，在对话框中勾选“值的和”单选框。

步骤5：单击“继续”按钮，返回到“定义简单条形图：个案组摘要”对话框，将左侧变量列表中的“年份”添加到右侧“类别轴”框中，其他选项默认，单击“确定”按钮，得出条形图，如图2-6所示。

	年份	生产总值
1	2014	15714.63
2	2015	16723.78
3	2016	18364.40
4	2017	20818.50

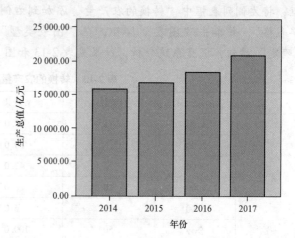

图2-5　江西省2014—2017年地区生产总值

图2-6　江西省2014—2017年地区生产总值

知识自测

一、单项选择题

1. 数据分组对总体而言是（　　）。
   A. 将总体区分为性质相同的若干部分
   B. 将总体区分为性质不同的若干部分
   C. 将总体单位区分为性质相同的若干部分
   D. 将总体单位区分为性质不同的若干部分
2. 按某一标志分组的结果表现为（　　）。
   A. 组内差异性，组间同质性　　B. 组内同质性，组间差异性
   C. 组内同质性，组间同质性　　D. 组内差异性，组间差异性
3. 设对某地区的人口按年龄分组如下：不满周岁，1~3岁，4~6岁，7~12岁，……60~64岁，65~79岁，80~99岁，100岁以上，最后一组的组中值为（　　）。
   A. 110岁　　B. 109岁　　C. 109.5岁　　D. 119岁
4. 单项式变量分布数列和组距变量分布数列都必不可少的基本要素是（　　）。
   A. 组数与组距　　B. 组限与组中值　　C. 变量与次数　　D. 变量与组限

5. 按变量的性质和数据的多少划分，变量数列可分为（　　）。
   A. 等距数列与异距数列　　　　　　B. 开口组数列与闭口组数列
   C. 单项数列与组距数列　　　　　　D. 等差数列与等比数列
6. 将次数分布数列分为品质分布数列和变量分布数列的依据是（　　）。
   A. 分组的方法　　　　　　　　　　B. 分组的组限
   C. 分组的组距　　　　　　　　　　D. 分组标志的特征
7. 如果数据分布很不均匀，则应编制（　　）。
   A. 开口组　　　B. 闭口组　　　C. 等距数列　　　D. 不等距数列
8. 数据分组中的组内同质性是指该组内各总体单位（　　）。
   A. 在某一标志上具有相同性质
   B. 在所有标志上具有相同性质
   C. 在一些标志上具有相同性质
   D. 在某一标志或某些标志上具有相同性质
9. 在组距数列中，（　　）。
   A. 组距与组限成正比　　　　　　　B. 组距与组限成反比
   C. 组距与组数成正比　　　　　　　D. 组距与组数成反比
10. 某地区农民人均收入最高为426元，最低为270元。据此分为六个组，形成闭口式等距数列，则各组组距为（　　）。
    A. 71　　　B. 26　　　C. 156　　　D. 348

二、多项选择题

1. 下列哪些是按数量标志分组的？（　　）
   A. 企业按所有制分组　　　　　　　B. 家庭按人口多少分组
   C. 家庭按收入水平分组　　　　　　D. 产品按合格与不合格分组
   E. 职工按工资水平分组
2. 下列哪些是按品质标志分组的？（　　）
   A. 人口按性别分组　　　　　　　　B. 企业按资产多少分组
   C. 固定资产按用途分组　　　　　　D. 人口按居住地区分组
   E. 成年人口受教育年限分组
3. 组距数列中，组距的大小与（　　）。
   A. 组数的多少成正比　　　　　　　B. 组数的多少成反比
   C. 总体单位数的多少成反比　　　　D. 全距的大小成反比
   E. 全距的大小成正比
4. 构成分配数列的基本要素是（　　）。
   A. 各组的组别　　　　　　　　　　B. 组限
   C. 组中值　　　　　　　　　　　　D. 分配在各组的次数
   E. 组距
5. 分配数列中，各组标志值与频数的关系是（　　）。
   A. 各组标志值作用大小从频数大小中反映出来
   B. 频数越大的组，标志值对总体标志水平所起的影响也越大

C. 频数越大，则组标志值也越大

D. 标志值很小的组，相应的频数也就小

E. 组标志值相应的频数很小，对总体标志水平所起的作用就小

三、判断题

1. 统计整理仅仅只能是对统计调查所得到的原始资料进行加工整理。（　　）
2. 统计分组中的"分"是针对总体单位而言的，而"合"则是针对总体而言的。（　　）
3. 在单项数列中，组数＝全距÷组距。（　　）
4. 对一个既定的统计总体而言，合理的分组标志只有一个。（　　）
5. 按数量标志分组的目的，就是要区别各组在数量上的差别。（　　）
6. 按数量标志分组，各组的变量值能够准确地反映经济现象性质上的区别。（　　）
7. 频数表示标志值对总体绝对作用的程度，而频率则说明标志值对总体相对作用的程度。（　　）
8. 组中值是各组上限和下限之中点数值，故在任何情况下它都能代表各组的一般水平。（　　）
9. 能够对统计总体进行分组，是由统计总体中的各个单位所具有的"同质性"特点决定的。（　　）
10. 连续性变量可以做单项分组或组距式分组，而离散性变量只能做组距式分组。（　　）
11. 统计分组时所遵循的原则是"上限不在本组内"。（　　）
12. 向上累计次数说明大于某个变量值的单位数是多少。（　　）
13. 向下累计频率说明小于某个变量值的单位数所占比重是多少。（　　）
14. 闭口组中值的计算公式是：组中值＝（上限＋下限）÷2。（　　）
15. 统计分组时，所有组的组距都不等的分组叫不等距分组。（　　）

四、简答题

1. 什么是数据整理？数据整理的基本步骤有哪些？
2. 什么是数据分组？数据分组有什么重要意义？
3. 数据分组的原则是什么？
4. 什么叫分组标志？如何正确选择分组标志？
5. 什么叫分配数列？分配数列有哪几类？
6. 组距与组数有什么关系？
7. 在什么情况下编制单项数列？在什么情况下编制组距数列？

技能训练

1. 某公司40名业务员销售业绩数据如下：

66 89 88 84 86 87 75 73 72 68 75 82 97 58 81 54 79 76 95 76 71 60 90 65 76 72 76 85 89 92 64 57 83 81 78 77 72 61 70 81

要求：编制分配数列。

2. 某企业工人工资水平的分组资料见表2-14。

表 2-14 某企业工人工资水平的分组资料

按月工资水平分组	各组工人数占总数的百分比
80 元以下	14
80~100 元	25
100~120 元	38
120~140 元	15
140 元以上	8
合计	100

要求：将上述资料整理为以下三组：100 元以下、100~140 元、140 元以上。

3. 某企业工人月产量统计资料见表 2-15。

表 2-15 某企业工人月产量统计资料

按月产量分组/件	工人数/人
150~160	60
160~170	120
170~180	120
180~190	140
190~200	150
200~210	180
210~220	220
220 及以上	80
合计	1 070

要求：
（1）指出上述变量数列属于哪一种变量数列？该数列说明了什么情况？
（2）指出统计表中的变量、变量值、上限、下限、次数、总体单位数。
（3）计算组距、组中值和频率。

4. 某企业 50 个销售网点 2017 年月平均销售量（万件）数据如下：
417　341　452　338　344　266　230　456　258　337　414　375　467　414　466
335　484　310　417　546　283　515　390　395　377　416　304　349　347　410　417
417　292　358　351　331　489　466　371　504　341　392　325　359　292　440　279
232　278　476

要求：根据以上资料编制等距分布数列，并绘制直方图及次数分布折线图。

项目三

数据特征的描述

★ 应达目标

知识目标

1. 了解总量指标和相对指标的概念、表现形式和应用；
2. 理解标志总量与总体单位总量、时期指标与时点指标的含义和区别；
3. 掌握各种相对数的特点；
4. 理解平均指标和变异指标的概念及两者的关系；
5. 理解权数的意义和作用。

技能目标

1. 能熟练地计算和应用各种相对指标解释经济现象的结构特征；
2. 能正确地使用平均指标和变异指标解释经济现象的数量特征；
3. 能正确把握平均指标和变异指标的应用原则；
4. 在实践工作中能利用 SPSS 软件进行经济现象特征分析。

任务一 数据总量特征的描述

★ 任务导入

我们常常可以看到，在地区的基本情况介绍中，都有土地总面积、人口总数、粮食总产量、国民生产总值和固定资产总投资等数据的表述，这些数字单看似乎就是每个现象的一个具体量的表现，没有更多意义，但是把这些数字联系在一起，并进行定量分析时，就可以发现这些数据可以从"总体水平"和"总体规模"两个方面反映这个地区经济活动结果的数量特征，即总体数量特征。例如，从某地区经济年报中看到，土地总面积为98万平方公里，总人口为5 800万人，粮食总产量为7 200万吨，国民生产总值为23 868亿元，固定资产总投资为12 128亿元。其中，总人口和土地总面积分别反映了在该地区范围内所存在人口多少和土地面积大小。而粮食总产量、国民生产总值和固定资产总投资这些数字则反映该地区经济活动成果所达到的水平状况。这些数字所表述的意义就是统计学所说的数据总量特征描述。

★知识共享

一、总量指标的含义

总量指标又称统计绝对数，是反映一定时期、地点和条件下社会经济现象发展的总规模、总水平的综合指标。在社会经济统计中，总量指标具有重要作用，具体表现为：首先，总量指标是对社会经济现象总体认识的起点。这是因为社会经济现象基本情况往往最先表现为总量。例如，想要了解一个国家的国情、国力，或者一个地区、一个单位的人力和物力情况，都需要通过总量指标来完成。其次，总量指标是制定政策、编制计划、实行经营管理的主要依据。国民经济计划基本指标的编制常以总量指标为依据。因此，与计划指标相对应的统计指标，就成为检查计划完成和制定相关政策的依据。最后，总量指标是计算相对指标和平均指标的基础。相对指标和平均指标都是在总量指标的基础上派生出来的，因此，总量指标的计算结果正确与否，直接影响到相对指标和平均指标的计算结果。可以说，总量指标是最基本的统计指标。

二、总量指标的分类

1. 标志总量和单位总量

总量指标按其反映现象总体内容的不同，可分为总体标志总量和总体单位总量，简称为标志总量和单位总量。标志总量是指总体中各单位标志值总和，如企业的年产值、产品总量、利润总额、年末固定资产总值等。单位总量是指总体内所有单位的总数，如企业职工人数、地区的人口数、学校在校学生数等。

必须注意的是：①在一个特定总体内，只能存在一个单位总量，而可以同时存在多个标志总量，并构成一个总量指标体系；②单位总量和标志总量并不是固定不变的，而是随着研究目的的不同而变化。

2. 时期指标和时点指标

总量指标按反映时间状况的不同，可分为时期指标和时点指标。

（1）时期指标。时期指标是反映某种社会经济现象在一段时间发展变化所达到的总量，如年总产值、国内生产总值、贸易总额、基本建设投资额、工资总额、人口出生数等。时期指标具有如下特点：

第一，不同时期的指标数值具有可加性，相加后表示较长时期现象的总的发展水平。例如，一年的利润额是本年度12个月的利润额之和。

第二，时期指标数值是连续登记、累加的结果。例如，月产值是对每天的产值进行登记后累加得到的，年产值是对12个月产值累加得到的。

第三，时期指标数值大小与包含的时期长短有直接关系。一般情况下，包含时期越长，指标数值越大；包含时期越短，指标数值越小。

（2）时点指标。时点指标是反映社会经济现象在某一时点（瞬间）状况上所存在的总量，如企业年末职工数、商品库存量、银行存款余额等。时点指标具有如下特点：

第一，不同时点的指标数值不具有可加性（相加后没有实际意义）。例如，我们不能将两个月末银行存款余额相加说"两个月共存了多少钱"。

第二，时点指标是间断登记（计数）的结果。因为不可能对每一时点的数量都进行登记，通常是每隔一段时间登记一次。

第三，时点指标的数值大小与时点间隔长短（跨度）没有直接关系。例如，某企业某种商品的库存量年末数不一定大于本年度第一季度末的数值，而第一季度末的数值也不一定大于当季一月末的数值。

3. 实物指标、价值指标和劳动量指标

总量指标按计量单位不同，可分为实物指标、价值指标和劳动量指标。

（1）实物指标是指用实物单位计量的总量指标。实物单位主要有四种：①自然单位，如学校以所计算，车辆按辆计算；②度量衡单位，如以千克、吨、米为单位来计算；③双重单位，如发电机按台/千瓦计算，重型设备按吨/台计量；④复合单位，如货运周转量按吨/千米计算，客运周转量按人/公里计算，发电量按千瓦时计算等。

（2）价值指标是指用货币单位计量的总量指标。货币单位体现现象和过程的社会属性，如产值、基建投资完成额、销售额、财政收入等。

（3）劳动量指标是指用劳动量单位计量的总量指标。劳动量单位是指用劳动时间表示的计量单位，如工时、工日、工年等。

三、总量指标统计的要求

为了保证总量指标资料的准确，进行总量指标统计有如下要求：

第一，对总量指标的实质，包括其含义、范围做严格的界定。总量指标的计算，并非单纯的汇总技术问题。有一些总量指标，如人口数、企业数，从表面上看是比较简单的，但是首先要对"工业企业"的含义加以界定，才能统计出准确的工业企业数；又如，在计算工业总产值时，就有一个工业概念的确定问题，然后是关于总产值包括范围的问题，之后才能进行正确的统计。

第二，计算实物总量指标时，要注意现象的同类性。实物指标通常是针对物质产品而言的。同类性直接反映产品同样的使用价值和经济内容，这些同名产品无疑是可以综合汇总的。而对于不同类现象则不能简单相加汇总，计算其实物指标。比如，简单地把钢、煤、粮、棉等产品进行直接加总是毫无意义的。不过，对现象同类性要求不能绝对化，例如计算货物运输总量时，产品的同类性就不成为计算的条件，因为它只要求通过货物的重量和里程计算货物量和货物周转量。

第三，要有统一的计量单价。在计算实物指标总量时，不同实物单位代表不同类现象，而同类现象又可能因历史或习惯的原因采用不同的计量单位。计量单位不统一，就容易造成统计上的差错或混乱，所以，重要的总量指标的实物单位，应按照全国统一规定的指标目录中的单位计量。

任务二　数据相对特征的描述

★任务导入

社会经济现象总是相互联系、相互制约的。我们要分析一种社会经济现象，仅仅利用总量指标，而不联系有关指标进行对比分析，就难以对经济现象发展规模的大小、变化速度的快慢、比例关系是否协调等问题有深刻、全面的认识。例如，2018 年某地区进出口贸易总额达到 142 亿美元，其中出口额 76 亿美元，进口额 66 亿美元，仅凭这些指标，我们难以对该地区外贸经济的发展做出分析和评价。如果把它同 2000 年的进出口贸易总额 47 亿美元、出口总额 24 亿美元、进口总额 23 亿美元进行对比，得出结果：（1）从结构上看，2018 年出口总额占 53.52%，进口总额占 46.48%，而 2000 年出口总额占 51.06%，进口总额占 48.94%；（2）从发展状况看，2018 年与 2000 年相比，进出口贸易总额增长了 202.13%，出口总额增长了 216.67%，进口总额增长了 187%。由此可以看出，该地区对外贸易规模扩大、速度加快、进出口结构相对稳定，总体状况良好，这就是相对指标的作用所在。

★知识共享

一、相对指标的含义

相对指标是指两个有联系的统计指标对比所形成的相对数，又称统计相对数。相对指标用于反映现象内部或现象之间的比例关系、联系程度和变化程度。相对指标把两个具体数值抽象化，使人们对现象之间所存在的固有联系有较为深刻的认识。借助相对指标对现象进行对比分析，是统计分析的基本方法，在社会经济领域也广泛存在和应用。在统计分析中，相对指标的作用主要表现在以下两个方面：一是为人们深入认识事物发展的质量与状况提供了客观的依据；二是可以使不能直接对比的现象找到对比的基础，进行更为有效的分析。

二、相对指标的表现形式

1. 有名数

对比的两个指标计量单位不同时的相对数称为有名数。有名数主要用于强度相对指标的数值，即在计算强度相对指标时，同时使用分子和分母指标数值的计量单位，如平均每人分摊的粮食产量用千克/人表示，人口密度用人/平方千米表示等。

2. 无名数

对比的两个指标计量单位相同时的相对数称为无名数。相对指标一般表现为无名数，它是一种抽象化的计量单位，多以系数、倍数、成数、百分数或千分数表示。系数和倍数是将对比的基数定为 1 而计算出来的相对数。两个数字对比，分子数值大于分母数值很多时可用倍数表示；成数是将对比的基数定为 10 而计算出来的相对数；百分数是将基数定为 100 而计算出来的相对数，它是相对指标最常用的一种表现形式；千分数在分子数值小于分母数值很多的情况下运用的，它是将对比的基数定为 1 000 所计算出来的相对数，人口出生率、死亡率、自然增长率等多用千分数表示。

三、相对指标的种类

随着研究目的和任务不同，指标对比的基数也不同，从而产生了不同的相对指标。

1. 结构相对指标

结构相对指标也称结构相对数，是一个"部分与总体"对比的相对数，是用来反映总体内部组成情况的综合指标。其计算公式如下：

$$结构相对指标 = \frac{总体部分数值}{总体全部数值}$$

结构相对数用于研究总体内各组成部分的分配比重，有助于人们深刻认识事物各个部分的特殊性质及其在总体中所占有的地位。

2. 比例相对指标

比例相对指标也称比例相对数，是"同一总体中两个不同部分"对比的相对数，反映总体各部分之间的数量联系程度或比例关系。比例相对数一般以总量指标进行对比。依据分析任务和提供资料的情况，也可以用现象总体各部分的平均值或相对数进行对比。其计算公式如下：

$$比例相对指标 = \frac{总体中某一部分数值}{总体中另一部分数值}$$

比例相对数的计算结果通常以百分比或几比几来表示，用于分析总体范围内各个部分之间的比例关系和协调平衡状况。

3. 比较相对指标

比较相对指标也称比较相对数，是两个不同总体（不同单位、不同地区、不同企业等）的同类指标对比的相对数，以表明同类事物在不同条件下的数量对比关系。其计算公式如下：

$$比较相对指标 = \frac{某总体的某类指标数值}{另一总体的同类指标数值}$$

比较相对数的数值通常用百分数或倍数表示，用于说明某一同类现象在同一时间内各单位发展的不平衡程度。

4. 强度相对指标

强度相对指标也称强度相对数，是两个性质不同而又有联系的总量指标对比的相对数，用来表明某一现象在另一现象中发展的强度、密度和普遍程度。它和其他各种相对指标的根本区别就在于它不是同类现象指标的对比。这里所指的不同类现象可能分别属于不同的总体，也可能是同一总体中的不同标志或指标。其计算公式如下：

$$强度相对指标 = \frac{某种现象的总量指标}{另一个有联系而性质不同的现象的总量指标}$$

强度相对数以双重计量单位表示，是一种复名数，强度相对指标有正指标、逆指标之分，且含义不同，一般来说，正指标越大越好，逆指标则越小越好。强度相对指标是统计中重要的对比分析指标,可以说明一个国家、地区或部门的经济实力或为社会服务的能力。同时,这种指标有助于进行国家、地区之间的比较,以确定国家或地区之间的发展差距,并为进一步分析国家或地区之间的发展不平衡问题提供依据。

5. 动态相对指标

动态相对指标又称发展速度,是同一总体两个不同时间上的同类指标对比的相对数。它反映同类现象在不同时间状态下的数量对比关系,说明现象在时间上发展变化的程度,通常用百分数或倍数表示。其计算公式如下:

$$动态相对指标 = \frac{报告期指标数值}{基期指标数值}$$

动态相对指标是经济现象分析的重要内容,在后面的项目中还将进一步介绍,在此不再赘述。

6. 计划完成程度相对指标

计划完成程度相对指标简称计划完成程度指标、计划完成百分比,它是一个实际完成数与计划完成数对比的相对数。其计算公式如下:

$$计划完成程度相对指标 = \frac{实际完成数}{计划完成数} \times 100\%$$

计划完成指标与实际完成指标的对比为同期总量指标对比,它说明实际完成值相当于计划完成值的多少,即反映计划完成情况的相对程度(计划完成程度)。在应用时,因对比指标性质的不同可以有不同的计算方法。如果对比的两个指标为绝对数或平均数时可直接用计划完成程度相对指标的计算公式,若对比的两个指标本身就是一个相对数时,就有分析"提高率"计划完成程度相对指标和分析"降低率"计划完成程度相对指标两种情况,其计算公式分别为:

$$计划完成程度相对指标(提高率) = \frac{1 + 实际提高率}{1 + 计划提高率} \times 100\%$$

$$计划完成程度相对指标(降低率) = \frac{1 - 实际降低率}{1 - 计划降低率} \times 100\%$$

计划完成程度相对指标主要用于检查、监督计划执行情况与企业业绩考核情况。用计划相对数进行计划完成情况的检查时,一般分为短期计划完成情况检查和中长期计划完成情况检查两种。

短期计划完成情况的检查,可以用两种不同算法表示计划完成的不同方面:其一是计划数与实际数是同期的,如月计划数与月实际数对比,说明月度计划执行的结果;其二是计划期中某一段实际累计数与全期计划数对比,用以说明计划执行的进度,为下一阶段工作安排做准备。其计算公式是:

$$计划执行进度 = \frac{累计至本期止实际完成数}{全期计划数} \times 100\%$$

中长期计划完成情况的检查,由于计划任务的规定有不同的性质,有的任务是按全期应完成的总数来规定的,有的任务则是以计划期末应达到的水平来规定的,因而产生了累计法和水平法两种不同的检查方法。

①累计法。凡是计划指标是按计划期各年的总和规定任务的,或者是按计划全期(如5年)提出累计完成量任务的,就要求按累计法检查,如基本建设投资额、新增生产

力、造林面积指标等。我们用整个计划期实际完成的累计数与计划指标相比较,以检查计划完成程度。

②水平法。在制订长期计划时,有些计划指标是以计划期末应达到的水平来规定的,这样检查其计划完成情况就要用另一种方法——水平法。

四、计算和运用相对数的要求

相对数是通过指标之间的对比来反映现象之间的联系,严格保持对比两项指标的可比性是计算和运用相对数的基本要求。

1. 分子分母必须具有可比性

(1) 范围上的可比性。范围上的可比性,一是指包括范围(指标口径)要可比。例如,在新的一年里,某企业兼并了另一个原来独立的企业,企业规模被人为地扩大了,产量动态资料反映了不同的对象范围,因而不可比。二是分子与分母在空间范围上要可比。例如,粮食产量和人口不属于同一个地区的数字,那么将由于分子与分母在范围上的不一致而没有可比性。

(2) 计算方法的可比性。这是计算同类现象在不同空间和时间上的对比时应注意的问题。例如,比较两个企业的劳动生产率水平,如果一个企业是产量与全体职工人数对比,另一个企业却是产量与全体工人数对比,那么这两个企业的劳动生产率是不可比的。如果一个地区以 GDP 与常住人口数对比,另一个地区却以 GDP 与户籍人口数对比,那么这两个地区的人均 GDP 也是不可比的。在对某些经济指标进行国际比较时,计算方法统一尤其重要,要将指标调整为可比后才能进行比较。

2. 要与总量指标结合运用

相对数是通过两个有关指标的对比而得到的。如果用一个抽象化的比值来表明现象之间的联系和变动程度,从而把现象的具体规模和水平抽象化,就不能反映出现象的绝对量的差别。因此,在应用相对数进行统计分析时,应尽量注意把它同总量指标结合起来考虑,如果只看相对数,往往会得到不正确的结论。

例如,甲、乙两企业产值资料见表 3-1。

表 3-1 甲、乙两企业产值资料

企业	计划数/万元	实际完成数/万元
甲企业	20	40
乙企业	100	150

由表 3-1 可以计算:
甲企业计划完成程度 = 40 ÷ 20 × 100% = 200%
乙企业计划完成程度 = 150 ÷ 100 × 100% = 150%

从两个相对数分析,甲企业大于乙企业,但从相对指标背后的绝对指标分析,却是乙企业大于甲企业。甲企业超出计划 20 万元,乙企业却超出计划 50 万元。

由此说明,计算和应用相对数,不能只凭相对数的大小来判断,因为大的相对数背后的总量指标可能很小,而小的相对数背后的总量指标可能很大,或者同样的相对数背后隐藏的总量指标可能不同。只有结合总量指标和相对指标进行分析,才能对问题的实质做出正确的判断。

3. 要把多种相对数结合起来运用

在进行对比分析时,不仅要把相对数与总量指标结合起来,还要把多种不同相对数之间的相互关系和各自的特点结合起来进行分析。因为一种相对指标只从一个角度出发,只能说明问题的一个方面,要更全面、更深刻地说明问题,就必须把多种相对数结合起来运用。例如,要检查一个企业的生产发展情况,除了要计算计划完成相对数说明计划完成程度外,还需要把本期的实际水平同前一期的实际水平或去年同期水平相比,分析生产的发展趋势,这样就需计算动态相对数。另外,为了分析本企业的发展水平在同行业中所处的地位,就必须将本企业的水平和同行业的平均水平或先进水平相比,就须计算比较相对数。只有这样,才能有助于人们认识事物的全貌。

★ 任务分享

【例 3-1】 从某集团公司的财务分析报告中得知,公司经营活动业绩在 2017 年的基础上又有了进一步提高。2018 年销售收入达到 128 亿元,比 2017 年的 113 亿元提高了 15 亿元。2018 年资产总额为 16 亿元,其中,流动资产为 7 亿元,非流动资产为 9 亿元。2018 年为国家创税 1 800 万元,比行业平均创税 1 600 万元的水平高出了 200 万元。

任务解析: 本案例虽然进行了简单的对比分析和表述,但不能完整地反映该集团公司经营活动业绩的比例结构及其发展变化情况,若要从多角度、全方位反映公司经营活动状况,就要进行综合分析。可进行分析的内容有:

1. 进行收入变化分析

2017 年到 2018 年的产值变化是一个动态变化过程,如果要分析 2018 年产值相对于 2017 年产值提高了多少,那么,2018 年销售收入是要分析的指标,2017 年销售收入是用作比较的基础指标,所以可以用动态相对数来分析:

$$收入动态相对数 = \frac{2018\ 年销售收入}{2017\ 年销售收入} = \frac{128}{113} = 1.132\ 7 \times 100\% = 113.27\%$$

2. 进行资产结构分析

总资产由流动资产和非流动资产两类资产构成,若要分析这两类资产占的比重各有多大,就是一个"部分与总体"对比的关系,可以用结构相对数来分析:

$$资产结构相对数 = \frac{流动资产}{总资产} = \frac{7}{16} = 0.437\ 5 \times 100\% = 43.75\%$$

$$资产结构相对数 = \frac{非流动资产}{总资产} = \frac{9}{16} = 0.562\ 5 \times 100\% = 56.25\%$$

3. 进行内部比例分析

流动资产和非流动资产是总资产的两个不同组成部分,如果要看这两类资产是什么样的比例关系,就是一个"总体内两个不同部分"对比的关系,于是可以采用比例相对数来分析:

$$资产内部比例相对数 = \frac{流动资产}{非流动资产} = \frac{7}{9} = 7:9$$

$$资产内部比例相对数 = \frac{非流动资产}{流动资产} = \frac{9}{7} = 9:7$$

4. 进行横向对比分析

在经济管理工作中，企业不仅要将某一经济指标与同类企业同类经济指标进行对比，还要与行业先进水平或行业规定质量标准对比，从而找出差距，为提高本单位生产水平和管理水平提供依据。例如，当某行业同类企业2018年平均创税（或先进企业创税）1 600万元，如果要分析该集团创税与平均创税（或先进企业创税）水平的差距，可以采用比较相对数来分析：

$$公司创税横向比较相对数 = \frac{公司创税额}{行业平均创税额} = \frac{1\ 800}{1\ 600} = 1.125 \times 100\% = 112.5\%$$

【例3-2】 某地区2017年有商业零售机构5 000个，人口100万人，请分析该地区零售商业网密度和商业零售机构为社会提供的服务能力。

任务解析： 商业零售机构和人口是两个性质不同的经济现象，属于强度相对指标的内容，其分析方法如下：

$$零售商业网密度（正指标） = \frac{商业机构数}{人口数} = \frac{5\ 000}{1\ 000} = 5（个/千人）$$

计算结果表明该地区每千人拥有5个商业零售机构。这个指标的数值越大，表明零售商业网密度越大，所以称其为说明商业网密度的正指标。

$$零售商业网密度（逆指标） = \frac{人口数}{商业机构数} = \frac{1\ 000\ 000}{5\ 000} = 200（人/个）$$

计算结果表明该地区每个商业零售机构平均服务200人，这就是人们常说的"服务能力"。该指标的数值越大，表示零售商业网密度越小，所以称其为说明商业网密度的逆指标。

【例3-3】 某公司2018年实现销售收入800万元，为国家创税200万元，请对该公司销售利税率进行分析。

任务解析： 销售利税率是实现利税额与销售收入之比，属于两个性质不同的现象指标的相对数，可采用强度相对数来分析：

$$销售利税相对数 = \frac{实现利税额}{销售收入} = \frac{200}{800} = 25\left(\frac{元}{100\ 元}\right)（正指标）$$

$$销售利税相对数 = \frac{销售收入}{实现利税额} = \frac{800}{200} = 4\left(\frac{百元}{25\ 元}\right)（逆指标）$$

正指标表明每100元收入可创税25元，逆指标表明25元的税付大约需要400元的销售收入才能完成。可见，正指标越大越好，逆指标则越小越好。

【例3-4】 某公司根据2017年经济发展情况，制订了2018年的生产计划，计划中明确规定：年产值计划任务为8亿元，生产成本要在去年的基础上再降低3%，劳动生产率要在去年的基础上再提高5%。而年终实际情况为：年产值达到10亿元，生产成本较去年降低了5%，劳动生产率较去年提高了7%。请问该公司发展计划执行情况如何？

任务解析： 这里考核的内容有收入计划执行进度、生产成本降低率和劳动生产提高率三个方面。

由于计划收入与实际收入的对比为同期总量指标的对比，说明实际完成产值的多少相当于计划产值的多少，反映了计划完成的相对程度；提高率和降低率分别是在原有的基础上再提高和再降低的比率，原有基础可以视为100%，所以可以用如下方法进行分析：

$$产值计划完成程度 = \frac{实际完成产值}{计划完成产值} = \frac{10}{8} \times 100\% = 125\%$$

$$劳动生产率计划执行进度 = \frac{1+实际提高率}{1+计划完成产值} = \frac{100\%+7\%}{100\%+5\%} = 101.90\%$$

$$生产成本计划执行进度 = \frac{1-实际降低率}{1-计划降低率} = \frac{100\%-5\%}{100\%-3\%} = 97.94\%$$

分析结果表明，该公司年产值比年初计划提高了25%，劳动生产率比年初计划提高了1.9%，生产成本比年初计划降低了2.06%，说明该公司2018年计划执行比较好。

【例3-5】 某集团公司在2013年制定的公司五年发展目标中明确指出，到2018年底要实现总利润130亿元的目标。经过员工齐心协力，到2018年年终核算确认，实际总利润达到了156亿元。请分别用水平法和累计法对其计划执行情况进行分析。

任务解析：按照已知的中长计划考核要求，如果计划编制是以计划期末应达到的水平来规定的，就用水平法进行考核，如果计划编制是根据累计完成情况来编制的，那么就要用累计法进行分析和考核。考核的具体方法为：

$$利润计划执行进度 = \frac{计划期末实际完成的利润}{计划期末规定的计划任务} = \frac{156}{130} \times 100\% = 120\%$$

$$利润计划执行进度 = \frac{计划期间累计完成的利润}{计划期间规定的计划任务} = \frac{156}{130} \times 100\% = 120\%$$

分析结果可以看出，两种方法在计划期到期时，进度执行结果是一致的，但是累计法有一个好处就是在计划期实施过程中，可以对任何一期计划执行情况进行检查考核。如果将130亿元按平均计划（每期26亿元）任务安排，那么每期到期累计要完成的任务依次是：26（累计完成20%）、52（累计完成40%）、78（累计完成60%）、104（累计完成80%）、30（累计完成100%）。假设到第三期期末累计完成了105亿元，那么累计计划执行情况就是：

$$利润计划执行进度 = \frac{第三期期末累计完成的利润}{计划期间规定的计划任务} = \frac{105}{130} \times 100\% = 80.77\%$$

这个结果说明，按计划编制规定，第三期应累计完成78亿元（全期计划的60%），而实际累计完成了全期计划的80.77%，说明该集团公司利润计划执行情况比较好，比预期进度要快20.77%。

知识扩展

按水平法检查计划执行情况，计算提早完成计划的时间，是根据连续1年时间（不论是否在一个日历年度，只要持续12个月即可）的产量和计划规定中最后1年的产量相比较来确定的。例如，计划规定某产品2009年年产量达到120万吨的水平，实际执行结果为从2008年7月开始到2009年6月止，连续12个月产量已达到120万吨的水平，那么提前完成计划任务时间为半年。

任务三　数据集中趋势的描述

★任务导入

当我们对大量调查数据进行分组时，可以看到一个现象，就是位于中心点的数据是多数，而远离中心点的数据是少数，且离中心点越远数据则越少（前面变量数列编制证明了这一点）。这种现象可以根据自然现象的规律来解释，那就是"普遍现象总是具有大多数"这样一个趋势（称为集中趋势）。而反映这个集中趋势一般水平值的统计指标就是统计学中的平均指标。

★知识共享

一、平均指标的含义

平均指标也称平均数，是反映社会经济现象总体在各单位的某一数量标志在一定时间、地点条件下所达到的一般水平，表明总体各单位标志值。在社会经济统计中，平均指标是最常用的一种综合指标。

在社会经济现象同一总体中，每个单位都有许多数量标志来表明它的特征，而数量标志在各总体单位上的具体数值又各不相同。因此，就同一总体某一数量标志而言，各总体单位数值上的差异总有一定的限度。这就可以利用一定的数值来代表总体单位数量标志的一般水平。

二、平均指标的作用

平均指标的特点在于它把总体各单位标志值的差异给抽象化了，它可能与各单位所有标志值都不同，但又作为代表值来反映这些单位的一般水平。平均指标广泛存在于社会经济现象总体中。在社会经济统计中，平均指标的应用主要有以下三个方面。

第一，反映总体单位变量分布的集中趋势。根据以往的变量数列编制结果可以得知，标志值很小或很大的单位都比较少，而靠近中间位置的单位逐渐增多，且标志值围绕在中间点周围的单位占最多，这个中间点所对应的值就是平均值。由此可见，平均数反映了标志值变动的集中趋势。

第二，比较同类现象在不同范围的发展水平，用于说明生产水平、经济效益或工作质量的差距。例如，评价不同规模企业经济效益时，若用总量指标进行对比就会受到规模大小不同的影响，如果用平均指标进行对比就可以消除规模大小的影响。又如，比较不同时间范围的劳动生产效率时，用总量指标进行对比就会受到日历时间不同的影响，如果用平均指标进行对比就可以消除日历时间不同带来的影响。这对于开展竞争、寻找差距、挖掘潜力都有重要的作用。

第三，分析现象之间的依存关系。在统计分组的基础上，结合平均指标，可以分析现象之间的依存关系。平均指标在研究现象相互关系中也很有用处。

三、平均指标的计算

1. 算术平均数

算术平均数是统计研究中最常用、最基本、使用最广泛的指标,也称为均值。它是由总体标志总量除以总体单位总量所得到的一个算术平均数,计算公式为

$$算术平均数 = \frac{总体标志总量}{总体单位总量}$$

算术平均数计算是计算社会经济现象平均指标最常用的方法和最基本的形式。其计算特点是符合客观现象数量对比关系。因此,当谈到平均指标而又未说明是哪一种形式时,一般指的就是算术平均数。

知识扩展

为什么说强度相对指标具有平均的意义,但不是平均指标?这是因为平均指标反映的是在一个同质总体内标志总量和单位总量的比例关系,它要求标志总量和单位总量相对应(分子分母具有严格的对应关系),即标志总量必须是相应总体中各单位标志值的总和。例如,计算50名工人的平均工资,作为分子的工资总额只能是这50名工人工资的总和。而强度相对指标的分子分母是两个不同的总体现象总量,不存在分子分母必须具有对应关系的问题。又如,人均粮食产量是全国粮食总产量与全国人口数之比,这反映的是粮食生产与人口发展的密切关系。但是粮食产量并非全国人口每个人都具有的标志,粮食总产量不直接依附于全国人口数,所以人均粮食产量是强度相对指标。

算术平均数根据计算方法不同,有简单算术平均数和加权算术平均数两种方法。

(1) 简单算术平均数。简单算术平均数是对每一个标志值一一加总得到的标志总量除以单位总量求出的平均指标。其计算公式如下:

$$\bar{x} = \frac{x_1 + x_2 + \cdots + x_n}{n} = \frac{\sum x}{n}$$

式中 $\bar{x}$ ——算术平均数;

x_n ——各单位标志值;

$\sum$ ——总和符号;

n ——总体单位数。

简单算术平均数适用于未分组资料,其之所以简单是因为它只受各单位标志值大小一个因素的影响。

(2) 加权算术平均数。如果调查资料中具有不少相同的标志值,就应该运用加权算术平均数公式计算:

$$\bar{x} = \frac{x_1 f_1 + x_2 f_2 + \cdots + x_n f_n}{f_1 + f_2 + \cdots + f_n} = \frac{\sum xf}{\sum f}$$

或

$$\bar{x} = \sum x \frac{f}{\sum f}$$

式中　f——标志值出现的次数，又称权数。

从上式可见，平均数的大小取决于总体各单位标志值（x），同时也取决于各标志值出现的次数（f）。出现次数多的标志值对平均数的影响要大些，出现次数少的标志值对平均数的影响要小些。标志值出现次数的多少，对平均值的大小有权衡轻重的作用，所以称为权数。这种用权数计算算术平均数的方法称为加权算术平均数。

知识扩展

权数除了用总体各组单位即频数形式表示外，还可以用比重即频率形式表示。因此，有另一种加权算术平均数形式，就是用标志值乘以相应的频率。其计算公式如下：

$$\bar{x} = \frac{x_1 f_1 + x_2 f_2 + \cdots + x_n f_n}{f_1 + f_2 + \cdots + f_n}$$

$$= \frac{x_1 f_1}{\sum f} + \frac{x_2 f_2}{\sum f} + \frac{x_3 f_3}{\sum f} + \cdots + \frac{x_n f_n}{\sum f}$$

$$= x_1 \frac{f_1}{\sum f} + x_2 \frac{f_2}{\sum f} + x_3 \frac{f_3}{\sum f} + \cdots + x_n \frac{f_n}{\sum f}$$

$$= \sum x \frac{f}{\sum f}$$

即

$$\bar{x} = \sum x \frac{f}{\sum f}$$

当各组单位数相等或各组单位数所占的比重相等时，权数对各组的作用都一样，就失去了加权的意义。因此，加权算术平均数等于简单算术平均数，即当 $f_1 = f_2 = \cdots = f_n$ 时：

$$\bar{x} = \frac{\sum xf}{\sum f} = \frac{f \sum x}{nf} = \frac{\sum x}{n}$$

2. 调和平均数

调和平均数是指标志值倒数的算术平均数的倒数，又称倒数平均数。它有简单调和平均数和加权调和平均数两种方法。

（1）简单调和平均数。如果掌握的资料是未分组的总体各单位的标志值和标志总量，且总体各单位的标志值又不能直接相加或计算平均数时，则要用简单调和平均数计算平均指标。其计算公式为

$$\bar{x}_H = \frac{1 + 1 + \cdots + 1}{\frac{1}{x_1} + \frac{1}{x_2} + \cdots + \frac{1}{x_n}} = \frac{n}{\sum \frac{1}{x}}$$

式中　$\bar{x}_H$——调和平均数；

　　　n——标志总量。

（2）加权调和平均数。调和平均数作为算术平均数的变形，在实际工作中应用广泛。如果掌握的资料是各组的标志值和标志总量，而未掌握各组单位数，则需用加权调和平均数计算平均指标。

现设 $m = xf$，则 $f = \dfrac{m}{x}$。

于是

$$\bar{x} = \frac{\sum xf}{\sum f} = \frac{\sum m}{\sum \dfrac{m}{x}}$$

所以加权调和平均数计算公式为

$$\bar{x}_H = \frac{m_1 + m_2 + \cdots + m_n}{\dfrac{m_1}{x_1} + \dfrac{m_2}{x_2} + \cdots + \dfrac{m_n}{x_n}} = \frac{\sum m}{\sum \dfrac{m}{x}}$$

式中　m——各组标志总量；

　　　x——标志值。

由加权调和平均数计算公式可以看出，加权算术平均数以各组单位数（f）为权数，而加权调和平均数以各组标志总量（m）为权数。作为加权算术平均数变形的加权调和平均数，一般应用于没有直接提供被平均标志值的相应单位数的资料。

在计算调和平均数时要注意：①标志值中有一个值为"零"时，无法计算；②受极小值的影响大于受极大值的影响。

知识扩展

在运用调和平均数时，所有标志值的权数都相等，就可以采用简单调和平均数代替加权调和平均数，即当 $m_1 = m_2 = \cdots = m_n$ 时：

$$\bar{x}_H = \frac{\sum m}{\sum \dfrac{m}{x}} = \frac{nm}{m \sum \dfrac{1}{x}} = \frac{n}{\sum \dfrac{1}{x}}$$

式中　n——被平均的标志值项数。

3. 几何平均数

几何平均数是 n 个变量值连乘积的 n 次方根。在社会经济现象的发展过程中，现象的总标志值不是总体各单位标志值的总和，而是各单位标志值的连乘积。所以，在计算这类标志值的平均数时，不能用简单平均的方法，而要用几何平均法。根据资料是否分组，可以将几何平均数分为简单几何平均数和加权几何平均数两种方法。

（1）简单几何平均数。前面讲到的算术平均数、调和平均数都是用总体标志总量与总体单位总量相对比而得的商数。而几何平均数则是 n 个变量的连乘积开 n 次方后得到的结果。其计算公式为

$$\bar{x}_G = \sqrt[n]{x_1 \cdot x_2 \cdot x_3 \cdots x_n} = \sqrt[n]{\prod x}$$

式中　$\bar{x}_G$——几何平均数；

　　　x_n——变量值；

　　　$\prod$——连乘符号；

　　　n——变量值的项数。

(2) 加权几何平均数。如果我们所掌握的资料是一个分组资料,且每个变量值出现的次数不同时,则要以次数为权数计算其平均数。其计算公式为

$$\overline{x}_G = \sqrt[\sum f]{x_1^{f_1} x_2^{f_2} \cdots x_n^{f_n}}$$

式中　x_n——变量值;

　　　f_n——各变量值的次数;

　　　$\sum f$——次数的总和。

在计算几何平均数时要注意:标志值中有一个值为"零"时,无法计算;标志值中有一个值为"负"时,计算无意义;受极端值影响小(比算术平均数和调和平均数都要小)。

4. 众数

众数是现象总体中出现次数最多的标志值。因此,在分配数列中,具有最多次数的那个组的标志值,就是众数。在实际统计工作中,可以利用众数表明现象的一般水平,例如,为了掌握市场上某商品的价格水平,不必进行全面的调查和统计计算,只需了解该商品在市场上最普遍的成交价格即可。假定市场上某商品最高成交量价格为每斤 5 元,就可用 5 元来代表这种商品价格的一般水平。众数值的确定首先要找到众数所在的位置,然后根据所在的位置来确定众数的值。

5. 中位数

中位数是处于数列中点位置的标志值,即如果将现象总体中的各单位标志值按大小顺序排列,处于数列中点位置的标志值就是中位数。中位数的概念表明,数列中有一半单位的标志值小于中位数,另一半单位的标志值大于中位数。中位数值的确定一般也是先确定中位数所在的位置,然后根据所在的位置来确定中位数的值。

★任务分享

【例 3-6】某工厂生产班组 11 名工人的日产量分别为 15、17、19、20、22、22、23、23、25、26、30 件,试计算人均日产量。

任务解析:算术平均数是人们很熟悉,日常生活中也经常会用到,也都会计算的一个常用指标。在统计学中也是最基础的统计指标,具有承上启下的作用。其计算公式及其计算方法如下:

$$\overline{x} = \frac{x_1 + x_2 + \cdots + x_n}{n} = \frac{\sum x}{n}$$

$$= \frac{15 + 17 + 19 + 20 + 22 + 22 + 23 + 23 + 25 + 26 + 30}{11}$$

$$= 22（件）$$

计算结果表明,这 11 名工人的平均日产量为 22 件。

【例 3-7】某建筑工地有 10 台起重机在工作,其中 1 台的起重量为 40 吨,2 台的起重量为 25 吨,3 台的起重量为 10 吨,其余 4 台的起重量为 5 吨,见表 3-2。试计算这 10 台起重机的平均起重量。

任务解析:分组方式在计算工具不先进的时代,作为一种简化方法被使用。有了计算机

和统计软件之后，分组方法被先进的计算工具代替，这里进行分组资料的计算只是为了引入统计学中用到的"加权"概念。其计算方法如下：

表 3-2　某工地起重量不同的起重机台数资料

起重量（x）	台数（f）	起重总量（$x_n f$）
40	1	40
25	2	50
10	3	30
5	4	20
合计	10	140

$$\bar{x} = \frac{\sum xf}{\sum f} = \frac{140}{10} = 14（吨）$$

由此说明加权算术平均数是在分配数列的条件下计算的，它必须首先求出每组的标志总量，并加总取得总体的标志总量，然后除以单位总数，才能得出最终结果。

还可以按表 3-3 所示的方法进行计算。

表 3-3　起重机起重量和起重机台数构成资料

起重量（x）	起重机台数构成$\left(\dfrac{f}{\sum f}\right)$	$x\dfrac{f}{\sum f}$
40	10	4
25	20	5
10	30	3
5	40	2
合计	100	14

则平均起重量为：
$$\bar{x} = \sum x \frac{f}{\sum f}$$
$$= 40 \times 10\% + 25 \times 20\% + 10 \times 30\% + 5 \times 40\%$$
$$= 14（吨）$$

如果各种起重机的台数都一样，则平均起重量为
$$\bar{x} = \frac{\sum x}{n} = \frac{40+25+10+5}{4} = 20（吨）$$

知识扩展

权数的权衡轻重作用是体现在各组单位数占总体单位数的比重大小上的。从【例 3-7】中可明显地看出，比重的大小直接表明了该标志值占据平均数的地位。那些比重的数字意味着在起重机起重量 40 吨中取 10% 计入平均数，在起重机起重量 25 吨中取 20% 计入平均数，可见所取的百分数越大，该标志值占据平均数的地位也就越高。由此可见，权数对算术平均

数的影响作用不取决于权数本身数值的大小,而取决于作为权数的各组单位数占总体单位数的比重大小,哪一组的单位数所占的比重大,哪一组标志值对平均数的影响就大。

不难看出,简单算术平均数是加权算术平均数的特殊情况,因为给一个变量值乘上一个权数与多次加总这个变量值,意义是相同的。

【例3-8】 某班学生统计学原理考试成绩资料及有关计算见表3-4。试计算该班学生统计学平均分。

表3-4 某班学生统计学原理考试成绩资料

按成绩分组/分	各组人数(f)/人	组中值	$x_n f$	人数比重 $\left(\dfrac{f}{\sum f}\right)$/%	$x\dfrac{f}{\sum f}$
60以下	2	55	110	4	2.20
60~70	10	65	650	20	13.00
70~80	20	75	1 500	40	30.00
80~90	15	85	1 275	30	25.50
90~100	3	95	285	6	5.70
合计	50	—	3 820	100	76.40

任务解析:对于组距分配数列条件下的算术平均数计算与【例3-7】一样,但这时本来可以用各组实际平均数乘以相应的权数来计算,由于在实际编制组距数列时,很少计算组平均数,所以在缺乏组平均数资料条件下,可用各组组中值来代替各组实际平均数。计算时有两种情况:

当权数为绝对数时,有:

$$\bar{x} = \frac{\sum xf}{\sum f} = \frac{55 \times 2 + 65 \times 10 + 75 \times 20 + 85 \times 15 + 95 \times 3}{50} = \frac{3\,820}{50} = 76.40(\text{分})$$

当权数为相对数时,则有:

$$\bar{x} = \sum \left(x \frac{f}{\sum f}\right) = 2.20 + 13.00 + 30.00 + 25.50 + 5.70 = 76.40(\text{分})$$

这里说明一点,这种用组中值来代替组平均数计算出来的结果,不可避免地会存在一定程度的误差,所以,组距分配数列条件下的算术平均数只是一个近似值。

【例3-9】 某商品在淡季、平季、旺季的价格分别是100元、116元、140元,求该商品的平均价格。

任务解析:这里只有价格资料,没有销售量,也没有销售额,用算术平均数法是不能计算的。但我们可以按照"价格=销售额/销售量"的关系,假设分别在三个不同季节各买了1元钱的商品,然后根据这个假设的销售额来计算调和平均数。于是得出结果:

$$\bar{x}_H = \frac{n}{\sum \dfrac{1}{x}} = \frac{3}{\dfrac{1}{100} + \dfrac{1}{116} + \dfrac{1}{140}} = \frac{3}{0.025\,76} = 116.46(\text{元})$$

从形式上看,调和平均数和算术平均数有明显的区别,但从计算内容上来看,两者是一致的,均为总体标志总量与总体单位总量的对比。

【例3-10】某工厂50名工人各技术级别的月工资水平和相应工资总额资料见表3-5。试用调和平均数法计算该企业职工月平均工资。

表3-5 某工厂工人各技术级别的月工资水平及工资总额资料

技术级别	月工资 (x) /元	工资总额 (m) /元	工人数 $\left(\dfrac{m}{x}\right)$
1	1 400	7 000	5
2	1 500	22 500	15
3	1 600	28 800	18
4	1 700	17 000	10
5	1 800	3 600	2
合计	—	78 900	50

任务解析:这里没有直接给定相应的单位数(工人数),所以只能采取月工资倒数与工资总额相乘得出工人数,再计算月平均工资。

$$\bar{x}_H = \frac{\sum m}{\sum \dfrac{m}{x}} = \frac{78\,900}{50} = 1\,578 \text{(元)}$$

【例3-11】某养鸡场在2009年第二季度的鸡蛋价格为每千克7.5元时,销售额为2.25万元;2009年第三季度的鸡蛋价格为每千克8元时,销售额为1.6万元,见表3-6。试计算该养鸡场两个季度鸡蛋的平均价格。

表3-6 某养鸡场鸡蛋销售资料及计算表

销售价格 (x) /(元·千克$^{-1}$)	销售额 (m) /万元	销售量 $\left(\dfrac{m}{x}\right)$/千克
7.5	2.25	300
8.0	1.60	200
合计	3.85	500

任务解析:表3-6所缺的是销售量的数据,如果按算术平均数计算,就要把"销售额"当成单位数(f),但它与销售价格相乘构不成标志总量,无任何意义,所以,应按调和平均数来计算。平均销售价格按调和平均数计算如下:

$$\bar{x}_H = \frac{\sum m}{\sum \dfrac{m}{x}} = \frac{3\,850}{500} = 7.7 \text{(元/千克)}$$

由此说明,由相对数或平均数计算平均数,所掌握的权数是相对数或平均数的子项资料时,应采用调和平均数计算;推而广之,所掌握的权数是相对数或平均数的母项资料时,应采用算术平均数计算。

可以想象,在【例3-11】中,如果两种不同销售价格相应的销售额相等或接近于相等,我们就可以采用简单调和平均数求平均销售价格:

$$\bar{x}_H = \frac{n}{\sum \frac{1}{x}} = \frac{2}{\frac{1}{7.5}+\frac{1}{8.0}} = 7.75 \text{（元/千克）}$$

【例3-12】 某厂加工某种零件要经过三道工序，各道工序的加工合格率分别为92%、95%、97%，则三道工序的平均合格率是多少？

任务解析：对于产品加工工序平均合格率的分析，一定要明确各工序合格率之间的关系，由题可知呈"几何级数递增关系"，所以可以用简单几何平均法求平均比率或平均合格率。

$$\bar{x}_G = \sqrt[n]{\prod x} = \sqrt[3]{92\% \times 95\% \times 97\%} = 94.64\%$$

【例3-13】 某厂在2010—2012年利润年平均增长12%，2013年与2012年相比增长了13%，2014—2016年平均增长了15%，那么，2010—2016年利润年平均增长多少？

任务解析：企业利润在较长时间发展变化理论上讲，应该是随着企业管理的加强而逐步提高，呈现出递增趋势，所以求利润年平均增长率也可用简单几何平均法。但因为这是一个类似于分组的资料，所以采用加权几何平均法。

$$\bar{x}_G = \sqrt[n]{\prod x} = \sqrt[7]{(1+12\%)^3 \times (1+13\%) \times (1+15\%)^3} = 113.4\%$$

即年平均增长13.4%。

必须说明的是，在实际工作中，如果变量中有一个值为零时，就不能计算其几何平均数，当变量中有一个值为负数时，则计算无意义。

【例3-14】 某村农民家庭按儿童人数分组见表3-7，如果要用众数来代表该村农民家庭儿童分组人数。那该村农民家庭儿童平均人数是多少？

表3-7 某村农民家庭按儿童数分组的单项式数列

家庭儿童数分组/（个·户$^{-1}$）	家庭户数/户
0	22
1	62
2	220
3	80
4	36
合计	420

任务解析：表3-7是一个单项式分组资料表，确定方法比较简单，找出户数最多的对应儿童数即可。户数最多的是220户，对应的儿童数是2个/户，即该村农民家庭儿童平均数为2个。

【例3-15】 某乡农民家庭年人均收入的资料见表3-8。如果要用众数来代表该乡农民家庭年人均收入，其众数是多少？

表3-8 某乡农民家庭按年人均收入分组的组距数列

农民家庭按年人均收入分组/元	农民家庭数/户	较小制累计或向上累计	较大制累计或向下累计
2 500以下	100	100	3 000

续表

农民家庭按年人均收入分组/元	农民家庭数/户	较小制累计或向上累计	较大制累计或向下累计
2 500 ~ 3 000	140	240	2 900
3 000 ~ 3 500	480	720	2 760
3 500 ~ 4 000	1 050	1 770	2 280
4 000 ~ 4 500	600	2 370	1 230
4 500 ~ 5 000	270	2 640	630
5 000 ~ 5 500	210	2 850	360
5 500 以上	150	3 000	150
合计	3 000	—	—

任务解析：表3-8是一个组距式分组资料表，先要找出户数最多组对应的家庭年人均收入，表3-8中户数最多是的第四组，对应的收入是3 500 ~ 4 000元。由于收入是一个区间范围，众数的具体值要按下列公式计算（众数的近似值）：

下限公式：
$$M_0 = L + \frac{\Delta_1}{\Delta_1 + \Delta_2} \times d$$

上限公式：
$$M_0 = U - \frac{\Delta_2}{\Delta_1 + \Delta_2} \times d$$

式中　M_0——众数；
　　　L——众数所在组的下限；
　　　U——众数所在组的上限；
　　　Δ_1——众数组次数与前一组次数之差；
　　　Δ_2——众数组次数与后一组次数之差；
　　　d——众数所在组的组距。

利用下限公式计算众数值：

$$M_0 = 3\ 500 + 500 \times \frac{1\ 050 - 480}{(1\ 050 - 480) + (1\ 050 - 600)}$$
$$= 3\ 500 + 279.4$$
$$= 3\ 779.4（元）$$

利用上限公式计算众数值：

$$M_0 = 4\ 000 - 500 \times \frac{1\ 050 - 600}{(1\ 050 - 480) + (1\ 050 - 600)}$$
$$= 4\ 000 - 220.6$$
$$= 3\ 779.4（元）$$

可见，两个公式的计算结果相同，在实际中可以任意使用。

必须说明的是，众数的确定有一定条件。如果所有标志值的频数都一样，则不存在众数；如果所有标志值中出现两个最大的频数时，就有两个众数（双众数分配数列）。

【例 3-16】 甲乙两班组工人分别为 11 人和 12 人，每人日产零件数如下：

甲班组：14，17，18，20，22，22，23，23，25，26，30；

乙班组：13，16，17，17，19，20，22，22，23，25，26，28。

试用中位数反映两班组工人平均日产水平。

任务解析：【例 3-16】中提供的是一组未分组的资料，但是确定中位数的方法是相对比较简单的，步骤为先将各单位标志值按由小到大的顺序排列，再确定中位数的值。

如果总体单位数为奇数，则中位数为 $\frac{n+1}{2}$ 位置所对应的标志值；如果总体单位数为偶数，那么中位数就为 $\frac{n}{2}$ 和 $\left(\frac{n}{2}+1\right)$ 位置所对应的两个标志值的平均数。

所得结果如下：

甲班中位数位置为：(11+1)÷2=6，即第 6 位工人的日产量 22 件为中位数。

乙班中位数位置为：(12÷2=6) 与 (12÷2+1=7) 之间，即第 6 位和第 7 位工人日产量的算术平均数 21 件为中位数。

【例 3-17】 仍以【例 3-14】的表 3-7 资料为例，确定该村农民家庭儿童平均人数的中间值是多少。

任务解析：表 3-7 为单项分组资料，确定中位数先要确定总次数的中点位置 $\left(\frac{\sum f}{2}\right)$，再确定中点位置所对应组的表现值（累计次数仅大于 $\frac{\sum f}{2}$ 组所对应的标志值就是中位数的值），所得结果如下：

$$\frac{\sum f}{2} = \frac{420}{2} = 210$$

计算结果说明，中位数所在的位置为累计次数仅大于 210 的组，该组所对应的标志值（2 个儿童）即为中位数。

【例 3-18】 仍以【例 3-15】的表 3-8 资料为例，确定该乡农民家庭年人均收入的中位数是多少。

任务解析：表 3-8 是一个组距式分组资料表，由于收入是一个区间范围，确定中位数时同样是先按 $\frac{\sum f}{2}$ 的方式来确定中位数所在的位置，然后按近似公式计算中位数的近似值。

下限公式为：
$$M_e = L + \frac{\frac{\sum f}{2} - S_{m-1}}{f_m} \times d$$

上限公式为：
$$M_e = U - \frac{\frac{\sum f}{2} - S_{m+1}}{f_m} \times d$$

式中　M_e——中位数；

L——中位数所在组的下限；

U——中位数所在组的上限；

S_{m-1}——中位数所在组以下的累计次数（见较小制累计或向上累计资料）；

S_{m+1}——中位数所在组以上的累计次数（见较大制累计或向下累计资料）；

f_m——中位数所在组的次数；

d——中位数所在组的组距。

中位数的计算步骤如下：

第一步，确定中位数所在的位置。

中位数所在位置 $= \dfrac{\sum f}{2} = \dfrac{3\,000}{2} = 1\,500$

计算结果说明，中位数应为这个数列中的第 1 500 个家庭的年人均收入。由累计次数可见，中位数所在位置应在累计次数仅大于 $\dfrac{\sum f}{2} = 1\,500$ 的组（即第四组）。

第二步，计算中位数的近似值。

按下限公式：

$$M_e = 3\,500 + 500 \times \dfrac{\dfrac{3\,000}{2} - 720}{1\,050} = 3\,500 + 371.43 = 3\,871.43 \text{（元）}$$

按上限公式：

$$M_e = 4\,000 - 500 \times \dfrac{\dfrac{3\,000}{2} - 1\,230}{1\,050} = 4\,000 - 128.57 = 3\,871.43 \text{（元）}$$

任务四　数据离散趋势的描述

★任务导入

我们可以借助于总量指标和平均指标来认识现象总体的规模和一般水平，但这些指标都不能反映各单位的差异情况，平均指标甚至还把各单位的差异抽象化了。即使是相同的总量指标和平均指标也可能掩盖极其显著的差异事实。因此，我们对于总体的认识就不能说是全面的。所以，有必要探讨总体各单位标志值变化的差异程度，以便更好地分析和说明总体的特征。这就需要运用统计学中的标志变异指标。

★知识共享

一、变异指标的含义

标志变异指标简称变异指标，是说明总体各单位标志值之间平均差异程度（或标志值分布的变异情况）的统计指标，反映了现象总体的离散程度，所以可以用变异指标来综合反映总体各个单位标志值差异的程度，故又称为标志变动度。可见，变异指标是说明总体数量特征的另一个重要指标。

二、变异指标的作用

变异指标在统计分析研究中的作用主要有以下几个方面：

第一，可以反映总体各单位标志值分布的离中趋势。总体各个单位的标志值总是围绕着总体自身的平均值这一中心变动。所以，平均指标反映总体各单位标志值的集中趋势，而变异指标则反映总体各单位标志值的分散程度，对于变动中心来说，也就是反映标志值的离中趋势。变异指标值越大，说明标志值的分布越散。

第二，可以说明平均指标的代表性程度。平均指标作为总体各单位标志值一般水平的代表，其代表性的高低，随着标志值的差异程度不同有很大区别。一般来说，标志变异越大，说明平均数的代表性越弱；而标志变异越小，说明平均数的代表性越强。把平均指标与变异指标结合起来运用，才能使统计分析更完整、内容更充实，从而能更深刻地反映所研究现象的本质。

第三，可以说明现象变动的均匀性或稳定程度。在分析经济现象发展变化情况时，我们可以看到其表现值忽高忽低，波动较大，则说明现象发展变化过程的稳定性不够好，其表现值的结果均匀性较差。所以，标志变异越大，说明现象发展变化的稳定程度或均匀性越差。

三、变异指标的种类

（一）全距

全距又称极差，是最大值与最小值之差，用 R 表示。它是测定标志变异程度的最简单指标，其公式为

$$R = x_{\max} - x_{\min}$$

全距作为测定标志变异程度的简单指标，具有方法简单、计算方便的优点，不足之处就是全距受两个极端值的影响，不能全面地反映各单位标志的变异程度，不能用于评价平均指标的代表性程度。

（二）平均差

平均差是各单位标志值同平均数的离差绝对值的算术平均数，又称平均离差，用 $A.D.$ 表示。

$$A.D. = \frac{\sum |x - \bar{x}|}{n}$$

计算结果表明，平均差越大，标志变动程度越大；平均差越小，标志变动程度越小。

平均差的优势为方法直观、意义明确，但数据处理方法不科学，因为在绝对值处理中将负离差变为正离差，加大了总离差的程度，所以不多用。

（三）标准差和方差

标准差是总体各单位的标志值与其平均数离差平方的算术平均数的方根，标准差的平方称为方差，分别用 σ 和 σ^2 表示。计算公式如下：

1. 积差公式

$$\sigma = \sqrt{\frac{\sum (x - \bar{x})^2}{n}}$$

$$\sigma^2 = \frac{\sum (x - \bar{x})^2}{n}$$

由上述公式可知，标准差一方面利用了离差平方和最小特性，另一方面将离差的平方用开方进行了一定的还原，所以，从这个意义上来讲，用这个公式计算的离差程度才是比较标准的，故称为标准差。

2. 简捷公式

$$\sigma = \sqrt{\frac{\sum x^2}{n} - \left(\frac{\sum x}{n}\right)^2}$$

$$\sigma^2 = \frac{\sum x^2}{n} - \left(\frac{\sum x}{n}\right)^2$$

简捷公式可以有多种计算形式。

四、相对变异指标（变异系数）

变异指标是反映总体各单位标志变异程度的指标。其数值的大小还要受到总体单位标志值本身水平高低的影响。我们要对比、分析不同水平的变量数列之间的标志差异程度，就不宜直接通过变异指标来比较其标志变动的大小，并且必须消除平均水平高低的影响，这样才能真正反映出不同水平的变量数列的离散程度，这就需要计算相对变异指标。相对变异指标就是变异指标与其平均指标的相对数。常见的有全距系数、平均差系数和标准差系数。其中，以标准差系数应用最多，计算公式为

$$V_\sigma = \frac{\sigma}{\bar{x}} \times 100\%$$

★任务分享

【例3-19】某公司11名业务员的销售业绩分别为15万元、17万元、19万元、20万元、22万元、22万元、23万元、23万元、25万元、26万元、30万元。试分析该公司业务员业绩的差异程度。

任务解析：反映经济现象表现值差异程度的指标有多种，为了比较运用各种方法得出的结果，可以分别使用多种方法进行分析。

1. 全距

$$R = x_{\max} - x_{\min} = 30 - 15 = 15 \text{（万元）}$$

2. 平均差

（1）计算平均业绩，计算结果为

$$\bar{x} = \frac{x_1 + x_2 + \cdots + x_n}{n}$$

$$= \frac{\sum x}{n}$$

$$= \frac{15 + 17 + 19 + 20 + 22 + 22 + 23 + 23 + 25 + 26 + 30}{11}$$

= 22（万元）

（2）列计算表，计算结果见表 3-9。

表 3-9　销售业绩平均差计算表

销售业绩 (x) /万元	$x - \bar{x}$	$\lvert x - \bar{x} \rvert$
(1)	(2) = (1) $- \bar{x}$	(3) = $\lvert (2) \rvert$
15	-7	7
17	-5	5
19	-3	3
20	-2	2
22	0	0
22	0	0
23	1	1
23	1	1
25	3	3
26	4	4
30	8	8
合计：242	—	34

（3）计算平均差，计算结果为

$$A.D. = \frac{\sum \lvert x - \bar{x} \rvert}{n} = \frac{34}{11} = 3 \text{（件）}$$

3. 标准差

（1）用积差公式计算标准差，见表 3-10。

表 3-10　积差公式的标准差计算表

日产零件 (x) /件	$x - \bar{x}$	$(x - \bar{x})^2$
(1)	(2) = (1) $- \bar{x}$	(3) = $(2)^2$
15	-7	49
17	-5	25
19	-3	9
20	-2	4
22	0	0
22	0	0

续表

日产零件（x）/件	$x - \bar{x}$	$(x - \bar{x})^2$
23	1	1
23	1	1
25	3	9
26	4	16
30	8	64
合计	—	178

$$\sigma = \sqrt{\frac{\sum (x - \bar{x})^2}{n}} = \sqrt{\frac{178}{11}} = 4（件）$$

（2）用简捷公式计算标准差，见表3-11。

表3-11　简捷公式的标准差计算表

序号	销售业绩（x）	$(x)^2$
	（1）	（2）=（1）^{2}
1	15	225
2	17	289
3	19	361
4	20	400
5	22	484
6	22	484
7	23	529
8	23	529
9	25	625
10	26	676
11	30	900
合计	242	5 502

$$\sigma = \sqrt{\frac{\sum x^2 - \frac{1}{n}(\sum x)^2}{n}} = \sqrt{\frac{5\,502 - \frac{1}{11}(242)^2}{11}} = 4（件）$$

$$\sigma^2 = \frac{\sum x^2 - \frac{1}{n}(\sum x)^2}{n} = \frac{5\,502 - \frac{1}{11}(242)^2}{11} = 16（件）$$

通过以上分析可见，不同类型的变异指标计算结果是不同的，由于全距和平均差的缺陷原因，在实践中不多使用，而标准差由于利用了离差平方和最小特性以及用开方对离差平方进行了还原的处理方法，计算出来的结果更能反映总体标志值的平均差异程度，所以应用比较广泛。

知识扩展

在实际工作中，获得的如果是一组已经分组的资料，计算变异指标可以应用如下计算公式：

$$\sigma = \sqrt{\frac{\sum (x-\bar{x})^2 f}{\sum f}}$$

$$\sigma^2 = \frac{\sum (x-\bar{x})^2 f}{\sum f}$$

这两个公式同样可以简化为下列简捷公式：

$$\sigma^2 = \frac{\sum x^2 f}{\sum f} - \left(\frac{\sum xf}{\sum f}\right)^2$$

$$\sigma = \sqrt{\frac{\sum x^2 f}{\sum f} - \left(\frac{\sum xf}{\sum f}\right)^2}$$

这种方法一般在没有计算机而要人工计算时应用，有计算机和统计软件时就不需要人工完成。

【例3-20】甲、乙两个农场平均粮食亩产分别为300千克、400千克；标准差分别为7.5千克、9千克，请比较两个农场哪个平均产量的代表性更强。

任务解析：两个农场平均粮食亩产有差异的原因是多方面的，如管理水平、土质以及水田与旱地的比例等条件的不同，因此，用标准差比较是不能说明问题的，而要用标准差系数来反映。

甲农场：$V_\sigma = \frac{7.5}{300} \times 100\% = 2.5\%$

乙农场：$V_\sigma = \frac{9}{400} \times 100\% = 2.25\%$

从变异系数的比较中，显然可以看出，乙农场粮食亩产的变异系数比甲农场的小，可见乙农场不但亩产高，而且各块地产量比甲农场的稳定，因而乙农场粮食亩产400千克更具有代表性。

在统计实践中，我们经常需要比较不同标志的差异，而变异系数提供了广泛比较的可能性。所以，变异系数既可用于比较不同现象总体同一标志的变异，也可用于比较同一总体不同标志的变异。

任务五 利用SPSS软件进行数据特征描述

一、未分组资料的描述统计

【例3-21】经调查统计了解到某企业30名工人日产量（件）资料见表3-12。

表 3-12 30 名工人日产量（件）资料

| 36 | 49 | 34 | 47 | 33 | 43 | 38 | 42 | 32 | 34 | 38 | 46 | 43 | 39 | 35 |
| 30 | 26 | 42 | 41 | 36 | 44 | 40 | 37 | 37 | 25 | 45 | 29 | 43 | 31 | 36 |

要求：计算该企业 30 名工人的平均日产量和标准差。

任务解析：

步骤 1：在 SPSS 软件中录入数据，如图 3-1 所示。

步骤 2：依次选择"分析"→"描述统计"→"频率"命令，弹出"频率"对话框。

步骤 3：将"频率"对话框左侧变量列表中要分析的变量"日产量"移入右侧"变量"框中。

步骤 4：在"频率"对话框中单击"统计量"按钮进入其对话框，勾选"均值""标准差"单选框，单击"继续"按钮回到主对话框，最后单击"确定"按钮，提交系统分析，输出结果见表 3-13。

	日产量
1	36
2	49
3	34
4	47
5	33
6	43
7	38
8	42
9	32
10	34

图 3-1 某企业 30 名工人日产量

表 3-13 统计量

日产量		
N	有效	30
	缺失	0
均值		37.70
标准差		6.137

二、分组资料的描述统计

【例 3-22】甲、乙两地区房屋层数的数据资料见表 3-14。

表 3-14 甲、乙两地区房屋层数资料

房屋层数	房屋数量/栋	
	甲地区	乙地区
1	9	3
2	0	7
3	1	14
4	4	28
5	160	73
6	76	46
7	0	25
8	3	11

续表

房屋层数	房屋数量/栋	
	甲地区	乙地区
9	4	2
合计	257	209

要求：计算甲、乙两地区房屋层数的平均数、标准差及标准差系数，并比较分析哪个地区的房屋更为整齐。

任务解析：

步骤1：输入数据。首先，在数据编辑窗口中的"变量视图"中录入"地区""房屋层数""房屋数量"三个变量。其中，将"地区"的值设置为"1"代表"甲地区"、"2"代表"乙地区"，并将其度量标准设置为"名义"，如图3-2所示。其次，在数据编辑窗口中的"数据视图"中录入数据。

	名称	类型	宽度	小数	标签	值	缺失	列	对齐	度量标准
1	地区	数值(N)	8	0		{1,甲地区…	无	8	右(R)	名义
2	房屋层数	数值(N)	8	0		无	无	8	右(R)	度量(S)
3	房屋数量	数值(N)	8	0		无	无	8	右(R)	度量(S)

图3-2 值的设置

步骤2：加权处理。统计分析中的加权处理是极为常见的，如计算加权平均数等。依次选择"数据"→"加权个案"命令，进入"加权个案"对话框，在对话框右边选择"加权个案"单选框，将频数"房屋数量"选入"频率变量"框中，单击"确定"按钮。

步骤3：选择个案。依次选择"数据"→"选择个案"命令，进入"选择个案"对话框，勾选"如果条件满足"单选框，并单击"如果"按钮。在弹出的对话框"选择个案：If"中输入"地区=1"，单击"继续"按钮，回到"选择个案"对话框。在对话框中，勾选"过滤掉未选定的个案"单选框，单击"确定"按钮，即实现了甲地区个案被选中的目的。

步骤4：描述统计。依次选择"分析"→"描述统计"→"频率"命令，进入"频率"对话框，将左侧变量列表中要分析的变量移入右侧"变量"框中，这里将"房屋层数"移入，并单击"统计量"按钮进入"描述：选项"对话框，勾选"均值""标准差"单选框，单击"继续"按钮回到主对话框，最后单击"确定"按钮，提交系统分析，输出结果，得到甲地区房屋层数的均值和标准差的结果，见表3-15。

表3-15 甲地区房屋层数统计量

房屋层数		
N	有效	257
	缺失	0
均值		5.23
标准差		1.092

同样方法，可得出乙地区房屋层数的均值和标准差，见表3-16。

表3-16 乙地区房屋层数统计量

房屋层数

N	有效	209
	缺失	0
均值		5.23
标准差		1.489

步骤5：标准差系数的计算。可通过公式 $V_\sigma = \dfrac{\sigma}{\bar{x}}$ 分别计算出甲、乙两地区房屋层数的标准差系数。

知识自测

一、单项选择题

1. 按照反映现象的时间状况不同，总量指标可以分为（　　）。
   A. 单位总量和标志总量　　　　　　B. 数量指标和质量指标
   C. 时期指标和时点指标　　　　　　D. 实物指标和价值指标
2. 将对比的基数抽象为10，则计算出来的相对数称为（　　）。
   A. 倍数　　　　B. 百分数　　　　C. 系数　　　　D. 成数
3. 结构相对指标是（　　）。
   A. 报告期水平和基期水平之比　　　B. 实际数与计划数之比
   C. 总体部分数值与总体全部数值之比　D. 甲单位水平与乙单位水平之比
4. 某地区2008年年底有1 000万人口，零售商店数有5万个，则商业网点密度指标为（　　）。
   A. 5个/千人　　B. 0.2千人/个　　C. 200个/人　　D. 0.2个/千人
5. 权数对算术平均数的影响作用，取决于（　　）。
   A. 作为权数的各组单位数占总体单位数比重的大小
   B. 各组标志值占总体标志总量比重的大小
   C. 标志值本身的大小
   D. 标志值数量的多少
6. 在同一变量数列中，当标志值比较大的次数多时，计算出来的平均数（　　）。
   A. 接近标志值小的一方　　　　　　B. 接近标志值大的一方
   C. 接近次数少的一方　　　　　　　D. 接近哪方无法判断
7. 计算计划完成程度相对指标时，分子和分母的数值（　　）。
   A. 只能是绝对数和平均数
   B. 只能是绝对数和相对数
   C. 只能是平均数和相对数
   D. 既可以是绝对数，也可以是平均数或相对数

8. 标志变异指标中的标准差是各标志值对算术平均数的（　　）。
   A. 离差平方的平均数　　　　　　　B. 离差平均数的平方根
   C. 离差平方平均数的平方根　　　　D. 离差平均数平方的平方根

二、多项选择题

1. 相对指标中分子、分母可以互换的有（　　）。
   A. 结构相对指标　　　　　　　　　B. 比较相对指标
   C. 强度相对指标　　　　　　　　　D. 比例相对指标
2. 在（　　）条件下，加权算术平均数等于简单算术平均数。
   A. 各组次数相等　　　　　　　　　B. 各组变量值不等
   C. 变量数列为组距数列　　　　　　D. 各组次数都为1
   E. 各组次数占总次数的比重相等
3. 在各种平均指标中，不受极端值影响的平均指标是（　　）。
   A. 算术平均数　　　　　　　　　　B. 调和平均数
   C. 中位数　　　　　　　　　　　　D. 几何平均数
   E. 众数
4. 标志变异指标中的标准差和变异系数的区别是（　　）。
   A. 两者的作用不同　　　　　　　　B. 两者的计算方法不同
   C. 两者的使用条件不同　　　　　　D. 指标表现形式不同
5. 加权算术平均数的大小（　　）影响。
   A. 受各组频数或频率的　　　　　　B. 受各组标志值大小的
   C. 受各组标志值和权数的共同　　　D. 只受各组标志值大小的
   E. 只受权数大小的
6. 众数是（　　）。
   A. 位置平均数　　　　　　　　　　B. 总体中出现次数最多的变量值
   C. 不受极端值的影响　　　　　　　D. 处于数列中点位置的那个标志值
   E. 适用于总体次数多，有明显集中趋势的情况

三、简答题

1. 什么是总量指标？其有何特点与作用？
2. 举例说明时期指标与时点指标的区别。
3. 什么是相对指标？其有何特点与作用？
4. 相对指标有哪些种类？如何计算与应用？
5. 相对指标有哪些应用原则？
6. 什么是平均指标？其有何特点与作用？
7. 什么是权数？其有几种表现形式？如何选择权数？
8. 加权算术平均数与加权调和平均数有何关系？如何应用？
9. 为什么说众数和中位数是位置平均数？两者有何异同？
10. 平均指标的应用原则有哪些？
11. 什么是标志变异指标？其有何作用？
12. 什么是标准差和标准差系数？应用两者说明平均数代表性的条件是什么。

技能训练

1. 某企业所属三个分厂 2009 年下半年的利润额资料见表 3-17。

表 3-17 某企业所属三个分厂 2009 年下半年利润额资料

企 业	第三季度利润/万元	第四季度				计划完成百分比	第四季度占第三季度的百分比
		计划		实际			
		利润/万元	比重/%	利润/万元	比重/%		
	(1)	(2)	(3)	(4)	(5)	(6)	(7)
A 厂	1 082	1 234	( )	1 358	( )	( )	( )
B 厂	1 418	1 724	( )	( )	( )	95	( )
C 厂	915	( )	( )	1 140	( )	105	( )
合 计	3 415						

要求：
(1) 计算空格中的指标数值，并指出（1）～（7）栏是何种统计指标。
(2) 如果未完成计划的分厂能完成计划，则该企业的利润将增加多少？超额完成多少？
(3) 若 B、C 两个分厂都能达到 A 厂完成计划的程度，该企业将增加多少利润？超额完成多少？

2. 某工厂 2008 年上半年进货计划执行情况见表 3-18。

表 3-18 某工厂 2008 年上半年进货计划执行情况　　　　　单位：吨

材料	全年进货计划	第一季度进货		第二季度进货	
		计划	实际	计划	实际
生铁	2 000	500	500	600	618
钢材	1 000	250	300	350	300
水泥	500	100	80	200	180

请计算和分析：
(1) 各季度进货计划完成程度；
(2) 上半年进货计划完成情况；
(3) 上半年累积计划进度执行情况。

3. 有 5 家工厂，生产某种同样的产品，它们的产量和消耗某种原材料总量的资料见表 3-19。

表 3-19　5 家工厂某种同样产品的产量和原材料消耗资料

企业	产量/件	原材料消耗总量/千克
甲	2 200	4 400

续表

企业	产量/件	原材料消耗总量/千克
乙	3 000	6 600
丙	2 500	7 750
丁	3 300	7 350
戊	1 600	4 800

要求：试计算原材料消耗的平均指标。

4. 某地区抽样调查职工收入资料，按平均每人月收入分组结果见表3-20。

表3-20　某地区抽样调查职工收入资料

收入/元	职工人数/人
100～200	6
200～300	10
300～400	20
400～500	30
500～600	40
600～700	240
700～800	60
800～900	20

要求：试根据上述资料计算职工家庭平均每人月收入（用算术平均数公式），并依下限公式计算确定中位数和众数。简要说明其分布特征。

5. 由抽样调查所得某地区林地上100株云杉的胸径资料，分组整理得到结果见表3-21。

表3-21　100株云杉的胸径资料

胸径/厘米	株数
10～14	3
14～18	7
18～22	18
22～26	28
26～30	21
30～34	13
34～38	6
38～42	4
合计	100

要求：试计算其全距、平均差、标准差和变异系数。

6. 甲、乙两地区房屋按层数的分配资料，见表 3-22。

表 3-22　两地区房屋按层数分配资料

房屋层数	房屋数量/栋	
	甲地区	乙地区
1	9	3
2	0	7
3	1	14
4	4	28
5	160	73
6	76	46
7	0	25
8	3	11
9	4	2
合计	257	209

要求：分析哪一个地区的平均楼层更有代表性，哪个地区的房屋比较整齐。

项目四

抽样推断与统计检验

★ 应达目标

知识目标
1. 了解抽样推断的基本概念、基本内容和基本原理;
2. 理解抽样平均误差、抽样极限误差、置信区间和概率度的关系;
3. 掌握抽样推断的方法;
4. 了解假设检验的基本思想,掌握假设检验的基本步骤。

技能目标
1. 能正确利用抽样推断的原理和方法对经济现象进行推断估计;
2. 在实践工作中能利用 SPSS 软件进行抽样推断。

任务一 明确抽样推断的内涵

★ 任务导入

抽样推断历史悠久,至今仍在广泛应用。美国的《文学文摘》杂志从1916年开始,在每次选举前都要对总统选举的获胜者进行预测。例如,1936年《文学文摘》杂志给美国选民邮寄了1 000万份问卷调查表,以问卷的形式来了解获胜者是罗斯福还是兰登。《文学文摘》通过收回的240万份问卷调查表,对调查数据进行分析,结果为罗斯福只获得了43%的选票,而兰登获得了57%的选票,由此表明兰登将可能获胜。而盖洛普民意测验仅仅从美国选民中随机抽取2 000多选民进行调查,结果是罗斯福获得了54%的选票而表明其可能成为获胜者。真实的选举结果是罗斯福获得了压倒多数的62%的选票成为时任总统。虽然盖洛普的预测也有误差，但它预测的结果是对的，并且抽取的样本数量与《文学文摘》相比少得让人不能相信，这就是抽样推断的神奇之处。从此，盖洛普每次都是以1 000～1 500人的样本对每届总统选举进行快捷而又准确的预测，平均误差在2%之内。

引人深思的是，《文学文摘》为什么会失败？而盖洛普为什么能只抽取1 500人左右的样本就可以准确地代表整个美国近二亿成年人的意愿？学习本项目内容就可以找到相关的答案。

★知识共享

一、抽样推断的概念与特点

抽样推断是指在抽样调查的基础上，按照随机原则从总体中抽取部分单位进行调查，并用这部分单位的调查资料推断总体数量特征的一种统计分析方法。抽样调查的目的不在于了解样本本身的数量特征，而在于借助样本的数量特征，估计和检验总体的数量特征。社会经济生活中，许多总体的数量特征往往是未知的或无法事先得知的。抽样推断为经济分析提供了一个利用样本的有限信息来了解和掌握总体数量特征的科学方法。抽样推断具有以下几个特点。

1. 抽样的随机性

随机原则是指在抽样时，总体中每个单位都有同等被抽中的机会，抽中与抽不中完全不受主观因素的影响，所以也叫同等可能性原则。随机原则是统计抽样必须遵循的基本原则，是统计抽样的重要前提，也是它与其他非全面调查的主要区别之一。而带上个人主观意图，挑中的那部分单位的标志值则可能偏高或偏低，失去对总体数量特征的代表性。

2. 以样本推断总体

抽样调查是一种非全面调查，但调查的目的不是了解部分单位的情况，而是根据部分单位的调查资料推断总体的数量特征。如果不利用抽样调查资料进行抽样推断，这种抽样调查资料就不会有什么价值，抽样调查也就失去了意义。

3. 以概率估计为方法

抽样调查不仅可以用样本指标推断总体指标，而且还可以知道用某一种样本指标来推断总体指标其可靠程度有多大，这就是概率估计所解决的问题。

4. 误差不可能避免

用部分单位的指标来推断总体指标，必然存在一定的抽样误差，但它可以事先通过一定的资料加以计算，并且能够采用一定的组织措施来控制误差的范围，保证抽样推断的结果达到一定的可靠程度。也可以说，抽样调查是根据事先给定的误差允许范围进行设计的，抽样推断是具有一定可靠程度的估计和判断，这些都是其他估算方法所做不到的。

二、抽样推断的理论基础

从数量方法来说，抽样推断是以概率论的极限定理为基础的，极限定理是指采用极限的方法得出随机变量概率分布一系列定理的总称，内容广泛，其中的大数定律和中心极限定理为抽样推断提供了主要的理论依据。

1. 大数定律

大数定律也叫大数法则，它是阐明大量随机现象平均结果稳定性的一系列定理的总称。

它说明如果被研究的总体由大量的、相互独立的随机因素所构成,而且每个因素对总体的影响都相对较小,那么对这些大量因素加以综合平均,因素的个别影响将相互抵消,而呈现出其共同作用的影响,使总体具有稳定的性质。

联系抽样推断来看,大数定律从数量关系角度阐明了样本和总体之间的内在联系,即随着样本单位数的增加,抽样平均数接近于总体平均数的趋势,几乎具有实际必然性。

2. 中心极限定理

中心极限定理是指在一定条件下,大量相互独立的随机现象的概率分布以正态分布为极限的定理,即研究随机变量之和在什么条件下渐近地服从正态分布。因正态分布在概率论中占有中心地位,所以把以正态分布的极限定理叫作中心极限定理。

中心极限定理是大样本统计推断的理论基础。样本平均数也是一种随机变量之和的分布,根据中心极限定理,只要在样本容量充分大时,不论全及总体的变量分布是否属于正态分布,其抽样平均数总趋近于正态分布,这就为抽样推断提供了重要的理论依据。

三、抽样推断的主要作用

抽样调查是一种科学、灵活、实用的调查推断方法,具有节省经费、提高时效、资料准确、方法灵活等优点,所以它在社会经济调查中被广泛应用,发挥着特有的作用。

1. 能够解决其他调查方式无法或难以解决的问题

在对现象总体情况进行调查时,能进行全面调查是最理想的结果。但在实际工作中往往存在"不可能"和"没必要"的情况,也就是"不可能进行全面调查"和"没必要进行全面调查"的情况。这里的"不可能"主要是指对一些具有破坏性的调查而言,"没必要"主要是指对大范围总体的调查而言,这时就可以采用抽样调查。

2. 可以补充和订正全面调查的结果

全面调查涉及面广,工作量大,调查只能限定少数基本项目。抽样调查范围小,组织方便,省时省力,调查项目可以更多、更深入,这样在时间和内容上可以相互补充。在全面调查后,通常采用抽样调查进行复查,计算差错率,并据以修正全面调查的资料。例如,我国历次人口普查的同时,都组织人口抽样复查,根据复查结果计算差错率,据以检查和修正普查资料。

3. 可以应用于产品质量的检查和控制

统计抽样不仅可应用于对现象结果的核算和估计,而且在生产过程中经常起着检查和控制的作用。例如,工业生产的产品质量控制就可利用统计抽样,观察生产工艺过程是否正常,是否存在某些系统性偏误,及时提供有关信息,分析原因,采取措施。

四、抽样推断的基本概念

(一)全及总体和抽样总体

全及总体简称总体,是指根据研究的目的所确定的研究事物的全体,也就是抽样调查所确定的调查对象,又叫母体。全及总体单位数一般用 N 表示。

抽样总体简称样本,它是从全及总体中随机抽取出来的部分单位组成的集合体,又叫子体。抽样总体的单位数(即样本容量)一般用 n 表示。一般样本单位数的确定,必须结合调查任务的要求以及总体各单位标志值的差异情况来综合考虑。抽样推断中,全及总体是唯一确定的，但抽样总体不是唯一的，而是可变的。

(二) 全及指标和样本指标

1. 全及指标

(1) 数量标志的全及指标。根据全及总体计算的反映总体数量特征的指标称为全及指标，又叫参数。常用的总体参数有总体平均数和总体标准差（或总体方差）。公式分别为

$$\overline{X} = \frac{\sum X}{N} \qquad \sigma = \sqrt{\frac{\sum (X - \overline{X})^2}{N}}$$

(2) 是非标志的全及指标。在社会经济统计中，有时把某种社会经济现象的全部单位分成具有某一标志的单位和不具有某一标志的单位两组。这种用"是""否"或"有""无"来表示的标志，叫作是非标志，又称交替标志。

设总体 N 个单位中，有 N_1 个单位具有某种属性，N_0 个单位不具有某种属性，则有 $N_1 + N_0 = N$，令：

$$P = \frac{N_1}{N} \qquad Q = \frac{N_0}{N} = \frac{N - N_1}{N} = 1 - P$$

式中　P——总体中具有某种属性的单位数占总体单位数的比重；
　　　Q——总体中不具有某种属性的单位数占总体单位数的比重。

统计中常把这样的两种比重称为成数。

是非标志的表现既然是用"是""否"或"有""无"来表示的，因此可以把它量化，用1表示"是"或"有"，用0表示"否"或"无"，这样把是非标志值的分布看成是 $X = 1$ 和 $X = 0$ 的分布，便可求其平均数和标准差或方差。其公式为

$$\overline{X}_p = \frac{N_1}{N} = P \qquad \sigma_p = \sqrt{PQ} = \sqrt{P(1-P)} \qquad \sigma_p^2 = PQ = P(1-P)$$

由上述计算公式可知，是非标志值的平均数是具有某种属性的成数本身，是非标志值的方差是两种成数之积，是非标志值的标准差是两种成数之积的平方根。

2. 样本指标

样本指标是指根据抽样总体计算的指标，又叫统计量。

(1) 数量标志的统计量。其计算公式为

$$\overline{x} = \frac{\sum x}{n} \qquad S = \sqrt{\frac{\sum (x - \overline{x})^2}{n}} \qquad S^2 = \frac{\sum (x - \overline{x})^2}{n}$$

(2) 是非标准的统计量。其计算公式为

$$\overline{x}_p = \frac{n_1}{n} = p \qquad S_p = \sqrt{p(1-p)} \qquad S_p^2 = p(1-p)$$

全及总体是唯一确定的，所以根据全及总体计算的全及指标也是唯一确定的，但它是未知的。抽样总体是不确定的，所以根据抽样总体计算的样本指标也是不确定的，它实际上是样本的函数，是一个随机变量，但它是已知的。

(三) 重复抽样和不重复抽样

1. 重复抽样

重复抽样又称重置抽样，是指从总体中抽出一个单位后，把结果登记下来，再放回总体

中参加下一次抽选。重复抽样每次都是从全部总体单位中抽选,每个单位被抽中的机会在各次抽选中是完全相同的,且有多次被抽中的可能。从总体 N 个单位中,用重复抽样的方法随机抽取 n 个单位构成一个样本,若考虑样本单位的前后顺序,则共有 N^n 个样本。若不考虑样本单位的前后顺序,全部可能抽取的样本个数为 $\dfrac{(N+n-1)!}{n!(N-1)!}$。

2. 不重复抽样

不重复抽样又称不重置抽样,是指从总体中抽出一个单位之后不再放回去参加下一次抽选。在不重复抽样过程中,总体单位数依次减少,因而每个单位被抽中的可能性越来越大,但被抽中的机会只有一次。从总体 N 个单位中,用不重复抽样方法随机抽取 n 个单位组成样本,若考虑样本单位的前后顺序,全部可能抽取的样本个数为 $\dfrac{N!}{(N-n)!}$。若不考虑样本单位的前后顺序,全部可能抽取的样本个数为 $\dfrac{N!}{(N-n)!\,n!}$。

★ 任务分享

【例4-1】 设一总体含有 A、B、C 三个单位,若每次随机抽取 2 个单位构成一个样本,共有多少个可能样本?

任务解析:由于采用了两种抽样方法和有无顺序考虑两种思路,在实施抽样时所有可能样本数的数量就有所不同。

(1) 按照每次随机抽取 2 个单位构成一个样本的要求,从总体 A、B、C 三个单位中采用重复抽样时,先从 3 个单位中随机抽取 1 个,共有 3 种抽法,结果登记后再放回;然后再从相同的 3 个中抽取 1 个,也有 3 种抽法,全部可能抽取的样本个数为 $N^n = 3^2 = 3 \times 3 = 9$,具体的样本是:AA、AB、AC、BA、BB、BC、CA、CB、CC。若不考虑样本单位的前后顺序,全部可能抽取的样本个数 $\dfrac{(N+n-1)!}{n!(N-1)!} = \dfrac{(3+2-1)!}{2!(3-1)!} = 6$。具体的样本是:AA、AB、AC、BB、BC、CC。

(2) 若从总体 A、B、C 三个单位中采用不重复抽样方法抽取 2 个单位构成样本。先从 3 个单位中抽取 1 个,共有 3 种抽法;第二次从留下的 2 个单位中抽取 1 个,共有 2 种抽法。前后两个单位构成一个样本。全部可能抽取的样本个数要视是否考虑顺序情况而定。

当考虑单位顺序时,全部可能抽取的样本个数为:$\dfrac{N!}{(N-n)!} = \dfrac{3 \times 2}{3-2} = 6$,具体样本是:AB、AC、BA、BC、CA、CB。当不考虑单位顺序时,全部可能抽取的样本个数为 $\dfrac{N!}{(N-n)!\,n!} = \dfrac{3 \times 2}{(3-2)\,2} = 3$,具体样本是:AB、AC、BC。

可见,根据概率论原理,在相同样本容量的要求下,同一个总体的重复抽样的样本个数总是大于不重复抽样的样本个数。在其他条件不变的情况下,不重复抽样的误差要小于重复抽样的误差。

任务二　抽样误差的计算

★ 任务导入

在统计工作中，由于种种原因，统计的结果与现象实际数据（真实情况）之间往往存在一定的差异，且不同次的统计调查都会存在，只是不同次的差异大小不同而已。但只要差异的存在不影响统计分析结果，这种差异的存在就是被允许的，例如，盖洛普自1936年以来，每次都是以1 000~1 500人的样本对每届总统选举进行快捷而又准确的预测，也同样存在2%以下的平均误差。所以，误差的存在并不可怕，只要我们能够事先计算出误差的大小，并把误差控制在一定的范围内，就可以同样得到所要的结果，所以，抽样误差的计算就显得非常重要。

★ 知识共享

一、抽样误差的含义及其影响因素

统计学中所讲的抽样误差就是统计误差中的随机误差，是指在遵循随机原则的前提下，由于样本内部结构与总体结构有差异而引起的样本指标与总体真值指标之间的差别或离差，可表示为 $|\bar{x}-\bar{X}|$ 和 $|p-P|$。

抽样误差的大小能够说明抽样指标估计总体指标是否可行、抽样结果是否理想等调查性问题。要想控制抽样误差，就必须首先弄清抽样误差的影响因素。其影响因素主要有以下几个方面。

1. 总体各单位标志值的差异程度

如果其他条件不变，总体各单位标志值的差异程度越大，则抽样误差也越大；反之，则越小。假设各单位标志值没有差别，也就没有抽样误差了。

2. 样本单位数的多少

在其他条件相同的情况下，样本单位数越多，则抽样误差越小；反之，则越大。假设样本单位数与总体单位数相等，也就没有抽样误差了。

3. 抽样调查的组织形式

不同的抽样调查组织形式，对全及总体的处理方式和处理程度各不相同，致使不同抽样方式下，影响抽样误差的标志变动度各不相同。因此，不同的抽样组织形式应有不同的抽样误差，而同一种组织形式的合理程度也影响抽样误差。

4. 抽样方法

在样本容量一定的前提下，采用不重复抽样的方法抽样，会使样本结构更类似于总体结构，即样本对总体的代表性高。因此，重复抽样的误差大于不重复抽样的误差。

可见，适当地扩大样本容量，或对总体进行分组、排队等恰当的处理等，都可以达到减少和控制抽样误差的目的。

二、抽样平均误差的概念与计算

（一）抽样平均误差的概念

从总体中抽取多个样本，每个样本指标与总体指标之间的离差称为实际抽样误差。由于总体指标是未知的，因此，实际抽样误差是无法测量的。实际工作中是以抽样平均误差来衡量抽样误差大小的。抽样平均误差是指所有可能的样本指标与总体指标之间离差平方的算术平均数的平方根，即所有样本指标与总体指标之间的标准差。以 $\mu_{\bar{x}}$ 表示抽样平均数的抽样平均误差，μ_p 表示抽样成数的抽样平均误差，M 表示全部可能的样本个数，则：

$$\mu_{\bar{x}} = \sqrt{\frac{\sum(\bar{x} - \bar{X})^2}{M}}$$

$$\mu_p = \sqrt{\frac{\sum(p - P)^2}{M}}$$

（二）抽样平均误差的计算

在实际工作中，由于总体平均数和总体成数的真值是未知的，也不可能抽取所有的样本以测算所有的样本指标，因此，这两个抽样平均误差的公式只是理论意义上的，实际工作中是无法应用的。因为我们事先不知道全及总体的平均数或成数，同时也无法掌握所有可能样本的平均数或成数。但数理统计的研究与发展为社会经济统计中抽样平均误差的计算提供了以下应用性公式。

1. 抽样平均数的抽样平均误差

（1）在重复抽样的条件下，计算公式为

$$\mu_{\bar{x}} = \sqrt{\frac{\sigma^2}{n}} = \frac{\sigma}{\sqrt{n}}$$

（2）在不重复抽样的条件下，计算公式为

$$\mu_{\bar{x}} = \sqrt{\frac{\sigma^2}{n}\left(\frac{N-n}{N-1}\right)}$$

在抽样平均误差的实际计算时应注意以下两个问题。

第一，不重复抽样公式中的校正系数问题。不重复抽样与重复抽样两个抽样平均误差公式相比，前者比后者多了个修正系数 $\left(\frac{N-n}{N-1}\right)$。这个系数总是小于1，因此，不重复抽样的误差总是小于重复抽样的误差。当总体单位数 N 非常大时，N 与 $N-1$ 非常接近，因此，不重复抽样的抽样平均误差公式可以近似地简化为：$\mu_{\bar{x}} = \sqrt{\frac{\sigma^2}{n}\left(1 - \frac{n}{N}\right)}$。

当总体单位数 N 很大时，$\sqrt{\frac{\sigma^2}{n}\left(1 - \frac{n}{N}\right)}$ 与 $\sqrt{\frac{\sigma^2}{n}} = \frac{\sigma}{\sqrt{n}}$ 很接近，所以，在 N 未知时可以用重复抽样的抽样平均误差公式计算。

第二，总体方差资料的替代问题。在抽样平均误差的实际计算公式中，都含有总体方差或标准差。但是，总体方差的实际值在抽样推断中是不可知的，所以只有采用相关资料替代它，才能计算抽样平均误差。通常在实际工作中，采用样本方差 S 来替代，或者是用过去已进行过的全面调查的调查资料（抽样调查也可以），即用历史资料替代，或者用实验性调查所获得的方差资料替代。

2. 抽样成数的抽样平均误差

（1）在重复抽样条件下，计算公式为

$$\mu_p = \sqrt{\frac{p(1-p)}{n}}$$

（2）在不重复抽样条件下，计算公式为

$$\mu_p = \sqrt{\frac{p(1-p)}{n}\left(\frac{N-n}{N-1}\right)}$$

同理，上面这个公式可以近似地简化为

$$\mu_p = \sqrt{\frac{p(1-p)}{n}\left(1-\frac{n}{N}\right)}$$

当总体单位数 N 很大时，$\mu_p = \sqrt{\frac{p(1-p)}{n}\left(1-\frac{n}{N}\right)}$ 可以简化为 $\mu_p = \sqrt{\frac{p(1-p)}{n}}$。

从上面的抽样平均误差的数理统计应用性公式中，可以看出 σ、p 是总体的方差和成数资料，由于在抽样前总体的方差和成数是未知的，因此，抽样平均误差的数理统计应用性公式也是不能直接应用的。但经论证，可以用过去的总体同类资料或样本方差和样本成数来代替总体方差和总体成数。

★任务分享

【例 4-2】现假设有 4 名工人，其日产量分别为 70、90、130、150 件。现在用考虑单位顺序的不重复抽样方法从 4 名工人中抽 2 名工人求平均日产量，所有可能的样本及有关资料见表 4-1。试计算所有可能样本平均数的平均数、总体平均数、抽样标准差和抽样平均误差。

表 4-1 样本平均数及其离差计算表

序号	样本变量值（x）	样本平均数（$\bar{x}$）	平均数离差（$\bar{x}-\bar{X}$）	离差平方 $[(\bar{x}-\bar{X})^2]$
1	70，90	80	-30	900
2	70，130	100	-10	100
3	70，150	110	0	0
4	90，70	80	-30	900
5	90，130	110	0	0
6	90，150	120	10	100
7	130，70	100	-10	100
8	130，90	110	0	0
9	130，150	140	30	900

续表

序号	样本变量值 (x)	样本平均数 ($\bar{x}$)	平均数离差 ($\bar{x}-\bar{X}$)	离差平方 [$(\bar{x}-\bar{X})^2$]
10	150，70	110	0	0
11	150，90	120	10	100
12	150，130	140	30	900
合计	—	1 320	0	4 000

任务解析：这是一个验证性的任务，目的是利用表4-1的资料进行模拟抽样试验，通过试验来完成：①证明所有可能样本平均数的平均数等于总体指标；②抽样标准差和抽样平均误差的测算。计算方法如下：

（1）计算所有可能样本平均数的平均数（$\bar{\bar{x}}$）：

$$\bar{\bar{x}} = \frac{\sum \bar{x}}{M} = \frac{1\,320}{12} = 110 \text{（件）}$$

（2）计算总体平均数（$\bar{X}$）：

$$\bar{X} = \frac{\sum X}{N} = \frac{70+90+130+150}{4} = 110 \text{（件）}$$

从上面的分析可以看出，所有可能样本平均数的平均数等于总体指标。

（3）计算抽样标准差（σ）：

$$\sigma = \sqrt{\frac{\sum(X-\bar{X})^2}{N}} = \sqrt{\frac{(70-110)^2+(90-110)^2+(130-110)^2+(150-110)^2}{4}}$$

$$= \sqrt{1\,000} = 31.62 \text{（件）}$$

（4）计算抽样平均误差：

$$\mu_{\bar{x}} = \sqrt{\frac{\sum(\bar{x}-\bar{X})^2}{M}} = \sqrt{\frac{4\,000}{12}} = 18.26 \text{（件）}$$

现在直接用数理统计的应用性公式计算如下：

$$\text{抽样平均误差} = \sqrt{\frac{\sigma^2}{n}\left(\frac{N-n}{N-1}\right)} = \sqrt{\frac{(31.62)^2}{2}\left(\frac{4-2}{4-1}\right)} = 18.26 \text{（件）}$$

从上面的分析中可以看出：样本指标的平均数等于总体指标，因此，抽样平均误差实质上是所有可能样本指标之间的标准差；同一个资料，用抽样平均误差的理论性公式与数理统计的应用性公式的计算结果是完全相同的。

【例4-3】 某饮料厂某月生产饮料10 000箱，现从中随机抽取100箱进行检验，结果发现有60箱是符合质量要求的，求这批饮料的抽样平均误差。

任务解析：由以上资料可知，这是一个属于是非标志的抽样资料，已知条件有：$N=10\,000$，$n=100$，$n_1=60$，可以用抽样成数的抽样平均误差计算方法进行计算。具体计算方法如下：

（1）计算平均合格率：

$$\overline{x}_p = p = \frac{n_1}{n} = \frac{60}{100} = 60\%$$

（2）计算抽样平均误差：

①在重复抽样条件下，这批饮料的抽样平均误差为

$$\mu_p = \sqrt{\frac{p(1-p)}{n}} = \sqrt{\frac{60\% \times 40\%}{100}} = 4.9\%$$

②在不重复抽样条件下，这批饮料的抽样平均误差为

$$\mu_p = \sqrt{\frac{p(1-p)}{n}\left(1 - \frac{n}{N}\right)} = \sqrt{\frac{60\% \times 40\%}{100}\left(1 - \frac{100}{10\,000}\right)} = 4.87\%$$

从以上计算结果可以看出，同一个资料的重复抽样的抽样平均误差大于不重复抽样的抽样平均误差。

任务三 抽样推断的相关概念与方法

★任务导入

在社会调查的过程中，由于调查对象群体庞大，要对所有对象一一进行调查是很不现实的，也是没有必要的。如某火车货运站2017年整车到达货物全部货票共20 000批次，如果要计算整车到达货物的平均运送时间，计算工作量大，若从交付的全部整车货票共20 000批中，用不重复抽样抽取2 000批货票，且允许的抽样极限误差 $\Delta_{\overline{x}} = 0.125$ 天，经计算知所抽取的每批货物平均运送时间为 $\overline{X} = 5.64$ 天，那么该站整车到达货物的平均运送时间区间为 (5.64 − 0.125, 5.64 + 0.125)，即在 5.515 ~ 5.765 天之间。而且，用这个区间来估计该货运站全年整车到达货物的平均运送时间至少有68%以上的把握或更高。可见，采用这种抽样推断的方法不仅省事，而且有较大把握，所以得到广泛的应用。

★知识共享

一、相关概念

1. 抽样极限误差

抽样极限误差，是指样本指标与总体指标之间可能的误差范围。样本指标与总体指标之间的抽样误差是客观存在的，不可避免的。因此，以样本指标估计总体指标，要达到完全准确、毫无误差，几乎是不可能的，所以在用样本指标估计总体指标时，应该根据所研究对象的变动程度和分析任务的要求，确定一个可允许的误差范围，在这个范围内估计的数字都算是有效的。它是抽样指标和总体指标之间抽样误差的最大可能范围，它等于样本指标可允许变动的上限或下限与总体指标之差的绝对值。设 $\Delta_{\overline{x}}$、$\Delta_{\overline{p}}$ 分别表示抽样平均数极限误差和抽样成数极限误差。

则有

$$\Delta_{\bar{x}} \geq |\bar{x} - \bar{X}|$$
$$\Delta_{\bar{p}} \geq |p - P|$$

2. 置信区间

在统计学中，数据一般不用绝对值表示，所以根据抽样极限误差的概念做不等式变换有

$$\bar{x} - \Delta_{\bar{x}} \leq \bar{X} \leq \bar{x} + \Delta_{\bar{x}}$$

同理可得

$$p - \Delta_{\bar{p}} \leq P \leq p + \Delta_{\bar{p}}$$

上面公式表示被估计的总体平均数以抽样平均数 $\bar{x}$ 为中心，在 $\bar{x} - \Delta_{\bar{x}}$ 至 $\bar{x} + \Delta_{\bar{x}}$ 之间变动，区间 $[\bar{x} - \Delta_{\bar{x}}, \bar{x} + \Delta_{\bar{x}}]$ 称为总体平均数估计的置信区间，区间总长度为 $2\Delta_{\bar{x}}$，在这个区间内样本平均数和总体平均数之间的绝对离差不超过 $\Delta_{\bar{x}}$。

3. 概率度

由于总体指标是未知的，我们无法计算样本指标与总体指标的真实性差异，所以，也就无法计算抽样极限误差。基于概率估计的理论，抽样极限误差通常是以抽样平均误差 $\mu_{\bar{x}}$ 或 $\mu_{\bar{p}}$ 为标准单位来衡量的，所以把抽样极限误差用抽样平均误差（$\mu_{\bar{x}}$ 或 $\mu_{\bar{p}}$）进行标准化，用 t 表示，则

$$t = \frac{\Delta_{\bar{x}}}{\mu_{\bar{x}}}$$

所以

$$\Delta_{\bar{x}} = t\mu_{\bar{x}}$$

这里的 t 称为抽样误差的概率度，概率度是扩大和缩小抽样平均误差的倍数，是衡量估计可靠程度的一个参数（确定区间长度的一个参数）。

将 $\Delta_{\bar{x}} = t\mu_{\bar{x}}$ 代入置信区间有

$$[\bar{x} - t\mu_{\bar{x}}, \bar{x} + t\mu_{\bar{x}}]$$

其中，$\bar{x} - t\mu_{\bar{x}}$ 称为置信下限，$\bar{x} + t\mu_{\bar{x}}$ 称为置信上限。

二、抽样推断的方法

抽样调查的直接目的，就是推断 $\bar{X}$ 和 P，然后再结合总体单位数 N 去推算总体的有关标志总量。抽样推断就是指利用实际调查计算的样本指标数值来估计和推断相应的总体指标数值。抽样推断的方法有点估计和区间估计两种。

（一）点估计

点估计又称定值估计，是指不考虑抽样误差而直接以样本指标代替总体指标，也就是直接以抽样平均数或抽样成数代替总体平均数或总体成数。用公式表示为

$$\bar{x} = \bar{X} \quad p = P$$

这种估计方法简便易行，原理直观，易于理解和接受。但这种估计方法没有表明抽样估计的误差是多少，更没有指出误差在一定范围内的概率保证程度，所以在实际工作中常常采用区间估计的方法。

（二）区间估计

1. 区间估计的概念

区间估计就是以一定的概率保证估计包含总体参数的一个值域，即根据样本指标和抽样平均误差推断总体指标的可能范围。它包括两部分内容：一是这一可能范围的大小；二是总体指标落在这个可能范围内的概率。区间估计既说明估计结果的准确程度，又同时表明这个估计结果的可靠程度，所以区间估计是比较科学的。它是抽样推断的主要方法。

区间估计必须同时具备三个要素，即估计值、抽样极限误差和概率保证程度。抽样误差的范围决定抽样估计的准确性，概率保证程度决定抽样估计的可靠性，两者密切联系，但同时又有矛盾，所以，对估计的精确程度和可靠程度的要求应慎重考虑。

2. 区间估计的方法

抽样极限误差的公式为

$$\Delta_{\bar{x}} \geq |\bar{x} - \bar{X}| \quad \Delta_{\bar{p}} \geq |p - P|$$

由于 $\Delta_{\bar{x}}$ 和 $\Delta_{\bar{p}}$ 是预先给定的抽样方案中所允许的误差范围，所以利用 $\Delta_{\bar{x}}$ 和 $\Delta_{\bar{p}}$ 可以反过来估计未知的全及指标的取值可能的范围。解上述两个绝对值不等式便可得

$$\bar{X} + \Delta_{\bar{x}} \geq \bar{x} \geq \bar{X} - \Delta_{\bar{x}}$$
$$P + \Delta_{\bar{p}} \geq p \geq P - \Delta_{\bar{p}}$$

这两个取值可能的范围是由一个未知数来估计一个已知数的可能的范围，所以可以利用 $\Delta_{\bar{x}}$ 和 $\Delta_{\bar{p}}$ 反过来估计未知的全及指标的取值可能的范围，于是有

$$\bar{x} + \Delta_{\bar{x}} \geq \bar{X} \geq \bar{x} - \Delta_{\bar{x}}$$
$$p + \Delta_{\bar{p}} \geq P \geq p - \Delta_{\bar{p}}$$

由于总体指标是未知的，我们无法计算样本指标与总体指标的真实性差异，所以，也就无法计算抽样极限误差。基于概率估计的理论，由上面抽样极限误差和概率度的讨论得知：

$$\Delta_{\bar{x}} = t\mu_{\bar{x}} \quad \Delta_{\bar{p}} = t\mu_{\bar{p}}$$

将此结果代入上述取值可能的范围有

$$\bar{x} + t\mu_{\bar{x}} \geq \bar{X} \geq \bar{x} - t\mu_{\bar{x}}$$

同理可得

$$p + t\mu_{\bar{p}} \geq P \geq p - t\mu_{\bar{p}}$$

这里的 t 称为抽样误差的概率度，概率度 t 是扩大和缩小抽样平均误差的倍数（区间长度），是衡量估计可靠程度的一个参数。那么，当我们用上面的取值范围来估计总体指标的可能取值区间时，有多大的把握（可靠程度）呢？这个衡量标准就是表明抽样指标和总体指标的误差不超过一定范围的置信度（概率保证程度）。所以，抽样估计的概率保证程度就是指抽样误差不超过一定范围的概率大小。概率论证明，在大样本的条件下，抽样平均数的分布接近正态分布，而且抽样平均数越接近总体平均数，出现的可能性越大，概率越大。反之，抽样平均数越离开总体平均数，出现的可能性越小，概率越小，而趋于 0。正态概率分布曲线图如图 4-1 所示。该曲线和 $\bar{x}$ 轴所包围的面积等于 1，则抽样平均数 $\bar{x}$ 落在 $[\bar{x} - \mu_{\bar{x}}, \bar{x} + \mu_{\bar{x}}]$ 面积的概率为 68.27%，落在 $[\bar{x} - 2\mu_{\bar{x}}, \bar{x} + 2\mu_{\bar{x}}]$ 面积的概率为 95.45%，落在 $[\bar{x} - 3\mu_{\bar{x}}, \bar{x} + 3\mu_{\bar{x}}]$ 面积的概率为 99.73%。这表明抽样平均数与总体平均数之间极限误差不超过

μ 的概率为 68.72%,极限误差不超过 2μ 的概率为 95.45%,极限误差不超过 3μ 的概率为 99.73%。

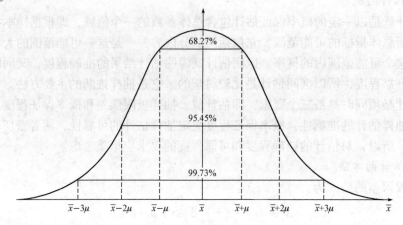

图 4-1　正态概率分布曲线

在实践应用中,常用的概率度、置信度(概率)和极限误差主要有 5 个,见表 4-2。

表 4-2　常用的概率度、置信度(概率)和极限误差

概率度(t)	置信度 [$F(t)$] /%	极限误差(Δ)
1.00	68.27	1.00μ
1.96	95.00	1.95μ
2.00	95.45	2.00μ
2.58	99.00	2.58μ
3.00	99.73	3.00μ

由此可以看出,t 值越大,抽样推断的置信度越高,抽样误差范围越大,精确度越低;t 值越小,抽样推断的置信度越低,抽样误差范围越小,而精确度越高。抽样推断的可靠性(置信度)和精确度是相互矛盾的,所以在实际工作中要两者兼顾,合理处理,以达到最佳的抽样推断效果。

★任务分享

【例 4-4】某进出口公司出口一种名茶,规定每包重量不低于 150 克,经抽样并计算得知样本容量为 100 包,样本平均数为 150.3 克,标准差为 0.76 克,要求以 99.73% 的概率估计这批茶叶平均每包的重量范围,以便确定该批茶叶是否达到出口重量标准的要求。

任务解析:根据任务要求,要通过估计区间范围来确定每包茶叶重量所在范围,然后分析是否符合出口重量要求。由于资料已经提供了样本统计量和概率保证度,但没有说明抽样方法,也没给出总体单位数,所以可采用重复抽样平均误差计算方法计算。

(1) 计算抽样平均误差:

$$\mu_{\bar{x}} = \frac{S}{\sqrt{n}} = \frac{0.76}{\sqrt{100}} = 0.076 \text{（克）}$$

（2）确定概率度：已知 $F(t) = 99.73\%$，查"附表2"得 $t = 3$。

（3）确定区间范围：

$$\Delta_{\bar{x}} = t\mu_{\bar{x}} = 3 \times 0.076 = 0.228 \text{（克）}$$

由此可得平均每包茶叶重量区间为 150.30 ± 0.228 克，即 $150.072 \sim 150.528$ 克。

（4）分析结论：由于估计的区间下限高于150克，所以这批茶叶以99.73%的概率估计，达到了重量规格的要求，可以出口。

【例4-5】某城市随机抽取400户居民进行调查，得知每户年耐用品的消费支出标准差为200元，试确定该市居民年平均每户耐用品的消费支出在930.4元至969.6元之间的概率保证程度。

任务解析：已经给出了区间范围、样本含量和标准差，但没有说明抽样方法，也没给出总体单位数，所以仍可采用重复抽样平均误差计算方法计算。

（1）计算抽样极限误差：

$$\Delta_{\bar{x}} = \frac{969.6 - 930.4}{2} = 19.6 \text{（元）}$$

（2）计算抽样平均误差：

$$\mu_{\bar{x}} = \frac{S}{\sqrt{n}} = \frac{200}{\sqrt{400}} = 10 \text{（元）}$$

（3）计算概率度：

$$t = \frac{\Delta_{\bar{x}}}{\mu_{\bar{x}}} = \frac{19.6}{10} = 1.96$$

（4）确定概率保证度：根据概率度1.96查"附表2"得置信度为95%。

（5）分析结论：该市居民年平均每户耐用品的消费支出在930.4元至969.6元之间的概率保证程度为95%。

【例4-6】某企业某月共生产了60 000箱黄桃罐头，现采用随机不重复抽样方法共抽取300箱，经检验发现其中有6箱不合格，试以95.45%的可靠性估计这批黄桃罐头合格品率的可能范围。

任务解析：所给资料已经明确了抽样方法和总体单位数，也给出了样本含量和不合格的单位数，属于是非标志资料，所以要采用是非标志不重复抽样平均误差计算公式计算。

（1）计算平均合格率：

$$p = \frac{n - n_0}{n} = \frac{300 - 6}{300} = 98\%$$

（2）计算抽样平均误差：

$$\mu_p = \sqrt{\frac{p(1-p)}{n}\left(1 - \frac{n}{N}\right)} = \sqrt{\frac{0.98 \times 0.02}{300}\left(1 - \frac{300}{60\,000}\right)} = 0.8\%$$

（3）计算抽样极限误差和区间范围：已知概率保证度为95.45%时，概率度为2，所以有

$$\Delta_p = t\mu_p = 2 \times 0.8\% = 1.6\%$$

由此可得区间范围为98%±1.6%，即96.4%~99.6%。

（4）分析结论：这批黄桃罐头合格品率的可能范围为96.4%~99.6%。

【例4-7】某城市在估计下岗职工中女性所占的比率时，随机抽取了100个下岗职工，其中女性职工65人。试以95%的置信水平估计该城市下岗职工中女性比率的置信区间。

任务解析：可以看出，这也属于是非标志数据资料，这里只给出了样本含量和女性职工人数，但没有明确抽样方法，也没给出总体单位数，所以只能采用是非标志的重复抽样平均误差计算公式计算。

（1）计算平均合格率：

$$p = \frac{65}{100} = 65\%$$

（2）计算概率度：已知概率保证度为95%时，概率度为1.96。

（3）计算抽样极限误差：

$$\Delta_p = t\mu_p = t \times \sqrt{\frac{p(1-p)}{n}} = 1.96 \times \sqrt{\frac{0.65 \times 0.35}{100}} = 9.35\%$$

（4）区间范围：由65%±9.35%得到置信区间为55.65%，74.35%。

（5）分析结论：该城市下岗职工中女性比率的可能范围区间为[55.65%，74.35%]。

任务四 假设检验

★任务导入

卷烟厂在烟支质检中规定烟支不合格品率P不能超过3%。当从一批产品中随机抽取50支卷烟进行检验，若有2支不合格，不合格品率达到4%，这时按照一般的习惯性思维，这批卷烟是不能投放市场的。假设有一批卷烟共有10 000支，里面有4支为不合格品，不合格品率为0.04%，远低于3%的标准，根据假设检验的理论，在$\alpha=0.05$的显著性水平下，该批卷烟应该可以投放市场。但由于检验要求是随机抽取50支，若这次抽取时恰好抽到了2支（甚至更多的）不合格烟支，如果以"不合格品率4%大于3%的标准"来简单地下结论，那就有对这批烟支质量水平进行误判的风险。那么，如何科学地进行判断呢？这就要用到假设检验的理论和方法。

★知识共享

一、假设检验的含义

假设检验也称"显著性检验"，是指用来判断样本与样本、样本与总体的差异是由抽样误差引起的还是由存在的本质差别所造成的一种统计推断方法。假设检验是抽样推断中的一项重要内容，其基本原理是先对总体的特征做出某种假设，然后通过抽样研究的统计推理，对此假设做出是拒绝还是接受的推断。总体现象中的个体差异是客观存在的，以致抽样误差不可避免,所以不能仅凭个别样本的结果来下结论。当遇到两个或几个样本均数、样本均数与已知总体均数之差有大有小时,应当考虑到造成这种差别的两种原因:一是这两个或几个样本均数来自同一总体,其差别仅仅由抽样误差(抽样的偶然性)所造成;二是这两个或几个样本均数来自不同的总体,即其差别不仅由抽样误差造成,而主要是由实验或本质因素不同所引起的。假设检验的目的就在于排除抽样误差的影响,区分差别在统计上是否存在。

二、假设检验的内容

当对总体某项或某几项做出假设时,每个假设检验的问题一般都可同时提出"原假设"和"备择假设"两个相反的假设。原假设通常是将研究者想要收集证据予以反对的假设,是正待检验的假设,又称零假设,记为 H_0。备择假设通常是将研究者想要收集证据予以支持的假设,是拒绝原假设后可供选择的假设,记为 H_1。原假设和备择假设是一个完备事件组,并且相互排斥,检验结果两者必取其一。接受 H_0 则必须拒绝 H_1,反之,拒绝 H_0 则必须接受 H_1。

三、小概率原理

原假设和备择假设不是随意提出的,应根据所检验问题的具体背景而定。常常是采取"不轻易拒绝原假设"的原则,即把没有充分理由不能轻易否定的命题作为原假设,而相应地把没有足够把握就不能轻易肯定的命题作为备择假设;假设的接受或拒绝的依据是小概率原理,即:概率很小的事件在一次试验中几乎是不可能发生的,若发生了,就是不合理的。所谓不合理现象的产生,并非是指形式逻辑上的绝对矛盾,而是基于小概率原理。假设检验就是根据小概率原理使用了一种类似于"反证法"的推理方法。这里的"反证法"不同于一般的反证法,因为在假设检验中,只是依据一个样本来进行推断,用一个实例去证明某个命题是正确的,这在逻辑上是不充分的,但用一个反例去推翻一个命题,理由是充足的,因为一个命题成立时不允许有反例存在。所以,假设检验运用的是概率意义上的反证法。

由于在建立假设时本着"不轻易拒绝原假设"的原则,所以当检验结论一旦为拒绝原假设时,就会有较大的把握程度(即错误判断的可能性很小);而当不能否定原假设时,只能将它作为真的保留下来,但事实上它有可能是假的,所以,接受它可能是个错误。为了使拒绝原假设有较大的把握程度,假设检验时通常将概率"不超过 α 的事件"称为"小概率事件",并把这个概率 α 称为显著性水平。小概率原理与假设检验的关系可用图 4-2 表示。

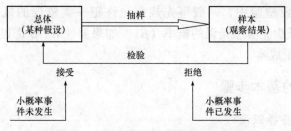

图 4-2 小概率原理与假设检验的关系

四、假设检验的两类错误

通过假设检验,拒绝原假设 H_0 是在认为小概率事件在一次抽样中实际上不会发生的前提下做出的，事实上小概率事件有时也可能发生；接受原假设 H_0，是因为拒绝它的理由还不充分，并非认为它绝对正确。因此，由假设检验做出的判断不可能百分之百正确，而且存在两类错误，即Ⅰ型错误与Ⅱ型错误。Ⅰ型错误是当原假设为真时拒绝原假设，故又称为"弃真错误"，犯Ⅰ型错误的概率一般记为 α。Ⅱ型错误是当原假设为假时接受原假设，故又称为"取伪错误"，犯Ⅱ型错误的概率通常记为 β。

一般来说，在假设检验的过程中，检验决策结果见表4-3。

表4-3 假设检验决策结果

	H_0 是真实的	H_0 是不真实的
拒绝 H_0	Ⅰ型错误（α）	正确
接受 H_0	正确	Ⅱ型错误（β）

由假设检验做出的决策既可能犯Ⅰ型错误，也可能犯Ⅱ型错误。假设检验时犯Ⅰ型错误的原因是在原假设为真的情况下，检验统计量不巧刚好落入小概率的拒绝区域，从而导致拒绝了原假设。Ⅰ型错误与Ⅱ型错误之间的关系如图4-3所示。

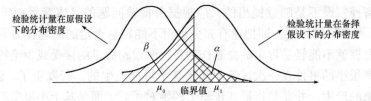

图4-3 假设检验两类错误关系示意图

由图4-3可知，概率 α 与 β 是密切相关的，在样本一定的条件下，减小 α，就增大了 β；反之，增大 α，就减小了 β。这就是说，α 越大，越有可能犯Ⅰ型错误，越有可能否定真实的 H_0；β 越大，越有可能犯Ⅱ型错误，越有可能接受非真实的 H_0。

鉴于犯Ⅰ型错误与Ⅱ型错误的概率（α 与 β）的相互关系，在一定的样本容量下，期望两者都非常小是困难的。于是，内曼（Neyman）和皮尔生（Pearson）提出了一个原则，即"在控制犯Ⅰ型错误的概率 α 的条件下，尽可能使犯Ⅱ型错误的概率 β 减小"。在假设检验实践中，该原则的含义是原假设要受到维护，不致被轻易否定，若要否定原假设，必须有充分的理由。所以在假设检验中，一般事先规定允许犯一类错误的概率（$\alpha = 0.05$ 和 $\alpha = 0.01$），然后尽可能减少犯Ⅱ型错误的概率（β）。如果要使 α、β 都很小，只有增大样本含量，这时又增加了质量成本。

五、假设检验的基本步骤

1. 提出原假设和备择假设

假设的建立一般有三种形式：

(1) 双尾检验（双侧检验）：$H_0: \mu = \mu_0$，$H_1: \mu \neq \mu_0$

(2) 左尾检验（左侧检验）：$H_0: \mu \geq \mu_0$，$H_1: \mu < \mu_0$

(3) 右尾检验（右侧检验）：$H_0: \mu \leq \mu_0$，$H_1: \mu > \mu_0$

在实践应用中，假设的建立要根据所研究的实际问题而定。如果对所研究的问题只需判断有无显著差异或要求同时注意总体参数值偏大或偏小的情况，则采取双侧检验。如果所关心的是总体参数值是否大于某个特定值，则采用右侧检验。如果所关心的是总体参数值是否小于某个特定值，则采取左侧检验。

2. 选择适当的统计量，并确定其分布形式

不同的假设检验问题需要选择不同的统计量作为检验统计量。选择统计量时应考虑"是大样本还是小样本"和"总体方差是已知还是未知"两个因素。一般来说，在总体为正态分布的前提下，大样本用 z 检验，小样本要看总体方差是否已知，当总体方差或总体标准差已知时，可以用 z 检验，若总体方差或总体标准差未知，可用 t 检验。在实践工作中，若总体方差或总体标准差未知，可以用样本方差或样本标准差来替代。

3. 选择显著性水平 α，确定临界值 z_α

显著性水平应根据研究目的和要求来确定。显著性水平 α 表示 H_0 为真时拒绝 H_0 的概率，即拒绝原假设所冒的风险。假设检验应用小概率事件实际不发生的原理，这里的小概率就是指 α。但是要小到什么程度才算是小概率？对此并没有统一的标准，通常是取 $\alpha = 0.05$ 或 $\alpha = 0.01$。给定了显著性水平 α，就可由有关的概率分布表查得临界值，从而确定检验统计量 z 的接受区域。临界值就是接受区域和拒绝区域的分界点。

对于不同形式的假设，检验统计量 z 的接受区域和拒绝区域也是有所不同的。双侧检验的拒绝区域位于统计量分布曲线的两侧；左侧检验的拒绝区域位于统计量分布曲线的左侧；右侧检验的拒绝区域位于统计量分布曲线的右侧（图4-4）。

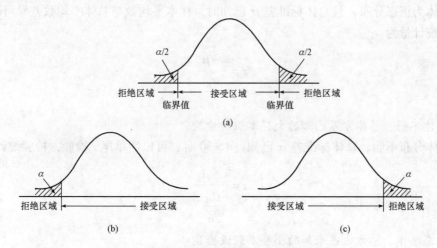

图4-4 假设检验接受区域和拒绝区域示意图
（a）双侧检验；（b）左侧检验；（c）右侧检验

4. 统计判断

根据样本资料计算出检验统计量 z 的具体值，与临界值（理论值）z_α 进行比较，然后做出是接受原假设还是拒绝原假设的结论。如果检验统计量 z 的值大于临界值 z_α，表明检验统计量 z 落在拒绝区域内，这时样本所描述的情况与原假设有显著差异，应拒绝原假设；反之，则接受原假设。

六、假设检验的方法

（一）总体平均数的假设检验

总体平均数的假设检验的基本假设是：

$$H_0: \mu = \mu_0 \quad H_1: \mu \neq \mu_0$$

1. 正态总体、总体方差未知的大样本假设检验

当总体为正态分布、总体标准差 σ 未知，$n > 30$ 时，可应用 z 检验，计算检验统计量时用样本标准差 S 代替总体标准差 σ，检验统计量为

$$z = \frac{\bar{x} - \mu_0}{\dfrac{S}{\sqrt{n}}}$$

2. 总体不明、总体方差未知的大样本假设检验

当总体分布不明、总体标准差 σ 未知，$n > 30$ 时，可应用 z 检验，计算检验统计量时用样本标准差 S 代替总体标准差 σ，检验统计量为

$$z = \frac{\bar{x} - \mu_0}{\dfrac{S}{\sqrt{n}}}$$

3. 正态总体、总体标准差已知的大样本假设检验

当总体为正态分布，且总体标准差 σ 已知时，样本平均数与总体平均数差异可以用 z 检验，检验统计量为

$$z = \frac{\bar{x} - \mu_0}{\dfrac{\sigma_0}{\sqrt{n}}}$$

4. 总体不明、总体方差已知的大样本假设检验

当总体分布不明、总体标准差 σ 已知，$n > 30$ 时，可以用单尾 z 检验，检验统计量为

$$z = \frac{\bar{x} - \mu_0}{\dfrac{\sigma_0}{\sqrt{n}}}$$

5. 正态总体、总体方差未知的小样本假设检验

当总体为正态分布，总体标准差 σ 未知，且样本含量 $n < 30$（小样本）时，可根据 t 分布理论，用 t 检验，检验统计量为

$$t = \frac{\bar{x} - \mu_0}{\dfrac{S}{\sqrt{n}}}$$

（二）两样本均数差异显著性检验（$\mu_1 = \mu_2$）

在经济现象分析实践中，经常要分析比较两个不同单位或地区的同一经济现象的情况，

这时就要进行两样本均数差异显著性检验。两样本均数差异显著性检验基本假设是：
$$H_0: \mu_1 = \mu_2 \qquad H_0: \mu_1 \neq \mu_2$$

1. 两总体为正态分布，σ_1、σ_2 已知的假设检验

当两总体均服从正态分布，且 σ_1 和 σ_2 已知时，可以用双尾 z 检验，检验统计量为

$$z = \frac{\overline{x}_1 - \overline{x}_2}{\sqrt{\dfrac{\sigma_1^2}{n_1} + \dfrac{\sigma_2^2}{n_2}}}$$

2. 两总体为正态分布，σ_1、σ_2 未知，且为大样本的假设检验

当两总体均为正态分布，而总体方差 σ_1^2 和 σ_2^2 已知，但 $n_1 > 30$，$n_2 > 30$，此时可以用 S_1^2、S_2^2 分别代替 σ_1^2、σ_2^2，进行 z 检验，检验统计量为

$$z = \frac{\overline{x}_1 - \overline{x}_2}{\sqrt{\dfrac{S_1^2}{n_1} + \dfrac{S_2^2}{n_2}}}$$

3. 两总体为正态分布，σ_1、σ_2 未知，且为小样本的假设检验

当两总体均为正态分布，而总体方差 σ_1^2 和 σ_2^2 未知，但 $n_1 < 30$，$n_2 < 30$，此时可以用 S_1^2、S_2^2 分别代替 σ_1^2、σ_2^2，进行 t 检验，检验统计量为

$$t = \frac{\overline{x}_1 - \overline{x}_2}{\sqrt{\dfrac{(n_1-1)S_1^2 + (n_2-1)S_2^2}{n_1 + n_2 - 2}\left(\dfrac{1}{n_1} + \dfrac{1}{n_2}\right)}}$$

4. 总体不明、总体方差（或标准差）未知的大样本假设检验

当两总体分布不明，而 σ_1 和 σ_2 又未知，但 $n_1 > 30$，$n_2 > 30$，此时可以用 S_1^2、S_2^2 分别代替 σ_1^2、σ_2^2，进行双侧 z 检验，检验统计量为

$$z = \frac{\overline{x}_1 - \overline{x}_2}{\sqrt{\dfrac{S_1^2}{n_1} + \dfrac{S_2^2}{n_2}}}$$

知识扩展

当总体服从正态分布、总体标准差未知，$n > 30$ 时可以用 u 检验，而 $n < 30$ 就要用 t 分布理论进行 t 检验了。t 分布是统计量 t 服从自由度 $df = n - 1$ 分布。t 分布与 z 分布的相同点是：①平均数值位于中央且等于 0，以纵轴为对称轴。②曲线由中央向两侧逐渐降低，两尾部无限延伸与横轴相靠始终不相交。③曲线与横轴之间所围成的面积为 1。两者的不同点是：①标准正态曲线的形状不随 n 的大小而改变。t 分布曲线随着自由度的不同而变化，且为一簇曲线，即不同的自由度有不同的曲线。②自由度越小，t 分布曲线越平坦，曲线中间越低，两侧尾部翘得越高。自由度越大，t 分布曲线越接近正态分布曲线。n' 为 ∞ 时，t 分布

曲线与标准正态分布曲线完全重合。t 分布就可由标准正态分布来取代。

t 检验称为小样本检验，是根据 t 分布建立起来的一种假设检验方法，常用于平均数的检验。u 检验称为大样本检验。t 分布的统计量为

$$t = \frac{\bar{x} - \mu_0}{\frac{S}{\sqrt{n}}}$$

当正态总体方差未知，且 $n < 30$ 时，要用 t 检验；当 $n > 30$ 时，z 检验与 t 检验结果相差无几，可用 z 检验代替 t 检验。这就是当总体方差 σ 未知时，z 检验法为什么要求大样本的原因。所以有时称 z 检验为大样本检验法，t 检验为小样本检验法。

★ 任务分享

【例 4-8】已知某生产企业的职工日产量服从正态分布，根据以往统计得知该企业职工平均日产量为 72 件。现抽查 36 名职工平均日产量为 68 件，标准差为 6.6 件，试问，这 36 名职工平均日产量比以往职工平均日产量是否有明显的减少？

任务解析：已知总体为正态分布，总体标准差 σ 未知，但样本标准差 S 已知，可以用 S 代替 σ，这时可用单尾 z 检验（左尾 z 检验）。

(1) 建立适当的假设：

$$H_0: \mu = \mu_0 = 72$$

(2) 选择适当的统计量：

$$z = \frac{\bar{x} - \mu_0}{\frac{S}{\sqrt{n}}} = \frac{68 - 72}{\frac{6.6}{\sqrt{36}}} \approx -3.64$$

(3) 选择显著性水平，确定临界值，并进行统计判断：

当显著性水平 $\alpha = 0.01$ 时，查 "正态分布函数表"（附表 1）得到对应的临界值（也可以利用 Excel 中的 NORMDIST 函数得到临界值）为

$$z_{\alpha = 0.01} = 2.33 \qquad |z| > z_{0.01} \qquad p < 0.01$$

结果表明：这时我们有 99% 的把握说这 36 名职工平均日产量比以往职工平均日产量有明显的减少。

知识扩展

"标准正态分布的分布函数表"是标准正态分布从 $-\infty \to Z$ 的概率表，用 1 减去该值即为单尾检验的 p 值，乘以 2 即双尾 p 值。查表时先确定 α，再在标准正态分布函数表中找到 $1 - \alpha$ 数值所在的位置，该位置对应的左边第 1 列即为所要查的 z 值（或 u 值）。例如，当 $\alpha = 0.01$ 时，$1 - \alpha = 0.99$，在表中找到与 0.99 最接近的数是 0.990 097，左边第 1 列的数值是 2.3，加上 0.990 097 对应上方第 1 行的 0.03，所以有

$$z_{\alpha = 0.01} = 2.33$$

【例 4-9】某生产企业在实行技术更新之前，单位产品人工生产成本为 7.59 元，实行技术更新之后，抽取 100 件产品得到单位产品平均人工生产成本为 7.80 元，标准差为 0.52

元,试问,技术更新之后的平均单位人工生产成本与更新之前有无明显差异?

任务解析:本例总体分布不明,总体方差 σ 未知,但样本含量 $n=100$,当有差异时会有两种可能,故可用双尾 z 检验。

(1) 建立适当的假设:

$$H_0: \mu = \mu_0 = 7.59$$

(2) 选择适当的统计量:

$$z = \frac{\bar{x} - \mu_0}{\frac{S}{\sqrt{n}}} = \frac{7.80 - 7.59}{\frac{0.53}{\sqrt{100}}} = 3.96$$

(3) 选择显著性水平,确定临界值,并进行统计判断:

当显著性水平 $\alpha = 0.01$ 时,由标准正态分布可知,对应的临界值为

$$z_{\frac{0.01}{2}} = 2.58 \qquad |z| > z_{\frac{0.01}{2}} \qquad p < 0.01$$

结果表明:差异非常显著,可以拒绝原假设,这时我们有 95% 的把握说技术更新之后的平均单位人工生产成本与更新之前有极为明显的差异。

【例 4-10】 已知某生产企业职工日产量服从正态分布,根据以往统计得知该企业职工平均日产量为 72 件,标准差为 6.4 件。现抽查 40 名职工平均日产量为 69.5 件,试问,这 40 名职工平均日产量与以往职工平均日产量相比是否有明显的减少?

任务解析:由题可知,总体为正态分布,总体标准差 σ 已知,可以用单尾 z 检验。

(1) 建立适当的假设:

$$H_0: \mu = \mu_0 = 72$$

(2) 选择适当的统计量:

$$z = \frac{\bar{x} - \mu_0}{\frac{\sigma_0}{\sqrt{n}}} = \frac{69.5 - 72}{\frac{6.4}{\sqrt{40}}} = -2.47$$

(3) 选择显著性水平,确定临界值,并进行统计判断:

当显著性水平 $\alpha = 0.01$ 时,查"正态分布函数表"(附表 1)得到对应的临界值为

$$z_{\alpha = 0.01} = 2.33 \qquad |z| > z_{0.01} \qquad p < 0.01$$

结果表明:差异非常显著,可以拒绝原假设,这时我们有 99% 的把握说这 40 名职工平均日产量与以往职工平均日产量相比有明显的减少。

【例 4-11】 某企业在新的生产流水线引进之前,月平均产值为 78 万元,标准差为 7.35 万元,引进新的生产流水线之后,随机抽查了 70 个月的月平均产值为 80.9 万元,试问,该企业引进新的生产流水线之后月平均产值是否有明显提高?

任务解析:由题可知,总体分布不明,但样本含量 $n > 30$,且总体方差 σ 已知,故可用单尾检验(右尾检验)。

(1) 建立适当的假设:

$$H_0: \mu = \mu_0 = 78$$

(2) 选择适当的统计量:

$$z = \frac{\bar{x} - \mu_0}{\frac{\sigma_0}{\sqrt{n}}} = \frac{80.9 - 78}{\frac{7.35}{\sqrt{70}}} = 3.30$$

(3) 选择显著性水平，确定临界值，并进行统计判断：

当显著性水平 $\alpha = 0.05$ 时，查"正态分布函数表"（附表1）得到对应的临界值为

$$z_{0.05} = 1.64 \qquad |z| > z_{0.05} \qquad p < 0.05$$

结果表明：差异显著，可以拒绝原假设，这时我们有95%的把握说引进新的生产流水线之后月平均产值有明显的提高。

【例4-12】 已知某地区所有企业的年平均广告费投入为8.8万元，现从该地区企业中抽取29家企业得到年平均广告费投入8.5万元，标准差为0.74万元，试分析这29家企业的年平均广告费投入与该地区所有企业的年平均广告费投入比有无明显降低。

任务解析：本例总体服从正态分布，但总体方差 σ 未知，且样本含量 $n < 30$，故可用单尾 t 检验。

(1) 建立适当的假设：

$$H_0: \mu = \mu_0 = 8.8$$

(2) 选择适当的统计量：

$$t = \frac{\bar{x} - \mu_0}{\frac{S}{\sqrt{n}}} = \frac{8.5 - 8.8}{\frac{0.74}{\sqrt{29}}} = -2.183$$

(3) 选择显著性水平，确定临界值，并进行统计判断：

当显著性水平 $\alpha = 0.05$，$df = n - 1 = 29 - 1 = 28$ 时，查"t 分布临界值表"（附表3）得到对应的临界值（也可以利用 Excel 中的 TDIST 函数得到临界值）为

$$t_{0.05(28)} = 1.701 \qquad |t| > t_{0.05(28)} \qquad p < 0.05$$

结果表明：差异显著，可以拒绝原假设，这时我们就有95%的把握说这29家企业的年平均广告费投入明显低于该地区所有企业的年平均广告费投入。

【例4-13】 已知企业利润服从正态分布，现有两个地区企业月利润标准差分别为0.4万元和0.2万元，现从两个地区中分别抽取25个和28个公司，计算得出月平均利润分别为8.1万元和7.9万元，试问，两个地区的企业利润是否相同？

任务解析：已知两总体均服从正态分布，且 σ_1 和 σ_2 已知，故可用双尾 z 检验。

(1) 建立适当的假设：

$$H_0: \mu_1 = \mu_2$$

(2) 选择适当的统计量：

$$z = \frac{\bar{x}_1 - \bar{x}_2}{\sqrt{\frac{\sigma_1^2}{n_1} + \frac{\sigma_2^2}{n_2}}} = \frac{8.1 - 7.9}{\sqrt{\frac{0.4^2}{25} + \frac{0.2^2}{28}}} = 2.26$$

(3) 选择显著性水平，确定临界值，并进行统计判断：

当显著性水平 $\alpha = 0.05$ 时，由标准正态分布可知，对应的临界值为

$$z_{\frac{0.05}{2}} = 1.96 \qquad |z| > z_{\frac{0.05}{2}} \qquad p < 0.05$$

结果表明：差异具有显著意义，可以拒绝原假设，这时我们有95%的把握说两个地区的企业利润是不同的。

【例4-14】 现有甲地区的300家企业的平均月产值为21.6万元，标准差为2.4万元，乙地区的260家企业的平均月产值为22.3万元，标准差为2.1万元，试检验甲地区企业的平均月产值是否低于乙地区企业的平均月产值。

任务解析： 已知两总体均服从正态分布，σ_1和σ_2已知，且$n_1 > 30$，$n_2 > 30$，可进行双尾z检验。

（1）建立适当的假设：

$$H_0: \mu_1 = \mu_2$$

（2）选择适当的统计量：

$$z = \frac{\bar{x}_1 - \bar{x}_2}{\sqrt{\frac{\sigma_1^2}{n_1} + \frac{\sigma_2^2}{n_2}}} = \frac{21.6 - 22.3}{\sqrt{\frac{2.4^2}{300} + \frac{2.1^2}{260}}} = -3.68$$

（3）选择显著性水平，确定临界值，并进行统计判断：

当显著性水平$\alpha = 0.01$时，查"正态分布函数表"（附表1）得到对应的临界值为

$$z_{0.01} = 2.33 \qquad |z| > z_{0.01} \qquad p < 0.01$$

结果表明：两地区企业月平均产值具有非常显著的差异，可以拒绝原假设，这时我们有99%的把握说甲地区企业的平均月产值明显低于乙地区企业的平均月产值。

【例4-15】 现有某集团公司下设的两个营销公司分别采用两种不同的营销模式，一年以后统计得到甲公司23名营销员平均营销利润为8.1万元，标准差为0.95万元，而乙公司25名营销员平均营销利润为7.96万元，标准差为0.9万元，试问，两个营销公司平均营销利润是否有明显差异？

任务解析： 已知两总体均服从正态分布，σ_1、σ_2未知，且$n_1 < 30$，$n_2 < 30$，可进行单尾t检验。

（1）建立适当的假设：

$$H_0: \mu_1 = \mu_2$$

（2）选择适当的统计量：

$$t = \frac{\bar{x}_1 - \bar{x}_2}{\sqrt{\frac{(n_1-1)S_1^2 + (n_2-1)S_2^2}{n_1 + n_2 - 2}\left(\frac{1}{n_1} + \frac{1}{n_2}\right)}}$$

$$= \frac{8.1 - 7.96}{\sqrt{\frac{(23-1) \times 0.95^2 + (25-1) \times 0.9^2}{23 + 25 - 2} \times \left(\frac{1}{23} + \frac{1}{25}\right)}}$$

$$= 0.524$$

（3）选择显著性水平，确定临界值，并进行统计判断：

当显著性水平$\alpha = 0.05$、$df = n_1 + n_2 - 2 = 23 + 25 - 2 = 46$时，查"$t$分布临界值表"（附表3）得到对应的临界值为

$$t_{\frac{0.05}{2}(46)} = 2.014 \quad t < t_{\frac{0.05}{2}(46)} \quad p > 0.05$$

结果表明：差异不显著，应该接受原假设，这时可认为两个营销公司平均营销利润没有明显差异。

【例4-16】 从A、B两个性质不同的生产企业中各抽取150名中级工，A企业平均工资为3 225.8元，标准差为523元，B企业平均工资为3 412.5元，标准差为580元，试问，A、B两企业职工月平均工资有无差异？

任务解析：两样本所在总体分布不明，σ_1^2、σ_2^2 未知，但 $n_1 > 30$，$n_2 > 30$，故可用 S_1^2、S_2^2 分别替代 σ_1^2、σ_2^2，用公式进行双尾z检验。

(1) 建立适当的假设：

$$H_0: \mu_1 = \mu_2$$

(2) 选择适当的统计量：

$$z = \frac{\bar{x}_1 - \bar{x}_2}{\sqrt{\frac{S_1^2}{n_1} + \frac{S_2^2}{n_2}}} = \frac{3\,225.8 - 3\,412.5}{\sqrt{\frac{523^2}{150} + \frac{580^2}{150}}} = -2.93$$

(3) 选择显著性水平，确定临界值，并进行统计判断：

当显著性水平 $\alpha = 0.01$ 时，由标准正态分布可知，对应的临界值为

$$z_{\frac{0.01}{2}} = 2.58 \quad |z| > z_{\frac{0.01}{2}} \quad p < 0.01$$

结果表明：差异非常显著，可以拒绝原假设，这时说明A、B两企业职工月平均工资有明显差异。

【例4-17】 卷烟厂在烟支质检时有一个规定，烟支的某项缺陷的不合格品率p不能超过3%。现从一批烟支中随机抽取50支进行检验，检查结果有2支不合格，试问，此批产品能否投放市场？

任务解析：从任务表述来看，这是一个完整的应用案例，50支中有2支不合格可以得到不合格品率为4%，超过了检验设置的不合格品率不超过3%的标准。按照一般的习惯性思维这批烟支不能投放市场。现在的问题是，如果这批烟支总量是10 000支，其中就只有4支不合格烟支，真实的不合格品率为0.04%，远低于3%。如果在这次抽取50支时恰好抽到了2支（甚至更多的）不合格烟支，如果我们以"不合格品率4%大于3%的标准"来简单地下结论，那我们就有对这批烟支质量水平进行误判的风险。那么，如何进行科学决策？可以用以下方法：

(1) 建立假设：检验的内容是不合格品率p是否不超过3%。其原假设应是假设产品合格品率与检验标准一致，所以有

$$H_0: p \leq 0.03 \quad H_1: p > 0.03$$

(2) 选择检验统计量：由于这属于是非标志资料，样本含量 $n = 50$，$n_1 = 2$，可看作近似服从 $N(0, 1)$ 的大样本，所以可采用z检验，检验统计量为

$$z = \frac{\bar{x}_p - \bar{X}_p}{\sqrt{\frac{p(1-p)}{n}}}$$

所以有

$$z = \frac{0.04 - 0.03}{\sqrt{0.03 \times (1-0.03) \div 50}} = 0.415$$

（3）确定显著性水平，定出临界值：

取 $\alpha = 0.05$，由"正态分布函数表"（附表1）可知：$z_{0.05} = 1.64$。

（4）分析判断：

$$|z| < z_{0.05} \qquad p > 0.05$$

结果表明：在 $\alpha = 0.05$ 时，样本观测值未落在拒绝区域，所以不能拒绝原假设，应允许这批产品出厂。

任务五　利用 SPSS 软件进行抽样推断

一、利用 SPSS 软件进行单样本 t 检验

【例4-18】为了解某校某年级某专业（共2个班）学生英语四级考试情况，现从该专业1班和2班中各随机抽取了10名学生作为调查样本，抽样数据结果见表4-4。

表4-4　两个班学生英语四级考试成绩统计表

班级	月份	A	B	C	D	E	F	G	H	I	J
1班	6月	411	423	403	398	400	420	409	393	413	421
	12月	414	427	418	414	426	441	432	403	422	436
2班	6月	406	412	400	389	394	410	387	402	390	398
	12月	413	420	420	395	403	425	416	409	421	426

任务解析：

试分析：（1）该专业12月份英语四级成绩与及格线425分是否存在显著差异？

（2）该专业6月份1班和2班的英语四级成绩是否存在显著性差异？

（3）该专业12月份英语四级成绩是否比6月份英语四级成绩有显著提高？

步骤1： 录入数据，如图4-5所示。

	编号	班级	6月	12月
1	A_1	1	411	414
2	B_1	1	423	427
3	C_1	1	403	418
4	D_1	1	398	414
5	E_1	1	400	426
6	F_1	1	420	441
7	G_1	1	409	432
8	H_1	1	393	403
9	I_1	1	413	422
10	J_1	1	421	436
11	A_2	2	406	413

图4-5　录入数据

步骤 2：数据录入后，依次选择"分析"→"比较均值"→"单样本 t 检验"命令。

步骤 3：进入"单样本 t 检验"对话框，把"12 月"（即 12 月份英语四级成绩）添加到右侧"检验变量"框中，在"检验值"文本框中输入"425"，其他选项保持系统默认状态。

步骤 4：单击"确定"按钮，提交系统分析，输出结果见表 4-5 和表 4-6。

表 4-5 单个样本统计量

	N	均值	标准差	均值的标准误
12 月	20	419.05	11.330	2.533

表 4-6 单个样本检验

			检验值 =425			
					差分的 95% 置信区间	
	t	df	sig（双侧）	均值差值	下限	上限
12 月	-2.349	19	.030	-5.950	-11.25	-.65

二、利用 SPSS 软件进行独立样本 t 检验

仍以【例 4-18】进行讲解。

任务解析：

步骤 1：数据录入后，依次选择"分析"→"比较均值"→"独立样本 t 检验"命令。

步骤 2：进入"独立样本 t 检验"对话框，以"6 月"（即 6 月份英语四级成绩）为检验变量，"班级"为分组变量，所以分别将"6 月"添加到"检验变量"框中，将"班级"添加到"分组变量"框中。再单击"定义组"按钮，出现"定义组"对话框，在"使用指定值"文本框中输入之前定义的"班级"数值，"1"表示"1 班"，"2"表示"2 班"。

步骤 3：单击"继续"按钮回到"独立样本 t 检验"对话框，其他选项默认，最后单击"确定"按钮，提交系统分析，输出结果见表 4-7 和表 4-8。

表 4-7 6 月份 1 班和 2 班英语四级成绩统计量

	班级	N	均值	标准差	均值的标准误
6 月	1 班	10	409.10	10.408	3.291
	2 班	10	398.80	8.817	2.788

表 4-8 6 月份 1 班和 2 班独立样本检验

		方差方程的 Levene 检验		均值方程的 t 检验						
									差分的 95% 置信区间	
		F	sig	t	df	sig（双侧）	均值差值	标准误差值	下限	上限
6 月	假设方差相等	.351	.561	2.388	18.000	.028	10.300	4.313	1.238	19.362
	假设方差不相等			2.388	17.526	.028	10.300	4.313	1.220	19.380

三、利用 SPSS 软件进行配对样本 t 检验

仍以【例 4-18】进行讲解。

任务解析：

步骤 1：数据录入后，依次选择"分析"→"比较均值"→"配对样本 t 检验"命令。

步骤 2：进入"配对样本 t 检验"对话框，把"6 月"（即 6 月份英语四级成绩）和"12 月"（即 12 月份英语四级成绩）添加到"成对变量"框中。

步骤 3：单击"确定"按钮，提交系统分析，输出结果见表 4-9 至表 4-11。

表 4-9 6 月份和 12 月份英语四级成绩统计量

	均值	N	标准差	均值的标准误
6 月	403.95	20	10.773	2.409
12 月	419.05	20	11.330	2.533

表 4-10 6 月份和 12 月份英语四级成绩相关系数

	N	相关系数	sig
6 月和 12 月	20	.680	.001

表 4-11 6 月份和 12 月份英语四级成绩配对样本 t 检验

	成对差分					t	df	sig（双侧）
	均值	标准差	均值的标准误	差分的 95% 置信区间				
				下限	上限			
6 月和 12 月	-15.100	8.849	1.979	-19.241	-10.959	-7.631	19	.000

知识自测

一、单项选择题

1. 抽样推断是建立在（ ）基础上的。
   A. 有意抽样   B. 随意抽样   C. 随机抽样   D. 任意抽样
2. 抽样推断的目的是（ ）。
   A. 以样本指标推断总体指标   B. 取得样本指标
   C. 以总体指标估计样本指标   D. 以样本的某一指标推断另一指标
3. 在抽样推断中，可以计算和控制的误差是（ ）。
   A. 抽样实际误差   B. 抽样标准误差
   C. 非随机误差   D. 系统性误差

4. 从总体的 N 个单位中抽取 n 个单位构成样本，共有（   ）可能的样本。
   A. 1 个
   B. N 个
   C. n 个
   D. 很多个（但要视抽样方法而定）

5. 样本容量也称（   ）。
   A. 样本个数
   B. 样本单位数
   C. 样本可能数目
   D. 样本指标数

6. 从总体的 N 个单位中随机抽取 n 个单位，用重复抽样方法共可抽取（   ）个样本。
   A. P_N^n
   B. P^n
   C. N^n
   D. C_{N+n-1}^n

7. 在抽样调查时，若有意选择较好或较差的单位，则会产生（   ）。
   A. 登记性误差
   B. 调查误差
   C. 偶然性误差
   D. 系统性误差

8. 不重复抽样的抽样平均误差公式比重复抽样的公式多了一个系数（   ）。
   A. $\sqrt{\dfrac{N-1}{N-n}}$
   B. $\sqrt{\dfrac{N+n}{N+1}}$
   C. $\sqrt{\dfrac{N-n}{N-1}}$
   D. $\sqrt{\dfrac{N+1}{N+n}}$

9. 抽样标准误差 μ_x、抽样极限误差 Δ_x 和概率度 t 三者之间，成反比关系的是（   ）。
   A. μ_x 与 Δ_x
   B. t 与 Δ_x
   C. t 与 μ_x
   D. 没有

10. 对两工厂工人工资做纯随机不重复抽样调查，调查的工人数一样，两工厂工人工资方差一样，但第二个工厂工人数要多一倍，则抽样平均误差（   ）。
    A. 第一个工厂大
    B. 第二个工厂大
    C. 两个工厂一样大
    D. 不能做结论

二、多项选择题

1. 在重复抽样中（   ）。
   A. 每个单位在每次抽样中都有相同被抽中的概率
   B. n 次抽样之间相互独立
   C. 每个单位都有可能在样本中出现 n 次
   D. 每抽一次，总体单位减少一个
   E. 可以形成 N_n 个可能样本

2. 抽样估计中的抽样误差（   ）。
   A. 是不可避免要产生的
   B. 是可以通过改进调查方法来消除的
   C. 是可以实现计算出来的
   D. 只能在调查结束之后才能计算
   E. 其大小是可以控制的

3. 影响抽样误差的因素有（   ）。
   A. 总体方差 σ^2
   B. 样本容量 n
   C. 概率保证程度
   D. 抽样方法
   E. 抽样组织形式

4. 对总体参数做出优良估计的标准是（   ）。
   A. 无偏性
   B. 均匀性
   C. 一致性
   D. 同质性
   E. 有效性

5. 总体参数的区间估计必须同时具备的三个要素是（   ）。
   A. 样本单位数
   B. 抽样指标、相应总体指标的估计值

C. 抽样误差范围　　　　　　　　D. 概率保证度
E. 抽样平均误差

三、判断题

1. 抽样的随机原则，就是要保证总体各单位有同等被抽中的机会，而不受人们主观因素的影响。（　）
2. 抽样调查与典型调查的重要区别就在于前者的抽样误差是无法估计和控制的。（　）
3. 抽样调查是一种非常科学的方法，因而在以样本统计量推断总体参数时，其可靠性是完全肯定的。（　）
4. 每一次抽样的实际误差虽然不可知，但是唯一的，因而抽样误差不是随机变量。（　）
5. 系统性误差和登记误差是可以避免的，而偶然性误差是不可避免的。（　）
6. 抽样误差范围越小，则抽样估计的置信度也越小。（　）

四、简答题

1. 什么是统计抽样？统计抽样有什么特点和作用？
2. 为什么总体指标是唯一的，样本指标是随机的？
3. 什么是抽样误差？抽样误差与工作误差和系统性误差有何区别？
4. 什么是抽样平均误差？如何计算抽样平均误差？
5. 什么是抽样极限误差？它与抽样平均误差有何关系？
6. 什么是概率度和置信度？两者关系如何？
7. 如何理解抽样估计的精确度和可靠度？两者有什么关系？

技能训练

1. 在 2 000 名大学生中随机抽取 200 名大学生进行调查，调查的结果是平均体重 58 千克，又据历史资料已知大学生体重的标准差是 10 千克。试用重复抽样和不重复抽样两种方法计算抽样平均误差。

2. 从某企业生产的机器零件中随机抽取 50 个进行质量检查，其平均使用寿命为 1 000 小时，历史上几次调查已知该机器零件使用寿命的标准差分别为 100 小时、150 小时、125 小时，合格率分别为 95%、92%、90%。试分别计算平均使用寿命和合格品率的抽样平均误差。

3. 对某企业三种收入类型的职工进行 5% 的不重复抽样，有关资料见表 4-12。

表 4-12　某企业职工收入情况

收入类型	职工人数/人	抽样人数/人	抽样月平均收入/元	抽样收入标准差/元
高	200	10	1 920	48
中	1 600	80	1 440	30
低	1 200	60	1 080	45

试推断概率在 0.954 5 时，全部职工月平均收入的可能范围。

4. 某快餐店想要估计每位顾客午餐的平均花费金额,在为期3周的时间里选取49名顾客组成了一个简单随机样本。要求:

(1) 假定总体标准差为15元,求样本均值的抽样标准误差。

(2) 在95%的置信水平下,求允许误差。

(3) 如果样本均值为12元,求总体均值在95%的置信区间。

5. 某研究机构进行了一项调查来估计吸烟者每月花在抽烟上的平均支出,假定吸烟者买烟的月支出近似正态分布。该机构随机抽取了容量为26的样本进行调查,得到样本平均数为80元,样本标准差为20元,试以95%的把握估计全部吸烟者月均烟钱支出的置信区间。

6. 某保险公司自投保人中随机抽取36人,计算出此36人的平均年龄为39.5岁,已知投保人年龄分布近似正态分布,标准差为7.2岁,试求所有投保人平均年龄的置信区间(概率保证度为99%)。

7. 对某型号的电子元件进行耐用性能检查,抽样的资料见表4-13。

表4-13 某型号的电子元件抽查资料

耐用时数/小时	元件数/个
900 以下	1
900～950	2
950～1 000	6
1 000～1 050	35
1 050～1 100	43
1 100～1 150	9
1 150～1 200	3
1 200 以上	1

要求:

(1) 耐用时数的误差范围不超过10.382小时,试估计该批电子元件的平均耐用时数的区间范围,并说明其可靠程度的大小。

(2) 设该厂的产品质量检验标准规定,电子元件耐用时数在1 000小时以下的为不合格品。如要求合格品率估计的误差范围不超过8.58%,试估计该批电子元件合格品率的区间范围,并说明其概率保证程度。

8. 一个电视节目主持人想了解观众对某个电视专题的喜欢程度,他选取了500个观众做样本,结果发现喜欢该节目的有175人。试以95%的概率估计观众喜欢这一专题节目的区间范围。若该节目主持人希望估计的极限误差不超过5.5%,有多大把握程度?

9. 从南昌县的100个村中抽取10个村,进行各村的全面调查,得到平均每户饲养生猪35头,各村平均数的方差为160。要求:

(1) 以95.45%的概率估计全县平均每户饲养生猪头数。

(2) 若其他条件不变,极限误差为2.376,则其概率度是多少?

项目五

方差分析

★应达目标

知识目标

1. 了解方差分析的相关概念；
2. 理解方差分析的意义与作用；
3. 掌握方差分析的基本原理和方法。

技能目标

1. 能依据方差分析原理和方法在实践中设计实验方案，并进行实验结果的处理和分析；
2. 能在实践工作中应用方差分析原理和方法分析和解释经济现象之间的关系；
3. 能利用 SPSS 软件进行多个均值之间的差异分析与检验。

任务一 了解方差分析的基本原理

★任务导入

某饮料生产企业研制出一种新型饮料。饮料的颜色共有四种，分别为橘黄色、粉色、绿色和无色透明。这四种颜色的饮料营养含量、味道、价格、包装等可能影响销售量的因素全部相同。现从地理位置相似、经营规模相仿的五家超级市场上收集了某一时刻该饮料的销售情况，见表5-1。

表 5-1 某新型饮料在五家超市销售量的统计　　　　　　　　　　单位：箱

颜色	橘黄色	粉色	绿色	无色透明
超市1	138	123	154	163

续表

颜色	橘黄色	粉色	绿色	无色透明
超市 2	147	119	149	173
超市 3	143	122	152	185
超市 4	125	131	144	178
超市 5	133	136	150	201

如果要分析四种不同颜色的饮料销售量是否有差异，不能仅凭数字表面的差异下结论，必须通过多组数据的差异程度分析，才能做出科学的结论，这就是方差分析要解决的问题。

★ 知识共享

一、方差分析的相关概念

1. 因素

因素也称因子，是指在实验和调查时发生变化的"量"，通常用 A，B，C，…表示。例如，我们在分析三个不同投资方案的效益时，投资方案就称为因素，方差分析的目的就是分析因素（三个不同投资方案）对投资效益的结果有无明显影响。

2. 水平

因素在实验（经济现象分析）中的不同状态称作水平。如果因素 A 有 r 个不同状态，就称它有 r 个水平，可用 A_1，A_2，A_3，…表示。比如说，当我们分析三个不同投资方案的效益时，在投资方案中有三个不同的方案，那这三个不同的方案就称为三个不同的水平。

3. 交互影响

当同一个实验资料（经济现象资料）的影响因素有两个以上时，这些因素是否相互独立，是否存在相互影响，是进行经济现象分析所必须注意的问题。比如说，分析四个不同品牌（A）的产品在四个不同地区（B）的销售业绩时，如果品牌与地区这两个因素之间存在相互作用（即相互影响），就称为交互影响，如果因素之间是相互独立的，则称为无交互影响。交互影响有时也称为交互作用，可看成是对经济现象变化结果产生作用的一个新因素，在进行经济现象分析时必须单独分离出来。

二、方差的定义与估计

方差就是标准差的平方，是反映现象总体各单位标志值离散程度的指标。在方差分析时，方差是一个总体参数的概念，用 σ^2 表示：

$$\sigma^2 = \frac{SS}{N}$$

如果以一个样本资料计算的只是方差的一个估计值，称为均方差，用 MS 或 S^2 表示：

$$MS = S^2 = \frac{SS}{df}$$

三、F 分布与 F 检验

（一）F 值

由于方差分析的基本原理就是通过将所要分析的因素（或试验处理）的表面效应与其偶然因素的误差效应的比较进行统计推断，然后做出决策。假设所要分析的因素（或试验处理）的表面效应用 σ_A^2 表示，而偶然因素的误差效应用 σ_e^2 表示，则有 σ_A^2/σ_e^2，这个比值在数理统计中称为 F 值。也就是数理统计中所说的，在一个平均数为 μ、方差为 σ^2 的正态总体中，随机抽取两个独立样本，分别求得其方差 σ_1^2 和 σ_2^2，将 σ_1^2 和 σ_2^2 的比值定义为 F：

$$F_{(df_1, df_2)} = \sigma_1^2/\sigma_2^2 \quad \text{或} \quad F_{(df_A, df_e)} = \sigma_A^2/\sigma_e^2$$

（二）F 分布

根据抽样分布理论，如果从正态总体中进行一系列抽样，就可得到一系列的 F 值而形成一个 F 分布。统计理论的研究证明，由于 F 值是一个具有 σ_1^2 的自由度 df_1 和 σ_2^2 的自由度 df_2 共同制约的统计量，所以 F 分布是在给定的 df_1 和 df_2 下进行反复抽样所形成的具有平均数 $\mu_F = 1$ 和取值区间为 $[0, \infty]$ 的一组曲线，即不同的 df_1 和 df_2 有不同的 F 分布曲线（曲线的形状则仅取决于参数 df_1 和 df_2），其曲线形状如图 5-1 所示。

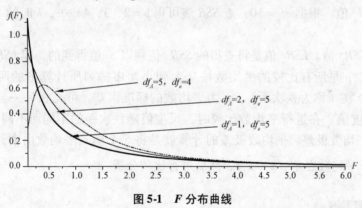

图 5-1　F 分布曲线
（随 df_1 和 df_2 的不同而不同）

F 分布下一定区间的概率可从已制成的"F 分布临界值表"中查出。"F 分布临界值表"是各种 df_1 和 df_2 下右尾概率 $\alpha = 0.05$ 和 $\alpha = 0.01$ 时的临界 F 值（一尾概率表）。从"F 分布临界值表"中查出的 F 值称为临界 F 值，即一定 df_1 和 df_2 下的临界 F 值，用 F_α 表示，常用的 F_α 有 $F_{\alpha=0.05}$ 和 $F_{\alpha=0.01}$。

（三）F 检验

根据假设检验的理论，可以用实际计算的 F 值 $[F_{(df_1, df_2)} = \sigma_1^2/\sigma_2^2]$ 与临界 F 值（F_α）比较来进行决策的方法就称为 F 检验，也叫方差分析。基本方法是：

第一步：建立假设：H_0：$\sigma_1^2 \leq \sigma_2^2$，$H_A$：$\sigma_1^2 > \sigma_2^2$。

第二步：进行统计量计算（F）。

第三步：根据 df_A 和 df_e 查"F 分布临界值表"取 F_α（$F_{\alpha=0.05}$ 和 $F_{\alpha=0.01}$）。

第四步：统计判断（F 与 F_α 进行比较）与决策。

统计判断与决策就是利用实际计算的 F 值与临界 F_α 值比较结果进行决策。若 $F \geq F_{\alpha=0.05}$ 或 $F_{\alpha=0.01}$，则 H_0 发生的概率 ≤ 0.05 或 0.01，应该在 $\alpha=0.05$ 或 $\alpha=0.01$ 水平上否定 H_0 而接受 H_A；若所得 $F < F_{\alpha=0.05}$ 或 $F_{\alpha=0.01}$，则 H_0 发生的概率 > 0.05 或 0.01，应接受 H_0。

四、多重比较

方差分析结果只能说明各处理之间总体上有（或无）明显差异，而不能说明每两个处理之间都有（或无）明显差异。因此，在实践工作中，往往不仅要了解各处理之间总体上有无实质性差异，还要进一步了解哪些处理之间存在真实差异，从而找出影响最明显的处理。在统计学中把进行多个处理平均数间的复式比较 [在有 k 个处理平均数间就有 $k(k-1)/2$ 个比较] 称为多重比较（multiple comparisons）。多重比较常用的方法有三种：最小显著差异法、复极差法（q 法）和 Duncan's 氏新复极差法（这里只介绍 Duncan's 氏新复极差法）。

新复极差法又称最短显著极差法（shortest significant ranges，SSR）。其方法如下：

（1）计算标准误差（S_e）：$S_e = \sqrt{\dfrac{MS_e}{n}}$。

（2）查 SSR_α 值。根据 $df_e = 10$，查 SSR 表可得 $p = 2, 3, 4, \cdots, k$ 时的 $SSR_{0.05}$ 与 $SSR_{0.01}$ 值（LSR_α）。

（3）计算 LSR_α 值。LSR_α 值是将查得的 SSR_α 值乘以 S_e 值得到的，即 $LSR_\alpha = S_e \cdot SSR_{\alpha,p}$。式中，$2 \leq p \leq k$，$p$ 是所有比较的平均数按从大到小顺序排列所计算出的两极差范围内所包含的平均数个数（称为秩次距），S_e 为平均数的标准误差。可见在每一显著水平下该方法有 $k-1$ 个尺度值。在进行平均数比较时，尺度值随秩次距的不同而不同。

（4）计算平均数极差。平均数极差的计算就是将 5 个模式平均数由大到小排列后，分别计算出每两个平均数之差（$\bar{x}_i - \bar{x}_j$），然后进行比较分析。

知识扩展

1. 最小显著差异法

最小显著差异（least significant difference，LSD）法，LSD 法实质上是统计学中所讲的 t 检验。其程序是在处理间的 F 检验为显著的前提下，计算出显著水平为 α 的最小显著差数 LSD_α；任何两个平均数的差数（$\bar{x}_i - \bar{x}_j$），如其绝对值 $\geq LSD_\alpha$，即为在 α 水平上差异显著；反之，则为在 α 水平上差异不显著。这种方法又称 F 检验保护下的最小显著差异法（Fisher's Protected LSD，FPLSD）。

已知：

$$t = \frac{\bar{x}_i - \bar{x}_j}{S_{(\bar{x}_i - \bar{x}_j)}} \quad (i, j = 1, 2, \cdots, k; i \neq j)$$

若 $|t| \geq t_\alpha$，$\bar{x}_i - \bar{x}_j$ 即为在 α 水平上显著。因此，最小显著差数为

$$LSD_\alpha = t_\alpha S_{(\bar{x}_i - \bar{x}_j)}$$

当两样本的容量 n 相等时：

$$S_{(\bar{x}_i - \bar{x}_j)} = \sqrt{2S_e^2 / n}$$

在方差分析中，上式的 S_e^2 有了更精确的数值 MS_e（因为此自由度增大），因此 $S_{(\bar{x}_i - \bar{x}_j)}$ 为

$$S_{(\bar{x}_i - \bar{x}_j)} = \sqrt{2MS_e / n}$$

2. q 法

q 检验方法是将一组 k 个平均数由大到小排列后，根据所比较的两个处理平均数的差数是几个平均数间的极差分别确定最小显著差数 LSR_α 的值。由于 q 检验方法是根据极差抽样分布原理，其各个比较都可保证同一个 α 显著水平。其尺度值构成为

$$LSR_\alpha = q_{\alpha;df,p} S_e \quad \text{其中} \quad S_e = \sqrt{MS_e / n}$$

式中，$2 \leq p \leq k$，p 是所有比较的平均数按由大到小顺序排列所计算出的两极差范围内所包含的平均数个数（称为秩次距），S_e 为平均数的标准误差，可见在每一显著水平下该方法有 $k-1$ 个尺度值。平均数比较时，尺度值随秩次距的不同而不同。

任务二　单因素方差分析与应用

★任务导入

某集团公司在分析 5 种不同销售模式的单位产品销售利润时，从每种方案中各抽取 3 个销售网店，其数据资料见表 5-2。

表 5-2　某集团公司 5 种销售模式的单位产品销售利润统计表　　　　单位：元

处理	利润（x_{ij}）			$\bar{x}_i$
A（门点零售）	25	28	26	26.3
B（网络销售）	27	24	21	24.5
C（批发销售）	31	28	27	28.7
D（上门推销）	32	33	33	31.5
E（厂家直销）	21	22	19	20.7
Σ				$\bar{X}$ = 26.3

由表 5-2 中的数据可以看出，不仅各销售模式之间利润有差异，而且各营销点利润也有差异。那么如何了解 5 种不同销售模式的单位产品销售利润是否是因为模式的不同而有差异呢？类似问题的解决在统计学中称为单因素方差分析。

★知识共享

一、数据结构

假设有 k 组数据（k 个处理），每组（每个处理）均有 n 个观察值（数据记录），则该资料共有 nk 个观察值（数据记录），那么单因素方差分析的数据结构模式见表5-3。

表5-3 每组具有 n 个观察值的 k 组数据的数据表

组别	观察值（x_{ij}）					总和	平均	均方
1	x_{11}	x_{12}	…	…	x_{1n}	$\sum x_{1j}$	$\bar{x}_1$	S_1^2
2	x_{21}	x_{22}	…	…	x_{2n}	$\sum x_{2j}$	$\bar{x}_2$	S_2^2
⋮	⋮	⋮	…	…	…	⋮	⋮	⋮
k	⋮	⋮	…	…	x_{kn}	$\sum x_{kj}$	$\bar{x}_k$	S_k^2
						$\sum\sum x_{ij}$	$\bar{X}$	

注：$i=1, 2, \cdots, k$；$j=1, 2, \cdots, n$。

二、误差的分解

依据表5-3数据结构，结合表5-2数据资料进行分析可以看出：

（1）nk 个观察值的误差大小可以用其平方和来反映，称为总平方和，用 SS_T 表示。根据平方和的定义有：

为了手工计算和公式记忆的方便，引入"校正数（C_i）"概念，$C_i = \dfrac{(\sum x_i)^2}{n}$

$$SS_T = \sum\sum(\bar{x}-\bar{X})^2 = \sum\sum x^2 - \frac{(\sum\sum x)^2}{nk} = \sum\sum x^2 - C_T$$

根据自由度的定义，总变动中能够自由变动的变量值个数为 $nk-1$ 个，称为总自由度，用 df_T 表示。于是有

$$df_T = nk - 1$$

（2）反映各组（处理）间差异大小可以用其相应的平方和来反映，称为组间（处理间）平方和，用（SS_A）表示。根据平方和的定义有

$$SS_A = n\sum(\bar{x}-\bar{X})^2 = \frac{\sum(\sum x)^2}{n} - \frac{(\sum\sum x)^2}{nk} = \sum C_i - C_T$$

组间差异由 k 个 $\bar{x}_i$ 与 $\bar{X}$ 的离差来反映，根据自由度的定义其自由度为 $k-1$，称为组间（处理间）自由度，用 df_A 表示。于是有

$$df_A = k - 1$$

（3）反映由于各种偶然因素而引起的误差（组内、处理内变差）大小也可以用其相应的平方和来反映，称为误差（组内、处理内）平方和，用（SS_e）表示。根据平方和的定义有

$$SS_e = \sum\sum(x-\bar{x})^2 = \sum\sum x^2 - \frac{\sum(\sum x)^2}{n} = \sum\sum x^2 - \sum C_i$$

各组内差异由 n 个观察值 x 与其组平均数 $\bar{x}$ 的离差来反映，故每个组都有一个自由度 $(n-1)$；当共有 k 组时其误差（组内、处理内）自由度为

$$df_e = k(n-1) = nk-k$$

知识扩展

当总变异中包含处理因素影响和偶然因素作用的两部分变差时，可以通过总变差的恒等变换来阐明总变异的构成。

对于某一组来说有

$$\sum(x_{ij}-\bar{X})^2 = \sum(x_{ij}-\bar{x}_i+\bar{x}_i-\bar{X})^2$$
$$= \sum(x_{ij}-\bar{x}_i)^2 + \sum 2(x_{ij}-\bar{x}_i)(\bar{x}_i-\bar{X}) + \sum(\bar{x}_i-\bar{X})^2$$
$$= \sum(x_{ij}-\bar{x}_i)^2 + n(\bar{x}_i-\bar{X})^2$$

把 k 组相加有

$$\sum\sum(x_{ij}-\bar{X})^2 = \sum\sum(x_{ij}-\bar{x}_i)^2 + n\sum(\bar{x}_i-\bar{X})^2$$

也就是

$$SS_T = \sum\sum(x_{ij}-\bar{X})^2 = \sum\sum(x_{ij}-\bar{x}_i)^2 + n\sum(\bar{x}_i-\bar{X})^2$$

即

$$SS_T = SS_A + SS_e$$

根据以上分析，可得到总自由度分解式为

$$df_T = df_A + df_e$$

三、方差估计

根据以上总变异的构成和分解原理，可以建立单因素方差分析模型：

总效应（σ_T^2）= 因素效应（σ_A^2）+ 误差效应（σ_e^2）

由于方差是反映现象总体各单位标志值离散程度的指标，是一个总体参数的概念，而在进行方差分析时都是以样本资料来计算的，因此，往往只能得到方差的估计值，把这个估计值称为均方差，用 MS 表示（也可用 S^2 表示）。可见，均方差是样本统计量，是可以通过样本资料计算的。其计算公式为相应的平方和除以相应的自由度，于是有

总的均方差：$MS_T = S_T^2 = \dfrac{SS_T}{df_T} = \dfrac{\sum\sum(x_{ij}-\bar{X})^2}{nk-1}$

组间的均方差：$MS_A = S_A^2 = \dfrac{SS_A}{df_A} = \dfrac{n\sum(\bar{x}_i-\bar{X})^2}{k-1}$

组内均方差：$MS_e = S_e^2 = \dfrac{SS_e}{df_e} = \dfrac{\sum\sum(x_{ij}-\bar{x}_i)^2}{k(n-1)}$

四、分析方法

根据观察值数量是否相等,将单因素方差分析分为组内观察值数目相等的单因素方差分析和组内观察值数目不相等的单因素方差分析。组内观察值数目相等的单因素方差分析是在 k 组中处理,每个处理都含有 n 个单位的数据资料(见表5-3)。组内观察值数目相等的单因素方差分析见表5-4。

表5-4 组内观察值数目相等的单因素方差分析

变异来源	自由度 (df)	平方和 (SS)	均方 (MS)	F	分析与结论	
					F_α	p
处理间	$k-1$	$n\sum(\bar{x}_i - \bar{X})^2$	MS_A	MS_A/MS_e	$F_{\alpha=0.05}$ 或 $F_{\alpha=0.01}$	是否有差异
误差	$k(n-1)$	$\sum\sum(x_{ij}-\bar{x}_i)^2$	MS_e			
总变异	$kn-1$	$\sum(x_{ij}-\bar{X})^2$				

★ 任务分享

【**例5-1**】现以某集团公司分析五种不同的销售模式的单位产品销售利润资料(见表5-2)为例,分析该集团公司五种不同的销售模式的单位产品销售利润是否有显著差异?

任务解析:由资料给出的数据可以看出,这里有五种不同的销售模式,所以影响单位产品销售利润的因素就是销售模式的不同,因此是一个单因素多水平均值间的比较,如果要进一步明确哪种模式的利润最高,就要进行多重比较。其步骤如下:

步骤1:列计算表(见表5-5)。

表5-5 单因素方差分析计算表 单位:元

处理	观察值 (x_{ij})			$\sum x_i$	$\sum x_i^2$	C_i	$\bar{x}_i$
A(门点零售)	25	28	26	79	2 085	2 080.3	26.3
B(网络销售)	27	24	21	72	1 746	1 728.0	24.5
C(批发销售)	31	28	27	86	2 474	2 465.3	28.7
D(上门推销)	32	33	33	98	3 202	3 201.3	31.5
E(厂家直销)	21	22	19	62	1 286	1 281.3	20.7
$\sum$				397	10 793	10 756.2	26.3

步骤2:计算平方和和自由度:

(1)平方和的计算:

$$C_T = \frac{(\sum\sum x_{ij})^2}{kn} = \frac{397^2}{15} = 10\ 507.3$$

$$SS_T = \sum (x - \overline{X})^2 = \sum \sum x^2 - \frac{(\sum \sum x)^2}{nk} = \sum \sum x^2 - C_T$$

$$= 10\ 793 - \frac{397^2}{15} = 10\ 793 - 10\ 507.3 = 285.7$$

$$SS_A = n\sum (\overline{x} - \overline{X})^2 = \frac{\sum(\sum x)^2}{n} - \frac{(\sum \sum x)^2}{nk} = \sum C_i - C_T$$

$$= \frac{79^2 + 72^2 + 86^2 + 98^2 + 62^2}{3} - \frac{397^2}{15} = 10\ 756.3 - 10\ 507.3 = 249$$

$$SS_e = \sum \sum (x - \overline{x})^2 = \sum \sum x^2 - \sum \frac{(\sum x)^2}{n} = \sum \sum x^2 - \sum C_i$$

$$= 10\ 793 - 10\ 756.3 = 36.7$$

或

$$SS_e = 285.7 - 249 = 36.7$$

（2）自由度的计算：

总自由度：$df_T = nk - 1 = 5 \times 3 - 1 = 14$

模式间自由度：$df_A = k - 1 = 5 - 1 = 4$

误差（模式内）自由度：$df_e = k(n-1) = 5 \times (3-1) = 10$

步骤3：计算 MS 和 F 值：

$$MS_A = \frac{SS_A}{df_A} = \frac{249}{4} = 62.25 \qquad MS_e = \frac{SS_e}{df_e} = \frac{36.7}{10} = 3.67$$

$$F = \frac{MS_A}{MS_e} = \frac{62.25}{3.67} = 17.01$$

步骤4：查 F 值表（见附表4），并做出判断。

当 $df_A = 4$，$df_e = 10$ 时，$F_{\alpha=0.05} = 3.48$，$F_{\alpha=0.01} = 5.99$，方差分析的 F 检验对照表见表5-6。

表5-6 方差分析的 F 检验对照表

变异来源	df	SS	MS	F	$F_{\alpha=0.05}$	$F_{\alpha=0.01}$
模式间	4	249.00	62.25	17.01**	3.48	5.99
模式内	10	36.70	3.67			
总计	14	65.91				

注：**为差异极显著

这里实际计算的 $F = 17.01 > F_{\alpha=0.01} = 5.99$，故否定 H_0，推断销售模式的平均利润是有极显著差异的，也就是不同销售模式的销售利润有极显著差异。若要进一步分析哪种销售模式利润最高，可以进行多重比较。

步骤5：多重比较：

（1）计算标准误差 S_e：$S_e = \sqrt{\frac{MS_e}{n}} = \sqrt{\frac{3.67}{3}} = \sqrt{1.22} = 1.104\ 5$

（2）查 SSR_α 值。根据 $df_e = 10$，从 Duncan's 新复极差检验的 SSR 值表（见附表5）中分别查出 $p = 2, 3, 4, 5$ 时的 $SSR_{0.05}$ 与 $SSR_{0.01}$ 值，列于表5-6中。

(3) 计算 LSR_α 值。将查出的 SSR_α 值乘以 S_e 值，即得 LSR_α 值，用公式表示为

$$LSR_\alpha = S_e \times SSR_{\alpha,p} = 1.104\ 5 \times SSR_{\alpha,p}$$

并将计算结果列于表 5-7 中。

表 5-7 多重比较的 LSR_α 值计算结果

p	$SSR_{0.05}$	$SSR_{0.01}$	$LSR_{0.05}$	$LSR_{0.01}$
2	3.15	4.48	3.479	4.948
3	3.30	4.73	3.645	5.224
4	3.37	4.88	3.722	5.390
5	3.43	4.96	3.788	5.478

(4) 计算平均数极差。平均数极差的计算就是将 5 个模式平均数由大到小排列后，分别计算出每两个平均数之差 $(\bar{x}_i - \bar{x}_j)$，见表 5-8 至表 5-11。

表 5-8 $\bar{x}_i$ 与 $\bar{x}_E$ 的显著性（SSR 检验）

处理	$\bar{x}_i$	$\bar{x}_i - \bar{x}_E$	差异显著性 5%	差异显著性 1%
D（上门推销）	31.5	31.5 − 20.7 = 10.8**	3.788	5.478
C（批发销售）	28.7	28.7 − 20.7 = 8.0**	3.722	5.390
A（门点零售）	26.3	26.3 − 20.7 = 5.6**	3.645	5.224
B（网络销售）	24.5	24.5 − 20.7 = 3.8*	3.479	4.948
E（厂家直销）	20.7			

注：**为差异极显著；*为差异显著

表 5-9 $\bar{x}_i$ 与 $\bar{x}_B$ 的显著性（SSR 检验）

处理	$\bar{x}_i$	$\bar{x}_i - \bar{x}_B$	差异显著性 5%	差异显著性 1%
D（上门推销）	31.5	31.5 − 24.5 = 7.0**	3.722	5.390
C（批发销售）	28.7	28.7 − 24.5 = 4.2*	3.645	5.224
A（门点零售）	26.3	26.3 − 24.5 = 1.8	3.479	4.948
B（网络销售）	24.5			

注：**为差异极显著；*为差异显著

表 5-10 $\bar{x}_i$ 与 $\bar{x}_A$ 的显著性（SSR 检验）

处理	$\bar{x}_i$	$\bar{x}_i - \bar{x}_A$	差异显著性 5%	差异显著性 1%
D（上门推销）	31.5	31.5 − 26.3 = 5.2**	3.645	5.224
C（批发销售）	28.7	28.7 − 26.3 = 2.4	3.479	4.948
A（门点零售）	26.3			

注：**为差异极显著

表 5-11　$\bar{x}_i$ 与 $\bar{x}_C$ 的显著性（SSR 检验）

处理	$\bar{x}_i$	$\bar{x}_i - \bar{x}_C$	差异显著性	
			5%	1%
D（上门推销）	31.5	31.5 − 28.7 = 2.8	3.479	4.948
C（批发销售）	28.7			

（5）分析结论。方差分析结果表明，不同销售模式的单位销售利润之间有极显著差异。由多重比较结果可知，D 与 E、C 与 E、D 与 B、D 与 A 之间有极显著差异；A 与 E、B 与 E、C 与 A 之间差异明显；A 与 B、C 与 B、D 与 C 之间差异不明显。由此可见，上门推销的利润最高（是否是最好的模式，还要联系销售成本来进一步分析）。

★ 知识扩展

在方差分析实践过程中，当各组（处理）的记录数据相等时，所用分析方法称为组内观察值数目相等的单因素方差分析，当各组（处理）的记录数据不相等时，就要用组内观察值数目不相等的单因素方差分析，两种方法的原理是相同的，只是在进行组内观察值数不相等的单因素方差分析时要注意两个问题：

（1）计算数据的总个数的公式为 $N = \sum n_i$；

（2）进行多重比较时的平均标准误差 S_e 计算公式为

$$S_e = \sqrt{\frac{1}{2}\left(\frac{MS_e}{n_A} + \frac{MS_e}{n_B}\right)} = \sqrt{\frac{MS_e}{2}\left(\frac{1}{n_A} + \frac{1}{n_B}\right)}$$

上式的 n_A 和 n_B 是两个相比较的平均数的样本容量。但也可先算出各 n_i 的平均数 n_0：

$$n_0 = \frac{(\sum n_i)^2 - \sum n_i^2}{(\sum n_i)(k-1)}$$

然后有

$$S_e = \sqrt{MS_e/n_0} \quad \text{或} \quad s_{(\bar{x}_i - \bar{x}_j)} = \sqrt{2MS_e/n_0}$$

任务三　无交互作用的方差分析

★ 任务导入

在经济现象分析过程中，我们往往要进行两个因素不同水平之间的差异分析，如分析某公司的四个品牌产品在五个不同地区的销售量是否因品牌不同和地区不同而有差异时，得到的资料见表 5-12。

表 5-12　四个品牌在五个不同地区的销售量统计表

因素		地区 B_j				
		B_1	B_2	B_3	B_4	B_5
品牌 A_i	A_1	365	350	343	340	323
	A_2	345	368	363	330	333
	A_3	358	323	353	343	308
	A_4	288	280	298	260	298

从任务设计与要完成的内容来看，这是一个如何进行不同品牌之间和不同地区之间的销售量有无差异分析的问题。从专业的角度看，可以看出品牌与地区之间在产品销售量上是不会产生相互作用的共性影响的，也就是说品牌对产品销售量的影响作用并不因为地区不同而受到影响（加强或减弱），同样，不同地区对产品销售量的影响作用并不因为品牌不同而受到影响。所以这是一个无交互作用的双因素方差分析的任务。

★ 知识共享

一、数据结构

设有 A、B 两个因素，A 因素取 k 个水平，B 因素取 r 个水平，其数据构成见表 5-13。

表 5-13　无交互作用的方差分析数据表

组别		B 因素				$\sum x_j$	$\bar{x}_j$	MS_j
		1	2	…	r			
A 因素	1	x_{11}	x_{12}	…	x_{1r}	$\sum x_{1j}$	$\bar{x}_{1j}$	MS_{1j}
	2	x_{21}	x_{22}	…	x_{2r}	$\sum x_{2j}$	$\bar{x}_{2j}$	MS_{2j}
	⋮	⋮	⋮	…	⋮	⋮	⋮	⋮
	k	x_{k1}	x_{k2}	…	x_{kr}	$\sum x_{kj}$	$\bar{x}_{kj}$	MS_{kj}
$\sum x_i$		$\sum x_{i1}$	$\sum x_{i2}$	…	$\sum x_{ir}$	$\sum\sum x_{ij}$		
$\bar{x}_i$		$\bar{x}_{i1}$	$\bar{x}_{i2}$	…	$\bar{x}_{ir}$		$\bar{X}$	
MS_i		MS_{i1}	MS_{i2}	…	MS_{ir}			MS_{ij}

注：$i=1, 2, \cdots, k$；$j=1, 2, \cdots, r$。

二、误差分解

1. 总平方和（SS_T）和自由度（df_T）

计算公式为

$$SS_T = \sum\sum(x_{ij}-\bar{X})^2 = \sum\sum x_{ij}^2 - \frac{(\sum\sum x_{ij})^2}{kr} = \sum\sum x_{ij}^2 - C_T$$

$$df_T = kr - 1$$

2. A 处理间平方和（SS_A）和自由度（df_A）

计算公式为

$$SS_A = r \sum (\bar{x}_i - \bar{X})^2 = \frac{\sum (\sum x_i)^2}{r} - \frac{(\sum \sum x_{ij})^2}{kr} = \sum C_i - C_T$$

$$df_A = k - 1$$

3. B 处理间平方和（SS_B）和自由度（df_B）

计算公式为

$$SS_B = k \sum (\bar{x}_j - \bar{X})^2 = \frac{\sum (\sum x_j)^2}{k} - \frac{(\sum \sum x_{ij})^2}{kr} = \sum C_j - C_T$$

$$df_B = r - 1$$

4. 误差平方和（SS_e）和自由度（df_e）

$$SS_e = \sum \sum (x - \bar{x})^2 = SS_T - SS_A - SS_B$$

$$df_e = df_T - df_A - df_B \quad 或 \quad df_e = (k-1)(r-1)$$

三、方差估计

根据以上总变差的分解，无交互作用的方差分析模型为

总效应（σ_T^2） = A 因素效应（σ_A^2） + B 因素效应（σ_B^2） + 误差效应（σ_e^2）

其估计值为相应均方差：

$$MS_T = S_T^2 = \frac{SS_T}{df_T} \qquad MS_A = S_A^2 = \frac{SS_A}{df_A}$$

$$MS_B = S_B^2 = \frac{SS_B}{df_B} \qquad MS_e = S_e^2 = \frac{SS_e}{df_e}$$

四、分析方法

无交互作用的方差分析见表 5-14。

表 5-14 无交互作用的方差分析表

变异来源	自由度（df）	平方和（SS）	均方（MS）	实际计算的 F	F_α	P
A 处理间	$k-1$	$r\sum(\bar{x}_i - \bar{X})^2$	MS_A			
B 处理间	$r-1$	$k\sum(\bar{x}_j - \bar{X})^2$	MS_B	MS_A/MS_e MS_B/MS_e	$F_{\alpha=0.05}$ 或 $F_{\alpha=0.01}$	有无差异
误差	$(k-1)(r-1)$	$\sum\sum(x_{ij} - \bar{x}_i)^2$	MS_e			
总变异	$rk-1$	$\sum(x_{ij} - \bar{X})^2$				

★任务分享

【例 5-2】 现以某公司四个品牌产品在五个不同地区的销售量资料（见表 5-12）为例，分析不同品牌之间和不同地区之间的销售量有无差异。

任务解析：从资料数据和要完成内容来看，这是一个如何进行不同品牌之间和不同地区之间的销售量有无差异分析的问题。而且，品牌与地区在产品销售量上是不会产生相互作用的共性影响的，也就是说品牌对产品销售量的影响作用并不因为地区不同而受到影响（加强或减弱），同样，不同地区对产品销售量的影响作用并不因为品牌不同而受到影响。所以可以用无交互作用的双因素方差分析。其步骤如下：

步骤 1：列计算表（见表 5-15）。

表 5-15 无交互作用的双因素方差分析计算表

组别		地区 B_j					$\sum x_i$	$\sum x_i^2$	C_i	$\bar{x}_i$
		1	2	3	4	5				
品牌 A_i	1	365	350.0	343.0	340.0	323.0	1 721	593 303	592 368	344.2
	2	345	368.0	363.0	330.0	333.0	1 739	606 007	604 824	347.8
	3	358	323.0	353.0	343.0	308.0	1 685	569 615	567 845	337.0
	4	288	280.0	298.0	260.0	298.0	1 424	406 552	405 555	284.8
$\sum x_j$		1 356	1 321.0	1 357.0	1 273.0	1 262.0	6 569		2 170 592	
$\sum x_j^2$		463 358	440 653.0	462 831.0	409 749.0	398 886.0		2 175 477		
C_j		459 684	436 260.0	460 362.0	405 132.0	398 161.0	2 159 599		$\bar{X}=328.5$	
$\bar{x}_j$		339	330.3	339.3	318.3	315.5				

步骤 2：计算平方和和自由度：

(1) 平方和的计算：

$$C_T = \frac{(\sum\sum x_{ij})^2}{kr} = \frac{6\,569^2}{20} = 2\,157\,588$$

$$SS_T = \sum\sum x_{ij}^2 - C_T = 2\,175\,477 - 2\,157\,588 = 17\,889$$

$$SS_A = \sum C_i - C_T = 2\,170\,592 - 2\,157\,588 = 13\,004$$

$$SS_B = \sum C_j - C_T = 2\,159\,599 - 2\,157\,588 = 2\,011$$

$$SS_e = SS_T - SS_A - SS_B = 17\,889 - 13\,004 - 2\,011 = 2\,874$$

(2) 自由度的计算：

$$df_T = rk - 1 = 20 - 1 = 19$$
$$df_A = k - 1 = 4 - 1 = 3$$
$$df_B = r - 1 = 5 - 1 = 4$$
$$df_e = (k-1)(r-1) = (4-1)(5-1) = 12$$

步骤 3：计算均方差和 F 值：

$$MS_A = \frac{SS_A}{df_A} = \frac{13\ 004}{3} = 4\ 334.7$$

$$MS_B = \frac{SS_B}{df_B} = \frac{2\ 011}{4} = 502.75$$

$$MS_e = \frac{SS_e}{df_e} = \frac{2\ 874}{12} = 239.5$$

$$F_A = \frac{MS_A}{MS_e} = \frac{4\ 334.7}{239.5} = 18.10$$

$$F_B = \frac{MS_B}{MS_e} = \frac{502.75}{239.5} = 2.10$$

步骤4：查 F 表并进行比较：
当 $df_A = 3$、$df_e = 12$ 时，$F_{\alpha=0.05} = 3.49$，$F_{\alpha=0.01} = 5.95$
$F_A = 18.10 > F_{\alpha=0.01} = 5.95$
当 $df_B = 4$、$df_e = 12$ 时，$F_{\alpha=0.05} = 3.26$，$F_{\alpha=0.01} = 5.41$
$F_B = 2.10 < F_{\alpha=0.05} = 3.26$

步骤5：分析结果见表5-16。

表5-16 无交互作用的双因素方差分析表

变异来源	自由度(df)	平方和(SS)	均方(MS)	F	分析与结论	
					F_α	P
地区间	4	2 011	502.75	2.10	$F_{\alpha=0.05} = 3.26$	$p > 0.05$
品牌间	3	13 004	4 334.77	18.10	$F_{\alpha=0.01} = 5.95^{**}$	$p < 0.01$
误差	12	2 874	239.50			
总计	19	17 889				

注：1. $i = 1, 2, \cdots, k$；$j = 1, 2, \cdots, r$；
2. ** 为差异极显著

分析结论：地区之间销售量没有差异，品牌之间销售量有极显著差异，如果要进一步分析品牌效应情况就要进行多重比较。

任务四 有交互作用的方差分析

★任务导入

在任务三中分析了品牌和地区两个因素多个水平之间的销售量是否有差异的问题，其分析是假设品牌与地区这两个因素相互独立，对产品销售量不产生交互作用（销售量不会因为两个因素同时存在而相互影响）。但是，在经济现象分析过程中会发现经济现象之间的关系往往是相互影响的，所以，在方差分析时就涉及交互作用问题。

如某公司对某食品设计了 4 种不同类型的包装，并在 4 类不同层次居民区进行产品试销，为了更好地分析不同包装与不同层次居民区的销售业绩差异情况，公司在每个居民区进行了连续 3 个月的试销，各月的销售业绩统计结果见表 5-17。

表 5-17　某公司产品试销业绩统计　　　　　　　　单位：万元

因素		居民区（B_j）			
		B_1	B_2	B_3	B_4
包装（A_i）	A_1	22.0, 26.5, 24.4	30.0, 27.5, 26.0	32.4, 26.5, 27.0	30.5, 27.0, 25.1
	A_2	23.5, 25.8, 27.0	33.2, 28.5, 30.1	38.0, 35.5, 33.0	26.5, 24.0, 25.0
	A_3	30.5, 26.8, 25.5	36.5, 24.0, 33.5	28.0, 30.5, 24.6	20.5, 22.5, 19.5
	A_4	34.5, 31.4, 29.3	29.0, 27.5, 28.0	27.5, 26.3, 28.5	18.5, 20.0, 19.0

由表 5-17 中的数据可知，食品不同包装与不同层次居民区组合的销售业绩是有差异的，就是同一包装在不同居民区的销售业绩和同一居民区里不同包装的销售业绩都是有差异的，其差异产生的原因是多方面的，有包装档次不同的影响，也有居民区层次不同的影响，也有产品包装与居民区之间存在相互影响所产生的交互效应的作用，这就是有交互作用的双因素方差分析所要解决的问题。

★ 知识共享

一、数据结构

设食品包装为 A（取 k 个水平）、居民区为 B（取 r 个水平）、试验重复数为 n，其数据构成见表 5-18。

表 5-18　有交互作用的双因素方差分析数据表

组别		B 因素				$\sum x_j$	$\bar{x}_j$	MS_j
		1	2	…	r			
A 因素	1	x_{111}	x_{121}	…	x_{1r1}	$\sum x_{1j1}$	$\bar{x}_{1j1}$	
		x_{112}	x_{122}	…	x_{1r2}	$\sum x_{1j2}$	$\bar{x}_{1j2}$	
		⋮	⋮	⋮	⋮	⋮	⋮	
		x_{11n}	x_{12n}	…	x_{1rn}	$\sum x_{1jn}$	$\bar{x}_{1jn}$	
		$\sum x_{11l}$	$\sum x_{12l}$	…	$\sum x_{1rl}$			
		$\bar{x}_{11l}$	$\bar{x}_{12l}$	…	$\bar{x}_{1rl}$			
	2	x_{211}	x_{221}	…	x_{2r1}	$\sum x_{2j1}$	$\bar{x}_{2j1}$	
		x_{212}	x_{222}	…	x_{2r2}	$\sum x_{2j2}$	$\bar{x}_{2j2}$	
		⋮	⋮	⋮	⋮	⋮	⋮	
		x_{21n}	x_{22n}	…	x_{2rn}	$\sum x_{2jn}$	$\bar{x}_{2jn}$	
		$\sum x_{21l}$	$\sum x_{22l}$	…	$\sum x_{2rl}$			

续表

组别		B 因素				$\sum x_j$	$\bar{x}_j$	MS_j
		1	2	...	r			
A 因 素		$\bar{x}_{21l}$	$\bar{x}_{22l}$	...	$\bar{x}_{2rl}$			
	⋮	⋮	⋮		⋮	⋮	⋮	
	k	x_{k11}	x_{k21}	...	x_{kr1}	$\sum x_{kj1}$	$\bar{x}_{kj1}$	
		x_{k12}	x_{k22}	...	x_{kr2}	$\sum x_{kj2}$	$\bar{x}_{kj2}$	
		⋮	⋮		⋮	⋮		
		x_{k1n}	x_{k2n}	...	x_{krn}	$\sum x_{kjn}$	$\bar{x}_{kjn}$	
		$\sum x_{k1l}$	$\sum x_{k2l}$		$\sum x_{krl}$			
		$\bar{x}_{k1l}$	$\bar{x}_{k2l}$		$\bar{x}_{krl}$			
$\sum x_i$		$\sum x_{i1}$	$\sum x_{i2}$	...	$\sum x_{ir}$	$\sum\sum x_{ij}$		
$\bar{x}_i$		$\bar{x}_{i1}$	$\bar{x}_{i2}$	...	$\bar{x}_{ir}$		$\bar{X}$	
MS_i		MS_{i1}	MS_{i2}	...	MS_{ir}			MS_{ij}

注：$i=1, 2, \cdots, k$；$j=1, 2, \cdots, r$；$l=1, 2, \cdots, n$。

二、误差分解

1. 总平方和（SS_T）和总自由度（df_T）

计算公式为

$$SS_T = \sum\sum\sum (x_{ijl} - \bar{X})^2 = \sum\sum\sum x_{ijl}^2 - \frac{(\sum\sum\sum x_{ijl})^2}{krn} = \sum\sum\sum x_{ijl}^2 - C_T$$

$$df_T = krn - 1$$

2. A 处理间平方和（SS_A）和自由度（df_A）

计算公式为

$$SS_A = rn\sum(\bar{x}_i - \bar{X})^2 = \frac{\sum(\sum x_i)^2}{rn} - \frac{(\sum\sum\sum x_{ijl})^2}{krn} = \sum C_i - C_T$$

$$df_A = k - 1$$

3. B 处理间平方和（SS_B）和自由度（df_B）

计算公式为

$$SS_B = kn\sum(\bar{x}_j - \bar{X})^2 = \frac{\sum(\sum x_j)^2}{kn} - \frac{(\sum\sum\sum x_{ijl})^2}{krn} = \sum C_j - C_T$$

$$df_B = r - 1$$

4. AB 组合间平方和（SS_{AB}）和自由度（df_{AB}）

计算公式为

$$SS_{AB} = n \sum \sum (\bar{x}_{ij} - \bar{X})^2 = \frac{\sum \sum (\sum x_{ij})^2}{n} - \frac{(\sum \sum \sum x_{ijl})^2}{krn} = \sum \sum C_{ij} - C_T$$

$$df_{AB} = kr - 1$$

5. AB 交互作用平方和（$SS_{A \times B}$）和自由度（$df_{A \times B}$）

计算公式为

$$SS_{A \times B} = SS_{AB} - SS_A - SS_B$$
$$df_{A \times B} = df_A \times df_B$$

6. 误差平方和（SS_e）和自由度（df_e）

计算公式为

$$SS_e = SS_T - SS_{AB}$$
$$df_e = kr(n-1) = krn - kr$$

三、分析方法

有交互作用的方差分析见表 5-19。

表 5-19 有交互作用的方差分析表

变异来源	自由度 (df)	平方和 (SS)	均方 (MS)	实际计算 F	分析与结论 F_α	结论
A 处理	$k-1$	$rn \sum (\bar{x}_i - \bar{X})^2$	MS_A	F_A	$F_{\alpha=0.05}$ 或 $F_{\alpha=0.01}$	有无差异
B 处理	$r-1$	$kn \sum (\bar{x}_j - \bar{X})^2$	MS_B	F_B		
$A \times B$	$(k-1)(r-1)$	$n \sum \sum (\bar{x}_{ij} - \bar{x}_i - \bar{x}_j + \bar{X})^2$	$MS_{A \times B}$	$F_{A \times B}$		
误差	$kr(n-1)$	$SS_e = SS_T - SS_A - SS_B - SS_{A \times B}$	MS_e			
总变异	$krn-1$	$\sum \sum \sum (x_{ijl} - \bar{X})^2$				

★ 任务分享

【例 5-3】现以本任务导入中案例为例（数据资料见表 5-17），试分析食品不同包装之间、不同层次居民区之间销售业绩是否有差异，以及不同包装与不同层次居民区之间是否存在交互效应。

任务解析：从资料数据结构和表现情况可以看出，食品的不同包装与不同居民区组合间的销售业绩是有差异的，同一包装在不同居民区的销售业绩有差异，同一居民区里不同包装的销售业绩也有差异，这说明不同产品包装与不同居民区之间存在相互影响并产生了交互效应，所以要用有交互作用的双因素方差分析方法进行分析。其步骤如下：

步骤 1：列计算表（见表 5-20）。

设食品包装为 A（$i = 1, 2, \cdots, k$），居民区为 B（$j = 1, 2, \cdots, r$），实验重复数为 L（$l = 1, 2, \cdots, n$）。

表 5-20 有交互作用的双因素方差分析的计算表   单位：万元

组别		B 因素				$\sum x_j$	$\bar{x}_j$
		1	2	3	4		
A 因素	1						
	x_{11l}	22.0	30.0	32.4	30.5	324.9	27.1
		26.5	27.5	26.5	27.0		
		24.4	26.0	27.0	25.1		
	$\sum x_{11l}$	72.9	83.5	85.9	82.6		
	$\bar{x}_{11l}$	24.3	27.8	28.6	27.5		
	2						
	x_{21l}	23.5	33.2	38.0	26.5	350.1	29.2
		25.8	28.5	35.5	24.0		
		27.0	30.1	33.0	25.0		
	$\sum x_{21l}$	76.3	91.8	106.5	75.5		
	$\bar{x}_{21l}$	25.4	30.6	35.5	25.2		
	3						
	x_{31l}	30.5	36.5	28.0	20.5	332.4	27.7
		26.8	24.0	30.5	22.5		
		25.5	33.5	24.6	19.5		
	$\sum x_{31l}$	82.8	104.0	83.1	62.5		
	$\bar{x}_{31l}$	27.6	34.7	27.7	20.8		
	4						
	x_{41l}	34.5	29.0	27.5	18.5	319.5	26.6
		31.4	27.5	26.3	20.0		
		29.3	28.0	28.5	19.0		
	$\sum x_{41l}$	95.2	84.5	82.3	57.5		
	$\bar{x}_{41l}$	31.7	28.2	27.4	19.2		
	$\sum x_i$	327.2	363.8	357.8	278.1	1 326.9	
	$\bar{x}_i$	27.2	30.3	29.8	23.2		$\bar{X}=27.6$

步骤 2：计算平方和、自由度和均方差：

（1）平方和的计算：

$$C_T = \frac{(\sum\sum\sum x_{ijl})^2}{krn} = \frac{1\ 326.5^2}{48} = 36\ 680.492$$

$$SS_T = \sum\sum\sum x_{ijl}^2 - C_T = (22.0^2 + 26.5^2 + \cdots + 20.0^2 + 19.0^2) - 36\ 680.492 = 982.32$$

$$SS_A = \sum C_i - C_T = \frac{324.9^2 + 350.1^2 + 332.4^2 + 319.5^2}{4 \times 3} - 36\ 680.492 = 44.52$$

$$SS_B = \sum C_j - C_T = \frac{327.2^2 + 363.8^2 + 357.8^2 + 278.1^2}{4 \times 3} - 36\ 680.492 = 383.74$$

$$SS_{AB} = \sum\sum C_{ij} - C_T = \frac{79.2^2 + 83.5^2 + \cdots + 57.5^2}{3} - 36\,680\,492 = 834.90$$

$$SS_{A\times B} = SS_{AB} - SS_A - SS_B = 834.90 - 44.51 - 383.71 = 406.68$$

$$SS_e = SS_T - SS_{AB} = 928.32 - 834.90 = 147.42$$

（2）自由度的计算：

$$df_T = krn - 1 = 48 - 1 = 47$$

$$df_A = k - 1 = 4 - 1 = 3$$

$$df_B = r - 1 = 4 - 1 = 3$$

$$df_{AB} = kr - 1 = 16 - 1 = 15$$

$$df_{A\times B} = df_A \times df_B = (k-1) \times (r-1) = (4-1) \times (4-1) = 9$$

$$df_e = kr(n-1) = 4 \times 4 \times (3-1) = 32$$

（3）均方差的计算：

$$MS_A = \frac{SS_A}{df_A} = \frac{44.52}{3} = 14.84$$

$$MS_B = \frac{SS_B}{df_B} = \frac{383.74}{3} = 127.91$$

$$MS_{A\times B} = \frac{SS_{A\times B}}{df_{A\times B}} = \frac{406.68}{9} = 45.18$$

$$MS_e = \frac{SS_e}{df_e} = \frac{147.42}{32} = 4.61$$

步骤3：进行 F 检验：

（1）计算 F 值：

$$F_A = \frac{MS_A}{MS_e} = \frac{14.84}{4.61} = 3.22$$

$$F_B = \frac{MS_B}{MS_e} = \frac{127.91}{4.61} = 27.77$$

$$F_{A\times B} = \frac{MS_{A\times B}}{MS_e} = \frac{45.18}{4.61} = 9.81$$

（2）查 F 表：

当 $df_A = 3$、$df_e = 32$ 时，$F_{\alpha=0.05} = 2.90$。

当 $df_B = 3$、$df_e = 32$ 时，$F_{\alpha=0.01} = 4.47$。

当 $df_{A\times B} = 9$、$df_e = 32$ 时，$F_{\alpha=0.01} = 3.02$。

（3）进行统计分析：

$$F_A = 3.22 > F_{\alpha=0.05} = 2.90$$

$$F_B = 27.77 > F_{\alpha=0.01} = 4.47$$

$$F_{A\times B} = 9.81 > F_{\alpha=0.01} = 3.02$$

步骤4：分析与结论：

分析结果（见表5-21）。

表 5-21　有交互作用的双因素方差分析表

变异来源	自由度（df）	平方和（SS）	均方（MS）	F	分析与结论	
					F_α	p
包装间	3	44.52	14.84	3.22*	$F_{\alpha=0.05}=2.90$	$p<0.05$
方案间	4	383.74	127.91	27.77**	$F_{\alpha=0.01}=4.47$	$p<0.01$
A×B 间	9	406.68	45.18	9.81**	$F_{\alpha=0.01}=3.02$	$p<0.01$
误差	32	982.32	4.61			

注：*为差异显著；**为差异极显著

分析结论：不同包装方式之间的销售业绩有显著差异，不同居民区之间的销售业绩有极显著差异，不同包装方式与不同居民区之间交互作用对销售业绩的影响极为显著。

任务五　协方差分析

★任务导入

在经济现象分析过程中，若定量的影响因素对观察结果有难以控制的影响，甚至还有交互作用时，就要采用协方差分析。什么是协方差和协方差分析？本任务将做简要的概述。

★知识共享

一、协方差的概念与作用

（一）协方差的概念

前面已经讲到，方差是用来度量单个变量"自身变异"大小的统计指标，方差越大，该变量的变异越大；而协方差（covariance）是用来度量两个变量之间"协同变异"大小的统计指标，即两个变量相互影响大小的统计指标，协方差的绝对值越大，两个变量相互影响程度就越大，那么两个变量的协同作用对经济现象的影响作用也就越大。例如，水果糖的销量与"好的包装""好的口味"和"合适的价格"都有关系，包装、口味、价格三个因素对销售量都有各自的影响，如果三者进行配合，除了它们三个各自的影响外，还有三者同时存在而产生的两两间的协同作用而进一步提高销量的效应。

（二）协方差的作用

从统计学的角度看，协方差是关于如何调节协变量对因变量的影响效应，从而更加有效地分析实验处理效应的一种统计技术和统计指标。例如，从会计业务角度看，协方差是一个用于测量投资组合中某一具体投资项目相对于另一投资项目风险的统计指标，通俗地讲就是投资组合中两个项目之间收益率的相关程度，正数说明两个项目一个收益率上升，另一个也在上升，收益率呈同方向变化。如果是负数，则一个上升另一个下降，表明收益率是反方向变化。协方差的绝对值越大，表明这两种资产收益率关系越密切；绝对值越小表明这两种资产收益率的关系越疏远。

在进行投资组合风险分析时，如果资产组合中数量充分多时，充分投资组合的风险，只受资产之间协方差的影响，与各资产本身的方差无关。因为，投资组合的效益变动是由组合中单项资产的变动（标准差或方差）和这些资产之间的协同作用（协方差）共同作用的结果。随着组合中资产数量的增多，方差数量的增长远远赶不上协方差数量的增长，所以可以得出结论：充分投资组合的风险，只受资产之间协方差的影响，与各资产本身的方差无关，即当资产数量充分多时，组合标准差不受单项资产的标准差的影响，单项资产的标准差表现的风险消失，资产之间的协方差表现的风险决定组合的标准差即组合的风险，所以协方差在财务实践工作中具有重要的地位和作用。

二、协方差分析的意义

协方差分析（analysis of covariance），是指将回归分析与方差分析结合起来使用的一种分析方法。在各种试验设计（或经济现象分析）中，对主要变量 y（或要分析的那个现象）研究时，常常希望其他可能影响和干扰 y 的变量（或因素）保持一致以到达均衡或可比，使试验误差的估计降到最低限度，从而可以准确地获得处理因素的试验效应。但是，有时这些变量难以控制，或者根本不能控制，为此需要在试验中同时记录这些变量（因素变动）的值，把这些变量看作自变量，或称协变量（covariate），建立因变量 y 随协变量变化的回归方程，这样就可以将协变量对因变量的影响从自变量中分离出去，可以进一步提高统计分析的精确度和统计检验的灵敏度。简单地说，协方差分析是扣除协变量的影响，再对修正的因变量 y 的均值做方差分析。

三、协方差的测定

（一）协方差分析数据形式

协方差分析数据见表 5-22。

表 5-22　协方差分析数据

处理	处理 1		处理 2		…	处理 k	
观测指标	x	y	x	y	…	x	y
观测值	x_{11}	y_{11}	x_{21}	y_{21}	…	x_{k1}	y_{k1}
	x_{12}	y_{12}	x_{22}	y_{22}	…	x_{k2}	y_{k2}
	⋮	⋮	⋮	⋮	⋮	⋮	⋮
	x_{1n}	y_{1n}	x_{2n}	y_{2n}	…	x_{kn}	y_{kn}
总和	$\sum x_1$	$\sum y_1$	$\sum x_2$	$\sum y_2$	…	$\sum x_k$	$\sum y_k$
平均数	$\bar{x}_1$	$\bar{y}_1$	$\bar{x}_2$	$\bar{y}_2$	…	$\bar{x}_k$	$\bar{y}_k$

（二）协方差的测定公式

协方差的测定可以用以下公式来计算：

$$COVxy = SPxy/n$$

式中　$COVxy$——x 变量与 y 变量的协方差；

$SPxy$——x 变量与 y 变量的离差乘积和。

$$SPxy = \sum(x-\bar{x})(y-\bar{y}) = \sum xy - (\sum x)(\sum y)/n$$

★ **任务分享**

【**例 5-4**】某集团公司在分析四个不同成本控制方案实施结果所得资料，见表 5-23（x 为单位产品平均管理费用支出，y 为单位产品平均费用支出）。

表 5-23　协方差分析计算表

处理	传统方案		方案 1		方案 2		方案 3	
观测指标	x	y	x	y	x	y	x	y
观测值	1.50	12.40	1.35	10.20	1.15	10.00	1.20	12.40
	1.85	12.00	1.20	9.40	1.10	10.60	1.00	9.80
	1.35	10.80	1.45	12.20	1.10	10.40	1.15	11.60
	1.45	10.00	1.20	10.30	1.05	9.20	1.10	10.60
	1.40	11.00	1.40	11.30	1.40	13.00	1.00	9.20
	1.45	11.80	1.30	11.40	1.45	13.50	1.45	13.90
	1.50	12.50	1.15	12.80	1.30	13.00	1.35	12.80
	1.55	13.40	1.15	10.90	1.70	14.80	1.15	9.30
	1.40	11.20	1.35	11.60	1.40	12.30	1.10	9.60
	1.50	11.60	1.15	8.50	1.45	13.20	1.20	12.40
	1.60	12.60	1.35	12.20	1.25	12.00	1.05	11.20
	1.70	12.50	1.20	9.30	1.30	12.80	1.10	11.00
总和	18.25	141.80	15.40	130.10	15.65	144.80	13.85	123.80
平均数	1.52	11.82	1.28	10.84	1.30	12.07	1.15	11.15

任务解析：

1. 计算自由度、平方和和乘积和

（1）求 x 变量的自由度和平方和。

① 总自由度与总平方和的计算：

$$df_{T(x)} = kn - 1 = 4 \times 12 - 1 = 47$$

$$C_{T(x)} = \frac{(\sum\sum x_{ij})^2}{nk} = \frac{(18.25 + \cdots + 13.85)^2}{12 \times 4} = 83.08$$

$$SS_{T(x)} = \sum(x_{ij} - \bar{X})^2 = \sum\sum x_{ij}^2 - C_{T(x)} = (1.50^2 + 1.85^2 + \cdots + 1.10^2) - 83.08 = 1.75$$

② 处理间自由度和平方和的计算：

$$df_{A(x)} = k - 1 = 4 - 1 = 3$$

$$SS_{A(x)} = n\sum(\bar{x_{ij}} - \bar{X})^2 = \frac{\sum(\sum x_{ij})^2}{n} - C_{T(x)} = \sum C_{ij} - C_{T(x)}$$

$$= \frac{18.25^2 + \cdots + 13.85^2}{12} - 83.08 = 0.83$$

③处理内自由度和平方和的计算：

$df_{e(x)} = df_{T(x)} - df_{A(x)} = 47 - 3 = 44$

$SS_{e(x)} = SS_{T(x)} - SS_{A(x)} = 1.75 - 0.83 = 0.92$

（2）求 y 变量的自由度和平方和。

①总自由度与总平方和的计算：

$df_{T(y)} = kn - 1 = 4 \times 12 - 1 = 47$

$$C_{T(y)} = \frac{(\sum \sum y_{ij})^2}{nk} = \frac{(141.8 + \cdots + 133.8)^2}{12 \times 4} = 6\,313.54$$

$$SS_{T(y)} = \sum (y_{ij} - \bar{y})^2 = \sum \sum y_{ij}^2 - C_{T(y)} = (12.4^2 + 12.0^2 + \cdots + 11.0^2) - 6\,313.54 = 96.76$$

②处理间自由度和平方和的计算：

$df_{A(y)} = k - 1 = 4 - 1 = 3$

$$SS_{A(y)} = n\sum(\bar{y}_{ij} - \bar{Y}) = \frac{\sum(\sum y_{ij})^2}{n} - C_{T(y)} = \frac{141.8^2 + \cdots + 133.8^2}{12} - 6\,313.54 = 11.68$$

③处理内自由度和平方和的计算：

$df_{e(y)} = df_{T(y)} - df_{A(y)} = 47 - 3 = 44$

$SS_{e(y)} = SS_{T(y)} - SS_{A(y)} = 96.76 - 11.68 = 85.08$

（3）求 x 与 y 变量的自由度和乘积和。

①总自由度与总乘积和的计算：

$df_{T(xy)} = kn - 1 = 4 \times 12 - 1 = 47$

$$C_{T(xy)} = \frac{(\sum x)(\sum y)}{nk} = \frac{63.15 \times 550.5}{12 \times 4} = 724.25$$

$$SP_{T(xy)} = \sum \sum (x - \bar{X})(y - \bar{Y}) = \sum \sum xy - C_{T(xy)}$$
$$= 1.50 \times 12.4 + 1.85 \times 12.0 + \cdots + 1.10 \times 11.0 - 724.25 = 8.25$$

②处理间自由度和乘积和的计算：

$df_{A(xy)} = k - 1 = 4 - 1 = 3$

$$SP_{A(xy)} = \frac{\sum(\sum x)(\sum y)}{kn} - C_{T(xy)} = \frac{18.25 \times 141.8 + \cdots + 13.85 \times 133.8}{4 \times 12} - 724.25$$
$$= 1.64$$

③处理内自由度和乘积和的计算：

$df_{e(xy)} = df_{T(xy)} - df_{A(xy)} = 47 - 3 = 44$

$SP_{e(xy)} = SP_{T(xy)} - SP_{A(xy)} = 8.25 - 1.64 = 6.61$

2. 方差和协方差的计算

（1）计算 x 变量的方差。

$$S^2_{T(x)} = \frac{SS_{T(x)}}{df_{T(x)}} = \frac{1.75}{47} = 0.037$$

$$S^2_{A(x)} = \frac{SS_{A(x)}}{df_{A(x)}} = \frac{0.83}{3} = 0.277$$

$$S^2_{e(x)} = \frac{SS_{e(x)}}{df_{e(x)}} = \frac{0.92}{44} = 0.021$$

（2）计算 y 变量的方差。

$$S^2_{T(y)} = \frac{SS_{T(y)}}{df_{T(y)}} = \frac{6\ 313.54}{47} = 134.33$$

$$S^2_{A(y)} = \frac{SS_{A(y)}}{df_{A(y)}} = \frac{11.68}{3} = 3.89$$

$$S^2_{e(y)} = \frac{SS_{e(y)}}{df_{e(y)}} = \frac{85.08}{44} = 1.93$$

（3）计算 x 变量与 y 变量的协方差。

$$COV_{T(xy)} = SP_{T(xy)} / df_{T(xy)} = \frac{8.25}{47} = 0.176$$

$$COV_{A(xy)} = SP_{A(xy)} / df_{A(xy)} = \frac{1.64}{3} = 0.546$$

$$COV_{e(xy)} = SP_{e(xy)} / df_{e(xy)} = \frac{6.61}{44} = 0.510$$

3. 进行协方差分析的检验

由于协方差分析与回归分析密切相关，人工计算比较麻烦，所以，关于协方差分析的检验原理和方法可以应用 SPSS 软件在计算机上完成，这里不再赘述。

任务六　利用 SPSS 软件进行方差分析

一、利用 SPSS 软件进行单因素方差分析

【例 5-5】资产负债率反映了一个企业的经营风险大小，也反映了企业利用债权人提供的资金从事经营活动的能力。在银保监会公布的有关行业企业资产负债率的数据中，从各行业中随机抽取了 4 家企业，获得的数据资料见表 5-24。

表 5-24　4 个行业的资产负债率　　　　　　　　　　单位：%

电信	房地产	金融证券保险业	社会服务业
56	49	70	68
73	54	75	59
51	51	79	72
46	62	59	81

要求：分析 4 个行业的资产负债率是否存在明显的差异；若存在显著性差异，是哪些行业的资产负债率之间存在差异（$\alpha = 0.05$）。

任务解析：

步骤 1：在变量视图窗口定义变量。此处只需在名称里录入"行业""资产负债率"即可，其他选项暂由系统自动生成。但"行业"属于名义型变量，不能进行数值分析，所以要转化为数值型变量。定义的方法是在"值"选项中设置为："1"代表"电信","2"代表"房地产","3"代表"金融证券保险业","4"代表"社会服务业"。

步骤 2：录入数据，如图 5-2 所示。

	行业	资产负债率(%)
1	1	56
2	1	73
3	1	51
4	1	46
5	2	49
6	2	54
7	2	51
8	2	62
9	3	70
10	3	75

图 5-2 4 个行业的资产负债率

步骤 3：数据录入后，依次选择"分析"→"比较均值"→"单因素 ANOVA"命令。

步骤 4：进入"单因素方差分析"对话框，将"资产负债率"添加到"因变量"列表框中，将"行业"添加到"因子"框中。单击"选项"按钮进入其对话框，勾选"方差同质性检验"复选框。单击"继续"按钮回到主对话框，再单击"确定"按钮，提交系统分析，结果输出，见表 5-25 和表 5-26。

表 5-25 4 个行业资产负债率的方差齐性检验

Levene 统计量	df_1	df_2	显著性
.450	3	12	.722

表 5-26 4 个行业资产负债率的 ANOVA 分析

	平方和	df	均方	F	显著性
组间	928.688	3	309.563	3.768	.041
组内	985.750	12	82.146		
总数	1 914.438	15			

步骤 5：进行多重比较检验。在"单因素方差分析"对话框中，单击"两两比较"按钮进入其对话框，由表 5-26 中的检验结果可知方差齐性，因此选择"假定方差齐性"选项组中的方法，这里只选择 LSD 法来展示。单击"继续"按钮回到主对话框，其他选项默认，再单击"确定"按钮，提交系统分析，结果输出，见表 5-27。

表 5-27　4 个行业资产负债率的（LSD 法）多重比较

i 行业	j 行业	均值差（i-j）	标准误差	显著性	95%置信区间 下限	95%置信区间 上限
1	2	2.500	6.409	.703	-11.46	16.46
1	3	-14.250*	6.409	.046	-28.21	-.29
1	4	-13.500	6.409	.057	-27.46	.46
2	1	-2.500	6.409	.703	-16.46	11.46
2	3	-16.750*	6.409	.023	-30.71	-2.79
2	4	-16.000*	6.409	.028	-29.96	-2.04
3	1	14.250*	6.409	.046	.29	28.21
3	2	16.750*	6.409	.023	2.79	30.71
3	4	.750	6.409	.909	-13.21	14.71
4	1	13.500	6.409	.057	-.46	27.46
4	2	16.000*	6.409	.028	2.04	29.96
4	3	-.750	6.409	.909	-14.71	13.21

*. 均值差的显著性水平为 0.05

二、利用 SPSS 软件进行无交互作用的双因素方差分析

【例 5-6】一家超市连锁店进行了一项研究，以确定超市所在位置和竞争者的数量对销售额是否有显著影响，月销售额数据见表 5-28。

表 5-28　该连锁超市的月销售额数据　　　　　　　　　单位：万元

超市位置	竞争者数量			
	0	1	2	3 个以上
居民小区	60	40	70	80
	30	80	50	40
	50	70	60	60
	50	70	80	50
	40	90	90	50
写字楼	90	70	90	70
	70	90	70	90
	40	120	50	70
	60	130	70	100
	80	80	60	50

要求：分析不同超市位置、不同竞争者数量对月销售额的影响是否存在显著差异，以及超市位置和竞争者数量的交互作用是否对月销售额产生显著影响。

任务解析：

步骤 1：在变量视图窗口定义变量。此处需在名称里录入"超市位置""竞争者数量"

"月销售额",其他选项暂由系统自动生成。为便于 SPSS 软件分析,"超市位置"和"竞争者数量"两个变量需要在"值"选项中进行设置。"超市位置"变量的设置:"1"代表"居民小区","2"代表"写字楼"。"竞争者数量"变量的设置:"1"代表"竞争者数量0","2"代表"竞争者数量1","3"代表"竞争者数量2","4"代表"竞争者数量3个以上"。

步骤2:录入数据,如图5-3所示。

	超市位置	竞争者数量	月销售额
1	1	1	60
2	1	1	30
3	1	1	50
4	1	1	50
5	1	1	40
6	1	2	40
7	1	2	80
8	1	2	70
9	1	2	70
10	1	2	90

图5-3 该连锁超市的月销售额数据

步骤3:数据录入后,依次选择"分析"→"一般线性模型"→"单变量"命令。

步骤4:有交互作用的双因素方差分析。进入"单变量"对话框,将"月销售额"添加到"因变量"框中,把"超市位置""竞争者数量"添加到"固定因子"框中,单击"确定"按钮,系统默认进行有交互作用的双因素方差分析,输出结果见表5-29。

表5-29 有交互作用的双因素方差分析表

来源	SS	df	MS	F	Sig.
校正模型	6 737.500[a]	7	962.500	2.862	.019
截距	194 602.500	1	194 602.500	578.743	.000
超市位置	2 402.500	1	2 402.500	7.145	.012
竞争者数量	3 127.500	3	1 042.500	3.100	.040
超市位置*竞争者数量	1 207.500	3	402.500	1.197	.327
误差	10 760.000	32	336.250		
总计	212 100.000	40			
校正的总计	17 497.500	39			

a. R 方 = .385(调整 R 方 = .251)

步骤5:由表5-29的分析结果可知超市位置和竞争者数量的交互作用对月销售额的影响不显著,因此需进行无交互作用的双因素方差分析。进入"单变量"对话框,单击"模型"按钮进入其对话框,在"指定模型"选项组中选择"设定"选项。在"因子与协变量"框中把"超市位置"和"竞争者数量"添加到"模型"框中,在"类型"下拉列表框中选择

"所有二阶"。单击"继续"按钮回到主对话框，再单击"确定"按钮，无交互作用的双因素方差分析完成，输出结果，见表5-30。

表5-30 无交互作用的双因素方差分析

来源	SS	df	MS	F	Sig.
校正模型	5 530.000[a]	4	1 382.500	4.043	.008
截距	194 602.500	1	194 602.500	569.132	.000
超市位置	2 402.500	1	2 402.500	7.026	.012
竞争者数量	3 127.500	3	1 042.500	3.049	.041
误差	11 967.500	35	341.929		
总计	212 100.000	40			
校正的总计	17 497.500	39			

a. R 方 = .316（调整 R 方 = .238）

三、利用 SPSS 软件进行协方差分析

【例5-7】某健康测试中心在了解成年人体重正常者与超重者的血清胆固醇是否有差异时，共收集了26个个案数据，数据包括"体重组""年龄""胆固醇"三个变量，见表5-31。要求分析：将年龄作为协变量，再分析体重正常者与超重者对胆固醇的影响是否有所不同。

表5-31 两种不同体重者的胆固醇数据　　　　　　　　单位：mmol/L

体重组	年龄	胆固醇	体重组	年龄	胆固醇
正常者	48	3.5	超重者	58	7.3
正常者	33	4.6	超重者	41	4.7
正常者	51	5.8	超重者	71	8.4
正常者	43	5.8	超重者	76	8.8
正常者	44	4.9	超重者	49	5.1
正常者	63	8.7	超重者	33	4.9
正常者	49	3.5	超重者	54	6.7
正常者	42	5.5	超重者	65	6.4
正常者	40	4.9	超重者	39	6.0
正常者	47	5.1	超重者	52	7.5
正常者	41	4.1	超重者	45	6.4
正常者	41	4.6	超重者	58	6.8
正常者	56	5.1	超重者	67	9.2

任务解析：

步骤1：录入数据。

步骤2：检查回归斜率是否相等：

(1) 数据录入后,依次选择"分析"→"一般线性模型"→"单变量"命令。

(2) 进入"单变量"对话框,在左侧变量列表中选择"胆固醇"作为因变量,并将其移入"因变量"框中;然后选择"体重组"作为自变量,将其移入"固定因子"框中,再选择"年龄"作为协变量,将其移入"协变量"框中。

(3) 确定分析模型。单击"模型"按钮,进入"单变量:模型"对话框,选中"设定"选项后,从左侧的变量列表中选择"体重组",单击右向箭头将其移入"模型"框中。同样的方法将变量列表中的"年龄"移入"模型"框中。最后在变量列表中同时选中"体重组"和"年龄",再单击右向箭头,"模型"框中会出现"体重组*年龄"字样。单击"继续"按钮回到主对话框中,最后单击"确定"按钮,提交系统运行,主要输出结果见表5-32。

表 5-32 方差分析表

来源	SS	df	MS	F	Sig.
修正模型	43.002[a]	3	14.334	14.988	.000
截距	1.202	1	1.202	1.257	.274
体重组	.247	1	.247	.259	.616
年龄	19.053	1	19.053	19.922	.000
体重组*年龄	.006	1	.006	.007	.935
误差	21.040	22	.956		
总计	980.940	26			
修正后总计	64.042	25			

a. R 方 =.671(调整后 R 方 =.627)

步骤3:协方差分析:

(1) 打开数据,依次选择"分析"→"一般线性模型"→"单变量"命令。

(2) 首先进入"单变量"对话框,在左侧变量列表中选择"胆固醇"作为因变量,并将其移入"因变量"框中;然后选择"体重组"作为自变量,将其移入"固定因子"框中,再选择"年龄"作为协变量,将其移入"协变量"框中。

(3) 首先在主对话框中单击"选项"按钮,进入"单变量:选项"对话框,从左侧框中选择"体重组"将其移入"显示均值"框中;其次勾选"比较主效应"复选框,在"置信区间调节"下拉菜单中选择"LSD";然后选择输出结果部分,勾选"描述统计"和"方差齐性检验"复选框;最后单击"继续"按钮回到主对话框。

(4) 指定模型形式。在主对话框中单击"模型"按钮进入其对话框,选中"全因子"选项,其他默认设置,单击"继续"按钮回到主对话框,最后单击"确定"按钮,提交系统分析,主要输出结果见表5-33至表5-36。

表 5-33 误差方差等同性的 Levene 检验[a]

F	df_1	df_2	显著性
.818	1	24	.375

检验"各个组中的因变量误差方差相等"这一原假设。

a. 设计:截距 + 年龄 + 体重组

表 5-34　主体间效应检验

来源	SS	df	MS	F	Sig.
修正模型	42.995[a]	2	21.498	23.493	.000
截距	1.527	1	1.527	1.668	.209
年龄	24.380	1	24.380	26.642	.000
体重组	4.458	1	4.458	4.872	.038
误差	21.047	23	.915		
总计	980.940	26			
修正后总计	64.042	25			

a. R 方 = .671（调整后 R 方 = .643）

表 5-35　调整后的平均值估计

体重组	平均值	标准误差	95%置信区间	
			下限	上限
正常者	5.491[a]	.276	4.919	6.062
超重者	6.386[a]	.276	5.815	6.958

a. 按下列值对模型中出现的协变量进行求值：年龄 = 50.23

表 5-36　成对比较

i 体重组	j 体重组	平均值差值 (i−j)	标准误差	显著性[b]	差值的95%置信区间[b]	
					下限	上限
正常者	超重者	−.895*	.406	.038	−1.735	−.056
超重者	正常者	.895*	.406	.038	.056	1.735

基于估算边际平均值：

*. 平均值差值的显著性水平为 .05。

b. 多重比较调节：最低显著差异法（相当于不进行调整）

分析结果说明：

表 5-32 是组内回归斜率相同假设的检验结果，体重与年龄的交互效应检验的 F 值为 0.007，概率值为 0.935（大于 0.05），没有达到显著性水平，表明三组的回归斜率相同，即各组的回归线为平行线，符合协方差分析的回归斜率相同的条件。这一结果表明，下面进行协方差分析的结果是有效的。

由表 5-33 可知，F 值为 0.818，概率值 p 为 0.375（大于 0.05），说明不同体重组之间的胆固醇的方差基本相同，因此下面加入协变量"年龄"之后的方差分析结果是有效的。

由表 5-34 可知，协变量"年龄"的概率值 $p = 0.000 < 0.05$，说明"年龄"能显著地预示"胆固醇"，即对胆固醇产生了显著的影响。

表 5-35 是考虑了协变量"年龄"加以调整后的各组胆固醇的平均值,由表可知正常组的平均胆固醇为 5.491,超重组的平均胆固醇为 6.386。两组均值差的显著性水平为 0.038(小于 0.05),说明两者的均值有差异,并且从均值差的正负可知,超重组的胆固醇要显著高于正常组的胆固醇。

知识自测

一、单项选择题

1. 方差分析的作用在于（　　）。
   A. 可以检验多因素之间的差异程度
   B. 可以检验多因素、多水平之间的差异程度
   C. 可以检验两个变量之间的差异程度
   D. 可以检验多个变量之间的差异程度
2. 方差分析的意义在于（　　）。
   A. 因变因素的误差在自变因素的误差中的比重
   B. 自变因素的误差在因变因素的误差中的比重
   C. 因变因素的误差在总误差中的比重
   D. 自变因素的误差在总误差中的比重
3. 多重比较的作用在于（　　）。
   A. 可用于因素与水平之间差异程度的两两比较
   B. 可用于各因素效应差异程度的两两比较
   C. 可用于各因素间差异程度的两两比较
   D. 可用于各水平间差异程度的两两比较
4. 在方差分析中,所要检验的对象称为因素,因素的不同表现称为（　　）。
   A. 因素　　　　　B. 方差　　　　　C. 处理　　　　　D. 水平
5. 在方差分析中,数据资料的误差用平方和来表示,其中反映一个样本中各观察值误差大小的平方和是（　　）。
   A. 组间平方和　　　　　　　　　　B. 组内平方和
   C. 水平项平方和　　　　　　　　　D. 总平方和
6. 在方差分析中,数据资料的误差是用平方和表示的,其中反映各个样本平均值之间误差大小的平方和是（　　）。
   A. 误差平方和　　　　　　　　　　B. 组内平方和
   C. 组间平方和　　　　　　　　　　D. 总平方和
7. 在方差分析中,数据资料的误差用平方和来表示,其中组间平方和反映了（　　）。
   A. 随机误差的大小　　　　　　　　B. 系统误差的大小
   C. 随机误差和系统误差的大小　　　D. 全部数据方差的大小
8. 在方差分析中,数据资料的误差用平方和来表示,其中组内平方和反映了（　　）。
   A. 随机误差的大小　　　　　　　　B. 系统误差的大小
   C. 随机误差和系统误差的大小　　　D. 全部数据方差的大小

9. 在方差分析中,数据资料的误差用平方和来表示,其中总平方和反映了(   )。
   A. 一个样本观察值之间误差的大小　　B. 全部观察值误差的大小
   C. 各个样本平均值之间误差的大小　　D. 各个样本方差之间误差的大小
10. 在方差分析中,组间自由度的计算是(   )。
    A. 处理数减一　　　　　　　　　　B. 全部观察值个数减一
    C. 全部观察值个数减处理数　　　　D. 处理内观察值个数减一
11. 在方差分析中,组内自由度的计算是(   )。
    A. 处理数减一　　　　　　　　　　B. 全部观察值个数减一
    C. 全部观察值个数减处理数　　　　D. 处理内观察值个数减一
12. 在方差分析中,总自由度的计算是(   )。
    A. 处理数减一　　　　　　　　　　B. 全部观察值个数减一
    C. 全部观察值个数减处理数　　　　D. 处理内观察值个数减一

二、多项选择题

1. 以下属于方差分析内容的有(   )。
   A. 一个因素多个水平的差异程度分析　　B. 多个因素多个水平的差异程度分析
   C. 多个因素单个水平的差异程度分析　　D. 多个因素交互作用的差异程度分析
   E. 多个水平交互作用的差异程度分析
2. 有交互作用的二因素方差分析时所要分析的误差有(   )。
   A. 随机误差　　　　　　　　　　　　B. 两个因素的各自处理误差
   C. 总误差　　　　　　　　　　　　　D. 交互作用误差
   E. 自变因素和因变因素的误差
3. 协方差分析的方法是一种(   )。
   A. 带有协变量的方差分析方法
   B. 有交互作用的方差分析方法
   C. 将回归分析与方差分析结合使用的分析方法
   D. 无交互作用的方差分析方法
   E. 扣除协变量的影响的方差分析方法

三、简答题

1. 什么是方差分析?
2. 方差分析时误差是如何分解的?各类误差的意义是什么?
3. 多重比较的作用是什么?
4. 协方差的作用是什么?

技能训练

1. 现有某金融企业在分析 4 种投资方案的效益时,得到表 5-37 所示资料。

表 5-37　某金融企业四种投资方案的效益

投资方案	效益
A	35　38　41　36　39

续表

投资方案	效益
B	42 40 43 39 41
C	37 39 36 42 41
E	43 45 39 46 42

试分析 4 种投资方案的效益有无差异。

2. 某公司在分析 4 个品牌（A）的产品在不同地区（B）的销售量时得到表 5-38 所示的资料。

表 5-38　某公司 4 个品牌在不同地区的销售量

品牌（A）＼地区（B）	B_1	B_2	B_3	B_4
A_1	80	90	75	85
A_2	70	98	70	90
A_3	75	86	66	82
A_4	68	75	59	66

试分析 4 个品牌（A）的产品在不同地区（B）的销售量有无差异。

项目六

相关分析与回归分析

★ 应达目标

知识目标
1. 了解现象之间关系的类型；
2. 理解相关系数的含义与作用；
3. 理解回归方程的应用意义和预测方法；
4. 掌握一元回归和多元性回归的理论和分析方法。

技能目标
1. 能在实践中依据实际资料进行现象之间的相关分析；
2. 能在实践工作中利用回归分析的结果进行预测，并使预测结果服务于实践工作；
3. 能在实践工作中利用 SPSS 软件进行相关分析与回归分析。

任务一　认识经济现象之间的关系

★ 任务导入

在自然界或现实生活中很多的现象或事物之间有着紧密联系，它们相互依赖，相互促进，相互制约。在社会经济管理工作中，我们经常会发现一个现象随着另一个现象的变化而变化，如当产品销售总量增加时，销售总成本也在相应增加，而单位产品的销售成本则会相应减少；而有些现象之间的关系却不是那么紧密，如产品销售量与原材料消耗之间就不具有明显的关系；还有些现象之间的关系却更加复杂，一个现象的变动同时要受几个因素变动的影响，如产品总成本的变动同时受产品总量、单位产品耗材量和原材料价格三个因素变动的影响。可见，现象与现象之间关系的复杂性，使我们有必要对现象之间的关系进行深入了解和研究。

★知识共享

一、现象之间关系的基本形式

社会经济现象之间的相互关系通常可分为函数关系和相关关系两种类型。

1. 函数关系

设有两个变量 x 和 y，变量 y 随着变量 x 变动而变动，当变量 x 取某一个数值时，相应的变量 y 的数值也确定，y 完全依赖于 x 的变化而变化，则称 y 是 x 的函数，记为 $y=f(x)$，其中 y 是因变量，x 是自变量。它们表现出来的关系也就称为函数关系。例如，设某工厂的一种产品的销售额为 y，销售量为 x，销售价格为 p，则销售额与销售量之间的关系就可用 $y=px$ 来表示。在销售价格不变时，销售额完全由销售量决定，销售额与销售量之间的关系就是函数关系。又如企业的原材料消耗额 y 与产量（x_1）、单位产品消耗（x_2）、原材料价格（x_3）之间的关系可用 $y=x_1 x_2 x_3$ 来表示，原材料消耗额与产量、单位产品消耗、原材料价格之间也是一种确定的函数关系。很明显，函数关系是一种一一对应的关系，这种关系在经济生活中广泛存在。

2. 相关关系

在现实生活中，并非所有关系都是一一对应的，例如儿女的身高与父母的身高之间的关系，学生的学习时间与其成绩之间的关系，一定条件下化肥的施用量与农作物产量之间的关系，这些现象与现象之间的关系是确实存在但又不完全确定的一种关系，即相关关系。相关关系不能用一个确定的关系式表达出来，其中一个现象的变化与另一个现象的变化并非一一对应。理解相关关系要注意两点：第一，现象之间确实存在数量上的依存关系。当一个现象发生数量上的变化时，另一个现象通常也会发生改变，如随着银行存款利率的提高，居民存款的金额一般也会相应地提高。随着一般生活用品价格的提高，消费者对该商品的购买量通常会相应地减少。第二，现象之间关系的表现值不是确定的。在两个相关的现象中，若一个现象的表现值增加一倍时，另一个现象的表现值通常也会增加，但不会也刚好增加一倍。如某企业的电视广告费用增加一倍时，其广告效应不可能刚好也增加一倍，因为电视广告效应除了受广告费用影响外，还要受收视率、产品购买能力、产品购买欲望以及其他一些难以控制的偶然因素的共同影响，所以，广告效应与广告费用不可能同步增长。

3. 函数关系与相关关系的区别与联系

函数关系与相关关系的区别在于函数关系是一一对应的，是确定的，而相关关系是不确定的。函数关系与相关关系之间也存在着联系，一方面，由于观察、测量会产生误差，函数关系在确定之前，在实际中通常通过相关关系表现出来。另一方面，在研究相关关系时，通常需要使用函数关系的形式来表示，以便找到相关关系的一般数量表现形式，从而能够更好地去分析问题。因此，在某种特定的情况下，相关关系可能转变成函数关系。

二、相关关系的种类

相关关系在社会现象中的表现形态各异，依据的标准不同，则形式也不同。

1. 依据相关变量变动方向划分

相关关系依据相关变量变动方向划分，可分为正相关和负相关。对于两个相关的变量，一个变量随着另一变量的增加（减少）而增加（减少），就称这两个同方向变化的变量为正相关。相反，若相关的两个变量变化是不同方向（反方向），则称为负相关。

2. 依据表现形态划分

相关关系依据表现形态划分，可分为线性相关和非线性相关。对于两个相关的变量，将它们不同的相关数值组合在直角坐标系中用点表示出来，如果这些点在坐标系中的排列近似地表现为一条直线，则称这两个变量线性相关。如果表现出来的是近似的曲线，如抛物线、双曲线、指数曲线等，则称这两个变量非线性相关。

3. 依据涉及变量多少划分

相关关系依据涉及变量多少划分，可分为单相关和复相关。在统计实践中，相关关系所涉及的变量是不同的，只涉及两个变量（一个因变量和一个自变量）的相关关系叫作单相关，若涉及的变量在三个（一个因变量和两个自变量）或三个以上（一个因变量和多个自变量），则称为复相关，也叫多元相关。

4. 依据变量之间相关程度不同划分

相关关系依据变量之间相关程度不同划分，可分为完全相关、不完全相关和零相关。在两个相关变量中，一个变量的数量变化完全由另一个变量的数量变化所确定，则称这两个变量为完全相关（此时，相关关系就是函数关系，可以用一定的数学表达式表示出来）。如果两个变量彼此互不影响，其数量变化各自独立，则这两个变量为零相关。介于这两者之间的相关称为不完全相关。现实生活中不完全相关关系最多，是统计分析的主要研究对象。

任务二　简单相关分析与应用

★任务导入

在社会生活和经济工作中，我们会发现可以通过现象间的关系分析，进一步了解现象之间关系的形式和密切程度，并为有关的决策提供参考。例如，在城市化建设过程中，城市住宅价格的差异，除了区域位置的因素外，城市的发展水平对城市住宅价格的影响是巨大的，区域条件相差不大的城市，住宅价格的差异主要是由于城市的发展水平不一致造成的。通过对城市化与城市住宅价格的关系分析，可以为城市化政策和建立合理的区域城市体系提供必要的参考。又如，一家从事基础设施建设、国家重点项目建设、固定资产投资等项目贷款的大型银行，随着贷款规模的扩大，其不良贷款比例也相应地提高，给银行自身的发展带来了比较大的压力。为了了解不良贷款形成的原因，该银行收集了所属30个分行的不良贷款与贷款余额、应收贷款、贷款项目数、固定资产投资额等业务数据，通过对这些数据进行分析，了解它们之间是否有关系，如果有关系，其相关性和密切程度如何。这就要用到相关分析。

★知识共享

一、相关分析的含义

相关分析是指根据实际观察值或实验取得的数据资料，来研究有关现象之间相互依存关系的形式和密切程度的统计分析方法。相关分析的主要任务在于针对实际观察值或实验取得的数据资料，分析它们的不同表现形式以及它们之间的关系，用一定的数学表达式来反映这种关系。相关分析的主要内容有：①确定现象之间有无关系。这是相关分析和回归分析的起点。只有存在相互依存关系，才有必要进行进一步分析。②确定相关关系的表现形式。也就是根据相关关系的表现形式来确定分析方法。③测定相关关系的密切程度和方向。相关分析就是从不确定、不明确的数量关系中，找到相关现象之间数量上的密切程度和变动方向。

二、相关关系的描述

在分析现象之间的关系时，相关关系的存在性与其表现形态可以通过相关表、相关图和相关系数来描述。其中，相关表和相关图能直观地呈现出现象之间的关系形式，而相关系数则进一步描述相关的密切程度。

（一）相关表

相关表是在统计调查的基础上，将一系列成对的标志值列举而成的一种统计表，用表格的形式体现相关关系是相关分析的基本方法之一。相关表包括简单相关表和分组相关表两种形式。

1. 简单相关表

简单相关表是指资料未经分组的相关表。它是把因素标志值（变量值）按照一定顺序一一对应平行排列起来的统计表。简单相关表是客观现象标志之间相关研究初步结果的表现形式之一。

2. 分组相关表

分组相关表是在简单相关表的基础上，将原始数据进行分组，从而编制成的统计表。根据分组情况不同，分组相关表通常有单变量分组相关表和双变量分组相关表两种形式。

（1）单变量分组相关表。单变量分组相关表是指在有相关关系的两个变量中，只对一个变量进行分组，对另一个变量不进行分组，并只计算出次数和平均数的一种相关表，这种相关表在变量的依存关系分析中用得较多。

（2）双变量分组相关表。双变量分组相关表是指两个变量都按一定的顺序同时进行分组所制成的相关表。其编制步骤是：首先，分别确定两个变量的数组；其次，按两个变量的数组设计表格；最后，计算各组次数置于相对应的表格位置之中。双变量分组相关表要设置两个合计栏，分别表明各变量分组的次数分布状况。制作双变量分组相关表，要把自变量放在横行，其变量值从小到大自左至右排列；因变量放在纵行，其变量值从大到小自上至下排列，如此安排的目的是使相关表和相关图的形式取得一致，能直观地看出两个变量之间相关的方向。

（二）相关图

相关图的基本形式是散点图。用坐标系的横轴代表自变量 x，用坐标系的纵轴代表因变量 y，由不同的 x 和不同的 y 形成的每一组数据在坐标系中用不同的点来表示，这些点就是散点，由这些散点和坐标系所组成的二维数据图就叫作散点图。散点图能描述两个变量之间的大致关系，从中可以直观地看出两个变量之间关系的大体形态和密切程度。在相关分析的实践中，反映现象之间关系的常见散点图形式如图 6-1 所示。

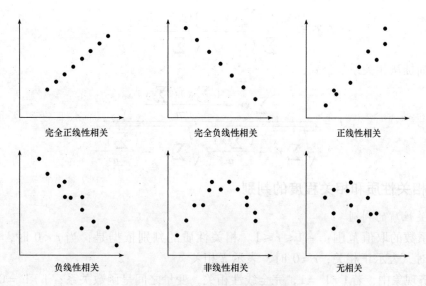

图 6-1　现象之间相关关系示意图

（三）相关系数

根据相关表和散点图可以使得相关关系更加直观，然而要想看出相关关系的强弱（相关关系的密切程度），通常采用的是相关系数。

相关系数是指对变量之间关系密切程度进行度量的一种指标。其定义公式为

$$r = \frac{\sigma_{xy}^2}{\sigma_x \sigma_y}$$

式中　r——相关系数；

　　　σ_{xy}^2——两个变量之间的协方差；

　　　σ_x——x 变量的标准差；

　　　σ_y——y 变量的标准差。

如果是以样本资料来计算的话，则相关系数的计算公式可写为

$$r = \frac{s_{xy}^2}{s_x s_y}$$

其中：

$$s_{xy}^2 = \frac{\sum (x - \bar{x})(y - \bar{y})}{n}$$

$$s_x = \sqrt{\frac{\sum (x - \bar{x})^2}{n}}$$

$$s_y = \sqrt{\frac{\sum (y - \bar{y})^2}{n}}$$

根据前面的讨论，相关系数的应用公式可以有：

(1) 积差法相关系数公式：

$$r = \frac{\sum (x - \bar{x})(y - \bar{y})}{\sqrt{\sum (x - \bar{x})^2} \sqrt{\sum (y - \bar{y})^2}}$$

(2) 简捷法相关系数公式:

$$r = \frac{\sum xy - \frac{(\sum x)(\sum y)}{n}}{\sqrt{\sum x^2 - \frac{(\sum x)^2}{n}} \sqrt{\sum y^2 - \frac{(\sum y)^2}{n}}}$$

三、相关性质和相关程度的判别

1. 相关性质的判别

相关系数的取值范围: $-1 \leq r \leq 1$。相关性质的判别依据是: 当 $r<0$ 时,表示负相关; $r>0$ 时,表示正相关; $r=0$ 时,表示无相关。

在经济现象中,若 $|r|=1$,完全线性相关,变量之间呈函数关系; $|r|=0$,变量之间无线性相关关系,但有可能有非线性相关关系。

2. 相关程度的判别

相关系数 r 是表示现象之间相关程度的统计指标, r 的绝对值越大,表明现象的相关关系越强,否则,表明相关关系越弱。相关密切程度一般判断标准为:

(1) $0<|r|<0.3$,微弱相关;
(2) $0.3 \leq |r| <0.5$,低度相关;
(3) $0.5 \leq |r| <0.8$,中度相关;
(4) $0.8 \leq |r| <1$,高度相关。

★任务分享

【例 6-1】某企业 9 个下属分公司的产品产量和生产成本资料统计结果见表 6-1,试根据本资料编制相关表。

表 6-1 某企业下属分公司的产品产量和生产成本资料统计表

分公司	产品产量	生产成本
A	1.2	62
B	5.0	115
C	2.0	82
D	3.1	80
E	4.0	110
F	6.1	132
G	7.2	135
H	8.0	160
I	4.0	112
合计	40.6	988

任务解析：该资料数据比较少，而且比较简单，适合编制简单相关表，但不适合绘制相关图。根据简单相关表编制要求，这里只要将产品产量由小到大进行排序，然后标注出对应的生产成本就可以了，编制的简单相关表见表6-2。

表6-2　某企业下属分公司的产品产量和生产成本简单相关表

序号	产品产量	生产成本
1	1.2	62
2	2.0	82
3	3.1	80
4	4.0	110
5	4.0	112
6	5.0	115
7	6.1	132
8	7.2	135
9	8.0	160
合计	40.6	988

从表6-2中可以看出，虽然产品产量和生产成本之间的关系不是非常严格，但随着产品产量的增加，生产成本大体上还是逐步增加的，其表现形态具有直线相关趋势。

【例6-2】某集团公司下属30个分公司的产品产量和单位成本资料统计结果见表6-3，试根据本资料编制产品产量和平均单位成本相关表。

表6-3　某集团公司下属分公司的产品产量和单位成本资料统计表

产量/件	20	30	20	20	40	30	80	80	50	40	30	20	80	50	40
单位成本/元	18	16	16	18	16	15	15	14	15	15	16	18	14	14	15
产量/件	20	50	20	30	30	20	50	40	20	80	40	20	50	50	80
单位成本/元	16	16	18	16	15	15	14	14	14	15	16	18	15	14	14

任务解析：该资料数据比较多，比较适合编制分组相关表。根据任务要求，首先要进行分组，计算出各组的平均单位成本后，再编制单变量分组相关表（见表6-4）。

表6-4　某集团公司下属分公司的产品产量和单位成本单变量分组相关表

产量/件	企业数量/个	平均单位成本/元
20	9	15.9
30	5	15.6
40	5	15.0
50	6	14.6
80	5	14.3

从表6-4中可以看出，随着产量的增加，平均单位成本逐渐降低，这两者呈负相关关

系,且随着产量以一定的幅度增加,单位成本减少的幅度越来越小,其表现形态是曲线。

【例6-3】 现以表6-3所给出的某集团公司下属30个分公司的产品产量和平均单位成本资料统计结果为例,试用该资料编制双变量分组相关表。

任务解析:该资料数据比较多,比较适合编制分组相关表。按照任务要求,编制双变量分组相关表,要对产品产量和平均单位成本两个变量值分别分组,设计一个5×4的统计表,编制结果见表6-5。

表6-5 某集团公司下属分公司的产品产量和单位成本双变量分组相关表

平均单位成本/元	产量/件					合计
	20	30	40	50	80	
18	4	—	—	—	—	4
16	4	3	1	1	—	9
15	1	2	3	3	1	10
14	—	—	1	2	4	7
合计	9	5	5	6	5	30

从表6-5中明显可以看出,单位成本集中在左上角到右下角斜线上,这就表示产品产量与单位成本负相关。

【例6-4】 现以表6-1所给出的某公司下属公司的产品产量和生产成本资料为例,绘制产量和生产成本相关图(散点图)。

任务解析:根据相关图绘制要求,这里要以产量为横轴,以生产成本为纵轴,绘制出产品产量和生产成本相关图,如图6-2所示。

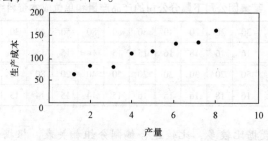

图6-2 某企业下属分公司的产品产量和生产成本的关系示意图

从图6-2中很容易看出,各个点虽然不在同一条直线上,但是,它们有在同一条直线上的趋势,产量与生产成本呈正线性相关关系。

【例6-5】 现以表6-1某企业下属分公司的产品产量和生产成本的数据资料为例进行相关分析,确认产品产量和生产成本之间有无关系,如果有关系又属于什么性质的关系。

任务解析:从表6-1和图6-2中可以看出,该公司产品产量和生产成本之间具有相关性,且成正相关,但是它不能反映出产量和生产成本之间的密切程度,若要进一步分析就需要计算相关系数。由于计算相关系数公式有积差法公式和简捷法公式,为了便于比较可以分别用两种方法进行计算。

第一种:应用积差法公式进行相关分析。

(1) 列相关分析计算表（见表6-6）：

设：x 代表产量，y 代表生产成本。

表6-6 相关系数积差法计算表

序号	x	y	$(x-\bar{x})$	$(x-\bar{x})^2$	$(y-\bar{y})$	$(y-\bar{y})^2$	$(x-\bar{x})(y-\bar{y})$
1	1.2	62	-3.31	10.96	-47.78	2 282.930 0	158.15
2	2.0	82	-2.51	6.30	-27.78	771.730 0	69.73
3	3.1	80	-1.41	1.99	-29.78	886.850 0	41.99
4	4.0	110	-0.51	0.26	0.22	0.048 4	-0.11
5	4.0	112	-0.51	0.26	2.22	4.930 0	-1.13
6	5.0	115	0.49	0.24	5.22	27.250 0	2.56
7	6.1	132	1.59	2.53	22.22	493.730 0	35.33
8	7.2	135	2.69	7.24	25.22	636.050 0	67.84
9	8.0	160	3.49	12.20	50.22	2 522.050 0	175.27
合计	40.6	988	—	41.98	—	7 625.570 0	549.63

$$\bar{x} = \frac{\sum x}{n} = 40.6 \div 9 = 4.51$$

$$\bar{y} = \frac{\sum y}{n} = 988 \div 9 = 109.78$$

(2) 计算相关系数：

$$r = \frac{\sum(x-\bar{x})(y-\bar{y})}{\sqrt{\sum(x-\bar{x})^2}\sqrt{\sum(y-\bar{y})^2}} = \frac{549.63}{\sqrt{41.98 \times 7\,625.57}} = 0.97$$

(3) 分析与结论：相关系数为0.97说明生产成本与产品产量之间高度正相关，生产成本随着产品产量的增加而增加。

第二种：应用简捷法公式进行相关分析。

(1) 列相关分析计算表（见表6-7）：

设：x 代表产量，y 代表生产成本。

表6-7 相关系数简捷法计算表

序号	y	x^2	y^2	xy
1	62	1.44	3 844	74.4
2	82	4.00	6 724	164.0
3	80	9.61	6 400	248.0
4	110	16.00	12 100	440.0
5	112	16.00	12 544	448.0
6	115	25.00	13 225	575.0

续表

序号	y	x^2	y^2	xy
7	132	37.21	17 424	805.2
8	135	51.84	18 225	972.0
9	160	64.00	25 600	1 280.0
合计	988	225.10	116 086	5 006.6

（2）计算相关系数：

$$r = \frac{\sum xy - \frac{(\sum x)(\sum y)}{n}}{\sqrt{\sum x^2 - \frac{(\sum x)^2}{n}} \sqrt{\sum y^2 - \frac{(\sum y)^2}{n}}} = \frac{5\ 006.6 - \frac{40.6 \times 988}{9}}{\sqrt{225.1 - \frac{40.6^2}{9}} \sqrt{116\ 086 - \frac{988^2}{9}}} = 0.97$$

（3）分析与结论：与积差法完全相同，此略。

任务三　一元回归分析与应用

★任务导入

孟山都公司是美国一家生产和销售畜禽饲料添加剂的跨国生物技术公司。该公司为了生产出最优的家禽饲料，并使得鸡肉价格与其他牲畜肉价格具有相对优势，运用回归分析对肉鸡体重（用 y 表示）与饲料中添加的蛋氨酸添加量（用 x 表示）之间的关系进行探究，目的是要在给定的饲料消化水平下，以最理想的饲料成分促进肉鸡快速生长。最初，孟山都公司建立的是直线估计方程（$y = 0.21 + 0.42x$）。这个方程说明肉鸡增重与蛋氨酸添加量的具体关系为：当饲料中的添加剂每增加 1 单位，则肉鸡体重增加 0.42 单位。这个结论就是用回归分析所得出的结果（也就是回归分析所要解决的类似问题）。

★知识共享

一、什么是回归现象

"回归"一词是由英国生物学家 F. 葛尔登首先提出的，他在对遗传学的研究中发现，有着高个双亲的子女和具有矮个双亲的子女，他们的身高均表现出有向一般人平均身高回归的趋势。他在这一研究中建立的数学公式被叫作回归方程式。回归方程式是通过回归分析得出的，回归分析就是指将两个或两个以上的变量之间的紧密的相关关系，利用变量的一些样本数据模拟出一个数学关系式，并据此用一个或几个变量的取值去估计另一个变量的取值的统计分析方法。

回归有不同的类别，根据参与回归的变量个数不同，回归有一元回归和多元回归之分，一元回归就是指只有一个因变量和一个自变量的回归，也叫简单回归；多元回归则是含有两个或两个以上的自变量和一个因变量的回归，也叫复回归。根据回归方程的表现形态分类，则有线性回归和非线性回归之分，线性回归也叫直线回归，非线性回归也叫曲线回归。其中，简单线性回归是最基本的。

二、回归分析的含义

统计学中的回归分析就是研究经济现象在数量表现上的因果关系。表示原因的变量称为自变量，表示结果的变量称为因变量。研究"一因一果"的回归分析称为一元回归分析，研究"多因一果"的回归分析称为多元回归分析。回归分析的任务是明确呈因果关系的相关变量之间的联系形式，建立相应的回归方程，利用所建立的回归方程，由自变量来预测、控制因变量的结果。

简单来讲，回归分析是在相关分析的基础上，分析现象之间的数量变化规律，并通过一定的数学表达式描述它们之间的关系，进而确定一个现象或几个现象的变化对另一个相关现象的影响程度。相关分析和回归分析相互补充，密切联系，且表现在两个方面：①相关分析是回归分析的基础和前提。②回归分析是相关分析的深入和继续。也就是说，相关分析需要回归分析来表明现象数量关系的具体形式，而回归分析则是建立在相关分析的基础之上的。它们也有一定的区别：第一，回归分析是研究两个变量之间的因果关系。所以首先应该通过定性分析来确定哪些是因变量，哪些是自变量，否则可能没有意义。而相关分析只要求变量存在相关关系，不需考虑它们之间是什么关系。一般而言，回归现象中的变量一定相关，但是，相关的两个变量不一定就有回归现象。第二，回归分析主要是从一组样本数据出发，确定出变量之间的数学关系式，并对这些关系式的可靠程度进行检验，同时通过关系式确定影响因变量的主、次因素，并利用关系式进行估计和预测。而相关分析则主要是对两个变量之间关系的描述，并通过相关系数对变量之间关系的密切程度进行检验。第三，回归分析中因变量是随机变量，而自变量则不是（可控变量，是给定的变量）；相关分析中变量都是随机的（也可以"一个是随机的，另一个是非随机的"）。

三、回归方程

1. 回归方程的建立

当两个变量之间存在密切的相关关系时，可以根据定性分析，确定自变量（x）和因变量（y）后，再进行回归分析。一元线性回归分析是用来研究一个自变量和一个因变量之间的线性关系的。如果两个变量之间完全线性相关，则通常用方程式 $y = a + bx$ 来表示。但在现实社会经济中，很多变量之间的关系并不一定完全线性相关或其表现形式并非线性相关。如果通过散点图来说明，则已知的数据表示的坐标点并不是在一条直线上，而是围绕着某一条直线上下浮动。这也说明了因变量不一定只受某一自变量的影响，还可能受其他因素的影响，所以通常用以下方程式来表示一元线性回归方程的模型：

$$y = a + bx + \varepsilon$$

式中　a、b——模型的参数；

　　　ε——随机误差项。

在统计学中，通常假定误差项的期望值（平均值）为 0，对于所有的 x 值，误差项的方差相同，误差为随机变量，且服从正态分布或近似正态分布。由于误差项的平均值为 0，则

可得到一元线性理论回归方程式为

$$\bar{y} = a + bx \quad 或 \quad E(y) = a + bx$$

在回归方程中，如果已知 a 和 b 的值，则很容易根据 x 的值计算 y 的平均值，但通常情况下 a 和 b 的值是未知的，一元回归分析的基本任务就是利用有限的样本对参数 a 和 b 做出合理的估计。利用样本数据估计出的一元线性回归方程通常可用以下方程式表示：

$$y_c = a + bx$$

方程式的图示是一条直线，式中 y_c 是利用样本得到的 y 的估计值；a 和 b 是样本统计量，a 是估计出的回归直线在 y 轴上的截距，b 是回归系数，是当 x 每变动一个单位时，y 平均变动 b 个单位。

2. 回归方程的参数估计

根据样本数据，怎样才能使估计出的参数是最合理、最具有代表性的呢？统计学中有最小二乘法、最大似然法等，而最大似然法更适用于长期的事物现象的估计和预测，简单线性估计通常是进行中短期估计，所以经常用最小二乘法进行参数估计。最小二乘法也叫最小平方法，其原理就是拟合一条最佳配置线，也就是使得样本数据点到该直线上对应点的纵向距离之和为最短距离，实际操作就是使因变量 y 的观察值（样本数值）y_i 与对应的估计值 y_c 的差的平方和达到最小，从而求得参数 a 和 b 的值。即

$$\sum (y_i - y_c)^2 = \sum (y_i - a - bx_i)^2 = 最小$$

令 $Q = \sum (y_i - a - bx_i)^2$，当已知样本数据 x_i、y_i 后，Q 即是 a 和 b 的函数，根据微积分的极值定理，只需对 Q 分别求 a 和 b 的偏导并令其分别等于 0 便可求出参数。数学过程如下：

求偏导并令其结果等于 0 得

$$\frac{\partial Q}{\partial a} = -2 \sum (y_i - a - bx_i) = 0$$

$$\frac{\partial Q}{\partial b} = -2 \sum x_i (y_i - a - bx_i) = 0$$

经整理得到如下方程组：

$$\begin{cases} na + b \sum x_i = \sum y_i \\ a \sum x_i + b \sum x_i^2 = \sum x_i y_i \end{cases}$$

解得

$$\begin{cases} b = \dfrac{\sum x_i y_i - \dfrac{1}{n} \sum x_i \sum y_i}{\sum x_i^2 - \dfrac{1}{n} (\sum x_i)^2} \\ a = \bar{y} - b\bar{x} \end{cases}$$

若用积差公式，则为

$$\begin{cases} b = \dfrac{\sum (x_i - \bar{x})(y_i - \bar{y})}{\sum (x_i - \bar{x})^2} \\ a = \bar{y} - b\bar{x} \end{cases}$$

根据估计出的回归方程 $y_c = a + bx$ 可以进行预测,方法是任取一个 x_1 代入 $y_c = a + bx$,便可计算得到一个 $y'_c = a + bx_1$,y'_c 即是自变量为 x_1 时 y 的预测值。

四、回归方程误差的分解

在上面的讨论中,用最小平方法求得的回归直线 $y_c = a + bx$ 确定了 x 与 y 的具体变动关系。但是,实际观察值是否紧密分布在该直线的两侧,其紧密程度如何,关系到回归模型的应用价值。

线性回归方程"拟合优度的好坏"实质上就是"回归方程误差大小"的问题,也就是因变量的实际观察值 y_i 与平均值 $\bar{y}$ 的偏差。为了说明总偏差的构成,可以用图 6-3 所示的线性回归方程误差的分解图来说明。

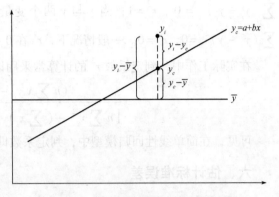

图 6-3　线性回归方程误差的分解图

由图 6-3 可知,y 的实际值 y_i 到 $\bar{y}$ 的离差即 $(y_i - \bar{y})$ 被回归直线分割成两部分:$(y_i - y_c)$ 和 $(y_c - \bar{y})$。那么,对所有的实际观察值 y_i 来说,就有所有实际观察值的离差平方和,即 $\sum(y_i - \bar{y})^2$,这个离差平方和称为总偏差平方和;同时,将 $\sum(y_c - \bar{y})^2$ 称为被回归解释的偏差;将 $\sum(y_i - y_c)^2$ 称为剩余偏差,又称未被解释的偏差,至于将 $\sum(y_c - \bar{y})^2$ 称为被回归解释的偏差,是因为:

$$\sum(y_c - \bar{y})^2 = \sum(a + bx - a - b\bar{x})^2$$
$$= \sum(bx - b\bar{x})^2 = b^2 \sum(x - \bar{x})^2$$

式中,b 为回归系数,可见回归偏差在很大程度上取决于回归系数,所以称为被回归解释的偏差。另一部分 $\sum(y_i - y_c)^2$ 也就称为未被解释的偏差了。

这说明 y 的实际值与 y_i 的平均值 $\bar{y}$ 的总偏差包括两个部分,一部分是回归偏差,即 x 与 y 的依存关系影响的偏差;另一部分是各种不确定因素引起的随机误差。一般来说,这些随机误差应该很小。在总偏差一定时,回归偏差 $\sum(y_c - \bar{y})^2$ 越大,剩余偏差 $\sum(y_i - y_c)^2$ 就越小;反之,回归偏差越小,则剩余偏差就越大。由此可以推出,如果 y 的实际值 y_i 都紧密地分布在回归直线两侧,就说明那些不确定因素干扰很小,即剩余偏差很小,相对来说,在总偏差里面,回归偏差比重较大,而且此时 x 与 y 的依存关系很强。

五、判定系数 r^2

在回归分析时,若要知道用回归直线 $y_c = a + bx$ 来确定 x 与 y 的具体变动关系效果如何,就要对回归值的拟合优度进行测定,而判定系数 r^2 便是测定回归值直线拟合优度的一个重要指标。

判定系数 r^2 便是以回归偏差占总偏差的比率来表示线性回归方程的拟合优度评价指标。

$$r^2 = \frac{\sum (y_c - \bar{y})^2}{\sum (y_i - \bar{y_c})^2}$$

当 x 与 y 的依存关系很密切，甚至 y 的变化完全由 x 引起时，x 与 y 为确定的函数关系，$\sum (y_i - y_c)^2 = 0$，$r^2 = 1$；当 x 与 y 两个变量不存在线性关系时，即 y 的变化与 x 无关，$\sum (y_c - \bar{y})^2 = 0$，$r^2 = 0$。一般情况下，$r^2$ 在 $0 \sim 1$ 之间。

在实际工作中，判定系数 r^2 的计算常采用以下简捷公式：

$$r^2 = \frac{(n\sum x_i y_i - \sum x_i \sum y_i)^2}{[n\sum x_i^2 - (\sum x_i)^2][n\sum y_i^2 - (\sum y_i)^2]}$$

可见，在简单线性回归模型中，判定系数即为相关系数的平方。

六、估计标准误差

直线回归方程是在直线相关统计下，反映变量之间一般数量关系的平均线。可以根据已知的自变量来估计因变量的各种可能值，并称为估计值、理论值或平均值，它和真正的实际值可能一致，也可能不一致，也就是说估计值与实际值之间往往存在一个差距，因而就产生了估计值的代表性问题。如果估计出的 y_c 与实际的 y 值一致性程度高，差距小，则代表性越强，否则，代表性就越弱。估计标准误差就是用来说明估计出的回归方程代表性强弱的统计分析指标，其计算原理与标准误差基本相同，计算公式为

$$s_{xy} = \sqrt{\frac{\sum (y - y_c)^2}{n - 2}}$$

式中　s_{xy}——估计标准误差；
　　　y——因变量对应的各实际值；
　　　y_c——对应 y 的估计值；
　　　n——样本单位个数；
　　　$n - 2$——回归估计自由度。

估计标准误差 s_{xy} 越大，说明估计值与实际值差距就越大，则估计值或者回归方程的代表性就越弱；反之 s_{xy} 越小，估计值与实际值差距就越小，则估计值或者回归方程的代表性就越强。

知识扩展

回归估计自由度（$n-2$）等于样本单位个数减2，这是由于估计出的回归方程 $y_c = a + bx$ 中包含了两个估计量 a 和 b，因而失去两个自由度，其实质是由估计标准误差的无偏性决定的。

计算估计标准误差时还可以视数据资料情况采用下面两个公式：

（1）如果样本数据比较多，通常可用以下公式：

$$s_{xy} = \sqrt{\frac{\sum y^2 - a\sum y - b\sum xy}{n - 2}}$$

因为：

$$\begin{aligned}
\sum (y - y_c)^2 &= \sum (y - a - bx)^2 \\
&= \sum y^2 + na^2 + b^2 \sum x^2 + 2ab \sum x - 2a \sum y - 2b \sum xy \\
&= \sum y^2 + a(na + b \sum x) + b(a \sum x + b \sum x^2) - 2a \sum y - 2b \sum xy \\
&= \sum y^2 + a \sum y + b \sum xy - 2a \sum y - 2b \sum xy \\
&= \sum y^2 - a \sum y - b \sum xy
\end{aligned}$$

(2) 如果已知相关系数，也可利用下面公式进行近似计算：

$$s_{xy} = \sigma_y \sqrt{1 - r^2}$$

式中 σ_y——y 的标准差；

  r——y 和 x 相关系数。

不难看出，估计标准误差与相关系数表现为相反的关系，即相关系数 r 的绝对值越大，估计标准误差 s_{xy} 越小，相关系数 r 的绝对值越小，估计标准误差 s_{xy} 越大。

★任务分享

【例 6-6】现以浙江某制鞋厂产量（千双）与单位成本（元）资料（见表 6-8）为例。试分析单位成本与产量之间的关系，并预测产量为 7 000 双时的单位成本是多少。

表 6-8 某制鞋厂产量与单位成本资料统计表

分厂	一分厂	二分厂	三分厂	四分厂	五分厂	六分厂
产量/千双	2	3	4	3	4	5
单位成本/元	73	72	71	73	69	68

任务解析：根据任务要求，分析单位成本与产量之间的关系，并利用分析结果进行预测，就是要进行回归分析，而回归系数的计算有积差公式和简捷公式两种，为了便于比较可分别用两种方法进行计算。

第一种：应用积差公式进行计算分析。

(1) 列回归分析计算表（见表 6-9）：

设：x 代表产量，y 代表单位成本。

表 6-9 回归分析积差公式计算表

序号	x_i	$x_i - \bar{x}$	$(x_i - \bar{x})^2$	y_i	$y_i - \bar{y}$	$(x_i - \bar{x})(y_i - \bar{y})$
1	2	−1.5	2.25	73	2	−3.0
2	3	−0.5	0.25	72	1	−0.5
3	4	0.5	0.25	71	0	0
4	3	−0.5	0.25	73	2	−1.0
5	4	0.5	0.25	69	−2	−1.0
6	5	1.5	2.25	68	−3	−4.5
合计	21	—	5.50	426	—	−10.0

(2) 计算回归系数：根据积差公式有

$$b = \frac{\sum(x_i - \bar{x})(y_i - \bar{y})}{\sum(x_i - \bar{x})^2} = \frac{-10}{5.5} = -1.82(元)$$

$$a = 71 + 1.82 \times 3.5 = 77.37$$

(3) 建立方程：

$$a = \bar{y} - b\bar{x} = 71 + 1.82 \times 3.5 = 77.37$$

$$y_c = a + bx = 77.37 - 1.82x$$

(4) 进行预测：当产量为 7 000 双时，单位成本为

$$y_c = 77.37 - 1.82x = 77.37 - 1.82 \times 7 = 64.63（元）$$

(5) 分析结论：计算结果说明，产量每增加 1 000 双，单位成本（每双鞋的成本）平均下降 1.82 元。当产量为 7 000 双时，单位成本为 64.63 元。

第二种：应用简捷公式进行计算分析。

(1) 列回归分析计算表（见表6-10）：

设：x 代表产量，y 代表单位成本。

表 6-10　回归分析简捷公式计算表

序号	x_i	y_i	x_i^2	$x_i y_i$
1	2	73	4	146
2	3	72	9	216
3	4	71	16	284
4	3	73	9	219
5	4	69	16	276
6	5	68	25	340
合计	21	426	79	1 481

(2) 计算回归系数：根据简捷公式有：

$$b = \frac{\sum x_i y_i - \frac{1}{n}\sum x_i \sum y_i}{\sum x_i^2 - \frac{1}{n}(\sum x_i)^2} = \frac{1481 - \frac{21 \times 426}{6}}{79 - \frac{(21)^2}{6}} = -1.82（元）$$

$$a = \frac{426}{6} + 1.82 \times \frac{21}{6}$$

$$= 77.37$$

(3) 建立方程：

$$a = \bar{y} - b\bar{x} = 71 + 1.82 \times 3.5 = 77.37$$

$$y_c = a + bx = 77.37 - 1.82x$$

(4) 预测与结论：预测结果和分析结论与积差公式计算法相同，这里不再重复。

【例 6-7】现仍以浙江某制鞋厂产量（千双）与单位成本（元）资料（见表6-8）为例，

试分析单位成本与产量之间关系的回归方程的拟合度。

任务解析：由于直线方程的拟合度指标是以判定系数来判断的，因此分析单位成本与产量之间关系的直线方程的拟合度就是计算判定系数。根据判定系数的应用公式有：

$$r^2 = \frac{(n\sum x_i y_i - \sum x_i \sum y_i)^2}{[n\sum x_i^2 - (\sum x_i)^2][n\sum y_i^2 - (\sum y_i)^2]}$$

根据表 6-10 中的计算结果，并将相关数据代入上述公式可得

$$r^2 = \frac{(6 \times 1\ 481 - 21 \times 426)^2}{[6 \times 79 - 21^2][6 \times 30\ 268 - 426^2]} = \frac{3\ 600}{4\ 356} = 0.826\ 4$$

计算结果表明，单位成本的总偏差 $\sum(y_i - \bar{y})^2$ 中，有 82.64% 可以由产量和单位成本的依存关系来解释，有 17.36% 属于随机因素的影响。因此，上述拟合度的回归方程 $y_c = 77.37 - 1.82x$ 比较合适。

【例 6-8】 现仍以浙江某制鞋厂产量（千双）与单位成本（元）资料（见表 6-8）为例，进行回归方程的代表性或估计方程的合适度分析。

任务解析：进行回归方程的代表性或估计方程的合适度分析实质上就是要计算回归估计标准误差的大小。根据回归估计标准误差的应用公式要求，其方法如下：

（1）列估计标准误差计算表（见表 6-11）：

表 6-11　估计标准误差计算表

序号	x	y	y^2	xy	$y_c = 77.37 - 1.82x$	$y - y_c$	$(y - y_c)^2$
1	2	73	5 329	146	73.73	−0.73	0.532 9
2	3	72	5 184	216	71.91	0.09	0.008 1
3	4	71	5 041	284	70.09	0.91	0.828 1
4	3	73	5 329	219	71.91	1.09	1.188 1
5	4	69	4 761	276	70.09	−1.09	1.188 1
6	5	68	4 624	340	68.27	−0.27	0.072 9
合计	21	426	30 268	1 481	—	—	3.818 2

（2）计算估计标准误差：估计标准误差定义公式为

$$s_{xy} = \sqrt{\frac{\sum(y - y_c)^2}{n - 2}} = \sqrt{\frac{3.818\ 2}{6 - 2}} = 0.977(\text{元})$$

可见，用定义公式计算较为繁杂，特别是样本数据比较多时更繁杂，为了计算方便，可以利用简单公式进行计算：

$$s_{xy} = \sqrt{\frac{\sum y^2 - a\sum y - b\sum xy}{n - 2}}$$

$$= \sqrt{\frac{30\ 268 - 77.37 \times 426 + 1.82 \times 1\ 481}{4}}$$

$$= 0.975\ (\text{元})$$

注：这里两个公式的计算结果有细微差别是由于计算时小数点取位误差造成的，公式是一致的。

（3）分析结论：结果表明，在本例中，估计标准误差是0.975元，即估计值y_c与实际值y的平均差距为0.975元，说明估计值与实际值差距比较小，则估计值或者回归方程的代表性就比较强，估计方程比较合适。

任务四　多元线性回归分析与应用

★任务导入

在社会经济现象活动中，影响某一经济现象的因素往往不止一个，而是多个，例如，玻璃销售市场的销售状况除了与玻璃用量大的房地产行业和汽车生产行业有着非常重要的关系外，还与其他所有要用到玻璃来生产产品的厂家有一定关系，如果要分析玻璃销售额与它们之间的关系，这是一元线性回归分析所不能解决的问题。因此，要分析玻璃销售与房地产行业、汽车生产行业之间的关系，就要进行一个因变量与两个或多个自变量的回归分析（多元线性回归分析），从而找出多个自变量与一个因变量之间的具体关系形式。

★知识共享

一、多元线性回归分析的含义

简单来讲，多元线性回归分析就是分析一个因变量与两个或更多个自变量相关具体形式的一种分析方法，也就是利用多元线性回归方程估计因变量，从而反映出多个自变量与一个因变量之间的具体关系形式，以便进一步明确多个现象之间存在的具体关系。

二、多元线性回归分析的方法

多元线性回归分析的方法和步骤与一元回归分析基本相同，但计算会随着自变量个数的增加而更加复杂。多元线性回归的估计方程可用以下方程式表示：

$$y_c = a + b_1 x_1 + b_2 x_2 + b_3 x_3 + \cdots + b_n x_n$$

其联立方程为

$$\begin{cases} \sum y = na + b_1 \sum x_1 + b_2 \sum x_2 + \cdots + b_n \sum x_n \\ \sum x_1 y = a \sum x_1 + b_1 \sum x_1^2 + b_2 \sum x_1 x_2 + \cdots + b_n \sum x_1 x_n \\ \sum x_2 y = a \sum x_2 + b_1 \sum x_1 x_2 + b_2 \sum x_2^2 + \cdots + b_n \sum x_2 x_n \\ \vdots \\ \sum x_n y = a \sum x_n + b_1 \sum x_1 x_n + b_2 \sum x_2 x_n + \cdots + b_n \sum x_n^2 \end{cases}$$

在多元线性回归分析中，二元回归分析是多元线性回归分析中最简单也最基本的方法。二元回归分析的目标是根据有限的样本数据估计出二元线性回归方程，以一个因变量y和两

个自变量 x_1 和 x_2 进行估计，其估计出的回归方程式为

$$y_c = a + b_1 x_1 + b_2 x_2$$

式中　y_c——因变量的估计值；

　　　a、b_1 和 b_2——估计参数。

要想根据样本数据估计出 a、b_1 和 b_2 值的大小，通常也是用最小二乘法使 $\sum (y_i - y_c)^2$ 最小。由于方程式中有三个参数，就要用求偏导数并令它们等于 0 后必然得到以下方程组：

$$\begin{cases} \dfrac{\partial Q}{\partial a} = 2 \sum (y_i - a - b_1 x_{1i} - b_2 x_{2i}) = 0 \\ \dfrac{\partial Q}{\partial b_1} = 2 \sum (y_i - a - b_1 x_{1i} - b_2 x_{2i})(-x_{1i}) = 0 \\ \dfrac{\partial Q}{\partial b_2} = 2 \sum (y_i - a - b_1 \sum x_{1i} + b_2 \sum x_{2i})(-x_{2i}) = 0 \end{cases}$$

经整理后得如下方程组：

$$\begin{cases} \sum y_i = na + b_1 \sum x_{1i} + b_2 \sum x_{2i} \\ \sum x_{1i} y_i = a \sum x_{1i} + b_1 \sum x_{1i}^2 + b_2 \sum x_{1i} x_{2i} \\ \sum x_{2i} y_i = a \sum x_{2i} + b_1 \sum x_{1i} x_{2i} + b_2 \sum x_{2i}^2 \end{cases}$$

然后求解方程组即可得到方程中三个参数值。为了避免解方程的麻烦，也可以利用线性代数方法求解。

由二元线性回归方程联立方程，结合线性代数方法中的矩阵理论，可以建立二元线性回归方程矩阵：

$$Y = \begin{pmatrix} Y_1 \\ Y_2 \\ \vdots \\ Y_n \end{pmatrix} \quad X = \begin{pmatrix} 1 & X_{11} & X_{21} \\ 1 & X_{12} & X_{22} \\ \vdots & \vdots & \vdots \\ 1 & X_{1n} & X_{2n} \end{pmatrix} \quad b = \begin{pmatrix} b_0 \\ b_1 \\ b_2 \end{pmatrix} \quad e = \begin{pmatrix} e_1 \\ e_2 \\ \vdots \\ e_n \end{pmatrix}$$

二元线性回归方程矩阵形式为：

$$Y = Xb + e$$

这种方法对于自变量为多个的回归分析同样适用，只是求偏导后得到的方程式的个数会随着自变量的个数增加而增加，如果自变量为 n 个，必然有 $n+1$ 个方程式，然后利用线性代数方法解之即可。

三、多元线性回归估计标准误差的测定

多元线性回归估计标准误差的测定方法与简单线性回归估计标准误差的测定方法相似，基本原理一样。如二元线性回归估计标准误差的计算公式如下：

$$s_{xy} = \sqrt{\dfrac{\sum (y - y_c)^2}{n - 3}}$$

式中，符号所代表意义与简单线性回归估计标准误差公式相同，不同的是回归估计自由度等于 $n-3$，由于估计出的回归方程 $y_c = a + bx_1 + cx_2$ 中包含了 3 个估计量 a、b 和 c，因而

失去 3 个自由度，其实质也是由估计标准误差的无偏性决定的。

当然，如果样本数据较多，利用上述公式较为复杂，则同样可以利用以下相对简捷的公式进行计算。公式为

$$s_{xy} = \sqrt{\frac{\sum y^2 - a\sum y - b_1 \sum x_1 y - b_2 \sum x_2 y}{n-3}}$$

★ 任务分享

【例 6-9】某玻璃生产商为了进一步了解大客户对玻璃需求情况，对 2009—2017 年玻璃销售额、建筑业产值与汽车产量情况进行了统计，统计结果见表 6-12。

表 6-12 玻璃销售额、建筑业产值与汽车产量的资料

年份	玻璃销售额/万元	汽车产量/万辆	建筑业产值/千万元
2009	280.0	3.909	9.43
2010	281.5	5.119	10.36
2011	337.5	6.666	14.50
2012	404.5	5.338	15.75
2013	402.1	4.321	16.78
2014	458.0	6.117	17.44
2015	582.3	7.920	23.76
2016	620.8	6.113	32.17
2017	778.5	7.638	45.62

试分析玻璃销售额与建筑业产值、汽车产量之间的关系。

任务解析：这里是要分析玻璃销量与玻璃销售额的关系，而玻璃销量与玻璃用量是密切相关的，因此，分析玻璃用量最大的两个用户的产品产量生产值对玻璃生产商玻璃用量的关系就要用到二元线性回归。分析步骤如下：

设玻璃销售额为 y，汽车产量为 x_1，建筑业产值为 x_2。

（1）列计算表（见表 6-13）：

表 6-13 二元线性回归分析计算表

序号	y	x_1	x_2	$x_1 y$	$x_2 y$	$x_1 x_2$	x_1^2	x_2^2
1	280.0	3.909	9.43	1 094.5	2 640.4	36.9	15.3	88.9
2	281.5	5.119	10.36	1 441.0	2 916.3	53.0	26.2	107.3
3	337.5	6.666	14.50	2 249.8	4 893.8	96.7	44.4	210.3
4	404.5	5.338	15.75	2 159.2	6 370.9	84.1	28.5	248.1
5	402.1	4.321	16.78	1 737.5	6 747.2	72.5	18.7	281.6

续表

序号	y	x_1	x_2	$x_1 y$	$x_2 y$	$x_1 x_2$	x_1^2	x_2^2
6	458.0	6.117	17.44	2 801.6	7 987.5	106.7	37.4	304.2
7	582.3	7.920	23.76	4 611.8	13 835.4	188.2	62.7	564.5
8	620.8	6.113	32.17	3 795.0	19 971.1	196.7	37.4	1 035.0
9	778.5	7.638	45.62	5 946.2	35 515.2	348.4	58.3	2 081.2
合计	4 145.0	53.000	186.00	25 837.0	100 878.0	1 183.0	329.0	4 921.0

注：为了计算方便合计一栏数据经四舍五入后取整数

（2）求解方程参数：根据表6-13资料可得如下三元一次方程组：

$$\begin{cases} 4\ 145 = 9a + 53b_1 + 186b_2 \\ 25\ 837 = 53a + 329b_1 + 1\ 183b_2 \\ 100\ 878 = 186a + 1\ 183b_1 + 4\ 921b_2 \end{cases}$$

解方程组可得

$$\begin{cases} a = 86.8 \\ b_1 = 19.6 \\ b_2 = 12.5 \end{cases}$$

（3）建立方程，并进行分析与预测：

$$y_c = 86.8 + 19.6b_1 + 12.5b_2$$

有了这个方程，就可以利用这个方程进行分析与预测，其原理和方法与一元回归分析相同。由以上过程可见，计算过程比较麻烦，在实践工作中可利用SPSS统计软件进行分析。

任务五　非线性回归分析与应用

★任务导入

前文已经说过，美国孟山都公司在运用回归分析对肉鸡体重（用 y 表示）与饲料中的蛋氨酸添加量（用 x 表示）之间的关系进行探究时，最初是通过建立直线估计方程（$y = 0.21 + 0.42x$）来说明蛋氨酸添加量与肉鸡增重效果的关系具体形式。而在后来的实验中观察发现，这个结论与事实很不符合。所以通过后来进一步研究发现，蛋氨酸添加量在一定范围内能提高肉鸡体重。但当添加量达到某一最高点（或超过这一最高点）后，肉鸡增重水平将开始下降（或效果已不明显），说明随着蛋氨酸添加量的增加，肉鸡增重效果在减弱（或根本看不到效果）。于是，孟山都公司经过仔细研究后，建立了"肉鸡增重与蛋氨酸添加量"之间的曲线回归方程（$y = -0.189 + 1.32x - 0.506x^2$），从而确定了家禽饲料中最适宜的蛋氨酸含量水平。可见非线性回归分析与应用在经济现象分析中具有重要作用。

> ★ 知识共享

一、非线性回归的含义

在社会经济现象活动中，除了线性关系外，还有很多变量之间的关系不是线性关系，而是非线性关系，这时就需要配合适当的曲线，建立非线性回归方程，即曲线方程，进行回归分析。在实际操作中，通常将非线性关系先转变成线性关系，按线性回归模型进行处理，估计出参数，然后再还原到曲线模型进行分析。因此，一般非线性回归步骤可概括为：

第一，通过相关表或散点图确定因变量与自变量之间是否为非线性关系；

第二，将非线性关系用代换法转变成线性关系，并进行拟合，估计出转换后的直线回归方程；

第三，将估计出的直线回归方程还原成曲线方程，并进行分析。

二、非线性回归分析的类型与方法

（一）双曲线回归分析

（1）确定方程。如果因变量与自变量之间的关系表现为双曲线，则可以确定双曲线方程模型为：$y = a + b\dfrac{1}{x}$。

（2）方程转换。假设 $x' = \dfrac{1}{x}$，则原曲线方程模型即转变成线性方程模型：$y = a + bx'$。

（3）建立方程。根据转变后的新样本数据组合 (x', y) 估计参数 a 和 b，在这里 a 和 b 的求法与线性回归中的求法一样。即

$$\begin{cases} b = \dfrac{\sum x'_i y_i - \dfrac{1}{n}\sum x'_i \sum y_i}{\sum x'^2_i - \dfrac{1}{n}(\sum x'_i)^2} \\ a = \bar{y} - b\bar{x'} \end{cases}$$

由此，估计出的回归方程为

$$y_c = a + bx'$$

（4）方程还原。令 $x' = \dfrac{1}{x}$，可得出最终估计的曲线回归方程为 $y_c = a + b\dfrac{1}{x}$，这里的 a 和 b 即第三步求出的参数值。

（二）指数曲线回归分析

（1）确定方程。如果因变量与自变量之间的关系表现为指数曲线，则可以确定其方程模型为 $y = ab^x$。

（2）方程转换。方程两边同时取对数，并假设 $y' = \ln y$，$a' = \ln a$，$b' = \ln b$，则原曲线方程模型即转变成直线性方程模型：$y' = a' + b'x$。

（3）建立方程。根据转变后的新样本数据组合 (x, y') 估计参数 a' 和 b'，在这里 a' 和 b' 的求法跟线性回归中的求法一样。即

$$\begin{cases} b' = \dfrac{\sum x_i y'_i - \dfrac{1}{n}\sum x_i \sum y'_i}{\sum x_i^2 - \dfrac{1}{n}(\sum x_i)^2} \\ a' = \overline{y'} - b'\overline{x} \end{cases}$$

由此，估计出的回归方程为

$$y'_c = a' + b'x$$

(4) 方程还原。根据 $a' = \ln a$，$b' = \ln b$，计算出 a 和 b，令 $y'_c = \ln y_c$，则可得出最终估计的曲线回归方程为 $y_c = ab^x$，在这里 $a = e^{a'}$ 和 $b = e^{b'}$。

（三）抛物线回归分析

(1) 确定方程。如果因变量与自变量之间的关系表现为抛物线，则可以确定抛物线方程模型为 $y = a + bx + cx^2$。

(2) 方程转换。假设 $x_1 = x$，$x_2 = x^2$，则原曲线方程模型即转变成线性方程模型：$y = a + bx_1 + cx_2$。

(3) 建立方程。根据转变后的新样本数据组合（x_1，x_2，y）估计参数 a、b 和 c，这里 a、b 和 c 的求法与二元线性回归中的求法一样，不再赘述。由此，估计出的回归方程为 $y_c = a + bx_1 + cx_2$。

(4) 方程还原。令 $x_1 = x$，$x_2 = x^2$，可得出最终估计的曲线回归方程为 $y_c = a + bx + cx^2$，这里的 a、b 和 c 即第三步求出的参数值。

★ **任务分享**

【**例 6-10**】某市场皮鞋价格与皮鞋的需求量（x）调查结果见表 6-14，试根据所给资料分析皮鞋价格与皮鞋需求量之间的关系，并建立反映皮鞋价格（y）与皮鞋需求量（x）关系形式的具体方程。

表 6-14 双曲线回归分析

序号	y/元	x/千双	$x' = \dfrac{1}{x}$	x'^2	$x'y$
1	180	1.1	0.91	0.828	163.80
2	150	2.1	0.48	0.230	72.00
3	125	3.0	0.33	0.109	41.25
4	100	4.5	0.22	0.048	22.00
5	80	6.0	0.17	0.029	13.60
6	60	7.5	0.13	0.017	7.80
7	50	8.6	0.12	0.014	6.00
合计	745	32.8	2.36	1.275	326.45

任务解析：由表 6-14 所给出的数据并结合市场情况分析可知，皮鞋价格（y）与皮鞋的

需求量（x）之间的关系呈向右下方倾斜的双曲线关系，因此，皮鞋价格与皮鞋需求量之间的关系可以配合双曲线方程进行分析。分析步骤如下：

根据表 6-14 资料计算可得：$\bar{y}=106.43$，$\bar{x}'=0.34$。且已知：

$$\begin{cases} b = \dfrac{\sum x'_i y_i - \dfrac{1}{n}\sum x'_i \sum y_i}{\sum x'^2_i - \dfrac{1}{n}(\sum x'_i)^2} \\ a = \bar{y} - b\bar{x}' \end{cases}$$

将表 6-14 计算的相关数据代入上式有：

$$b = \frac{326.45 - \dfrac{1}{7} \times 2.36 \times 745}{1.275 - \dfrac{1}{7} \times (2.36)^2} = \frac{75.28}{0.48} = 156.8$$

$$a = 106.43 - 156.8 \times 0.34 = 53.1$$

则回归方程为

$$y_c = 53.1 + 156.8\, x'$$

还原得出最终回归方程为

$$y_c = 53.1 + \frac{156.8}{x}$$

将需求量（x）代入上式，就可以预测其应有的价格是多少，为皮鞋价格政策的制定提供参考。

【例 6-11】 市场服装供应量与服装市场价格调查结果见表 6-15，试根据该资料估计出供应量与市场价格之间的回归方程。

表 6-15 制衣企业衣服供应量与市场价格资料

供应量/千件	价格/元	供应量/千件	价格/元
6	50	30	75
8	56	40	81
11	60	49	86
15	66	62	92
22	70	80	100

任务解析：由表 6-15 所给数据可以看出，服装供应量随着市场价格变动而变动，不难看出，随着价格的增长，供应量的增加量越来越大，符合指数曲线规律，可以配合指数曲线方程进行分析。分析步骤如下：

假设供应量为 y，价格为 x，列计算表见表 6-16。

表 6-16 曲线回归分析计算表

序号	y_i	x_i	$y'_i = \ln y_i$	x^2_i	$x_i y'_i$
1	6	50	1.79	2 500	89.50

续表

序号	y_i	x_i	$y'_i = \ln y_i$	x_i^2	$x_i y'_i$
2	8	56	2.08	3 136	116.48
3	11	60	2.40	3 600	144.00
4	15	66	2.71	4 356	178.86
5	22	70	3.09	4 900	216.30
6	30	75	3.40	5 625	255.00
7	40	81	3.69	6 561	298.89
8	49	86	3.89	7 396	334.54
9	62	92	4.13	8 464	379.96
10	80	100	4.38	10 000	438.00
合计	323	736	31.56	56 538	2 451.53

由表 6-16 可得：$\bar{x} = 73.6$，$\bar{y}' = 3.156$，所以：

$$\begin{cases} b' = \dfrac{\sum x_i y'_i - \dfrac{1}{n}\sum x_i \sum y'_i}{\sum x_i^2 - \dfrac{1}{n}(\sum x_i)^2} = \dfrac{2\,451.53 - \dfrac{1}{10} \times 736 \times 31.56}{56\,538 - \dfrac{1}{10} \times (736)^2} = \dfrac{128.714}{2\,368.4} = 0.054 \\ a' = \bar{y}' - b'\bar{x} = 3.156 - 0.054 \times 73.6 = -0.82 \end{cases}$$

则回归所得方程为

$$y'_c = -0.82 + 0.054x$$

还原有

$$y_c = \ln y'_c \quad a = e^{a'} = e^{-0.82} = 0.44 \quad b = e^{b'} = e^{0.054} = 1.06$$

所以，最终回归指数方程为

$$y_c = 0.44 \times 1.06^x$$

将价格（x）代入上式，就可以预测其应有的供应量是多少，为服装的生产供应计划的制订提供参考。

【例 6-12】 现有某制造企业在不同时间的产品产量与单位产品成本的资料见表 6-17，请根据资料估计出产量与单位产品成本之间的回归方程。

表 6-17 某制造企业产量与单位产品成本资料

序号	产量	单位产品成本	序号	产量	单位产品成本
1	10	160	6	60	61
2	20	120	7	70	60
3	30	85	8	80	62
4	40	75	9	90	65
5	50	66	10	100	70

任务解析：从表 6-17 中的数据可以看出，单位产品成本随着产品产量的增加先减少后增加，符合抛物线规律，可以配合抛物线方程进行分析。分析步骤如下：

设产品产量为 x，单位产品成本为 y，可列计算表见表 6-18。

表 6-18 抛物线回归分析计算表

序号	y_i	$x_1 = x_i$	$x_2 = x_i^2$	$x_1 y_i$	$x_2 y_i$	$x_1 x_2$	x_1^2	x_2^2
1	160	10	100	1 600	16 000	1 000	100	10 000
2	120	20	400	2 400	48 000	8 000	400	160 000
3	85	30	900	2 550	76 500	27 000	900	810 000
4	75	40	1 600	3 000	120 000	64 000	1 600	2 560 000
5	66	50	2 500	3 300	165 000	125 000	2 500	6 250 000
6	61	60	3 600	3 660	219 600	216 000	3 600	12 960 000
7	60	70	4 900	4 200	294 000	343 000	4 900	24 010 000
8	62	80	6 400	4 960	396 800	512 000	6 400	40 960 000
9	65	90	8 100	5 850	526 500	729 000	8 100	65 610 000
10	70	100	10 000	7 000	700 000	1 000 000	10 000	100 000 000
合计	824	550	38 500	31 520	2 562 400	3 025 000	38 500	2.53 E + 08

根据公式：

$$\begin{cases} \sum y_i = na + b_1 \sum x_{1i} + b_2 \sum x_{2i} \\ \sum x_{1i} y_i = a \sum x_{1i} + b_1 \sum x_{1i}^2 + b_2 \sum x_{1i} x_{2i} \\ \sum x_{2i} y_i = a \sum x_{2i} + b_1 \sum x_{1i} x_{2i} + b_2 \sum x_{2i}^2 \end{cases}$$

可得如下三元一次方程组：

$$\begin{cases} 824 = 10a + 550 b_1 + 38\ 500 b_2 \\ 31\ 520 = 550a + 38\ 500 b_1 + 3\ 025\ 000 b_2 \\ 2\ 562\ 400 = 38\ 500a + 3\ 025\ 000 b_1 + 253\ 330\ 000 b_2 \end{cases}$$

解方程组得

$$\begin{cases} a = 553.2 \\ b_1 = -20.6 \\ b_2 = 0.172 \end{cases}$$

所以回归方程为

$$y_c = 553.2 - 20.6 x_1 + 0.172 x_2$$

最后还原的回归方程为

$$y_c = 553.2 - 20.6 x + 0.172 x^2$$

将产量 (x) 代入上式，就可以预测其应有的单位产品成本是多少，为产量计划的制订提供参考。

任务六 利用 SPSS 软件进行相关与回归分析

一、利用 SPSS 软件进行简单相关与回归分析

相关分析可以利用相关系数研究变量之间的关系，回归分析则是通过构建变量之间的数学表达式来定量描述变量之间关系的数学过程。在回归分析中，通过构建的回归方程，可根据自变量的值去估计因变量的取值。目前，常用的回归模型有线性回归、非线性回归两大类。但如果采用传统回归分析法，其求解过程非常烦琐，计算复杂，尤其对于多元非线性方程。而 SPSS 软件在回归分析中能避开复杂的计算，把复杂的计算过程交给计算机处理，使用起来非常简单。

【例 6-13】表 6-19 是 1988—2017 年我国国内生产总值与全社会固定资产投资的数据。

表 6-19 国内生产总值与全社会固定资产投资   单位：亿元

时间	国内生产总值	全社会固定资产投资	时间	国内生产总值	全社会固定资产投资
2017	827 122.0	641 238.00	2002	121 717.4	43 499.91
2016	744 127.2	606 466.00	2001	110 863.1	37 213.49
2015	689 052.1	562 000.00	2000	100 280.1	32 917.73
2014	643 974.0	512 020.65	1999	90 564.4	29 854.70
2013	595 244.4	446 294.09	1998	85 195.5	28 406.20
2012	540 367.4	374 694.74	1997	79 715.0	24 941.10
2011	489 300.6	311 485.13	1996	71 813.6	22 913.50
2010	413 030.3	251 683.77	1995	61 339.9	20 019.30
2009	349 081.4	224 598.77	1994	48 637.5	17 042.10
2008	319 515.5	172 828.40	1993	35 673.2	13 072.30
2007	270 232.3	137 323.94	1992	27 194.5	8 080.10
2006	219 438.5	109 998.16	1991	22 005.6	5 594.50
2005	187 318.9	88 773.61	1990	18 872.9	4 517.00
2004	161 840.2	70 477.43	1989	17 179.7	4 410.40
2003	137 422.0	55 566.61	1988	15 180.4	4 753.80

要求：

（1）计算相关系数；

（2）根据资料建立以全社会固定资产投资为自变量，国内生产总值为因变量的一元回归方程。

任务解析：

1. 相关系数的计算

步骤 1： 录入数据，如图 6-4 所示。

步骤 2： 数据录入后，依次选择"分析"→"相关"→"双变量"命令。

步骤 3： 进入"双变量"对话框，将需要分析的变量"国内生产总值"和"全社会固定资产投资"添加到右侧的"变量"框中，其他选项默认，单击"确定"按钮，提交系统分析，输出结果，见表 6-20。

	时间	国内生产总值	全社会固定资产投资
1	2017	827122.00	641238.00
2	2016	744127.20	606466.00
3	2015	689052.10	562000.00
4	2014	643974.00	512020.65
5	2013	595244.40	446294.09
6	2012	540367.40	374694.74
7	2011	489300.60	311485.13
8	2010	413030.30	251683.77
9	2009	349081.40	224598.77
10	2008	319515.50	172828.40

图 6-4　国内生产总值与全社会固定资产投资

表 6-20　国内生产总值与全社会固定资产投资的相关分析

		国内生产总值	全社会固定资产投资
国内生产总值	Pearson 相关性	1	.991**
	显著性（双侧）		.000
	N	30	30
全社会固定资产投资	Pearson 相关性	.991**	1
	显著性（双侧）	.000	
	N	30	30

**：在 .01 水平（双侧）上显著相关

2. 一元线性回归分析。

步骤 1： 打开数据，依次选择"分析"→"回归"→"线性"命令。

步骤 2： 进入"线性回归"对话框，将左侧框中的"国内生产总值"移入"因变量"框中，将"全社会固定资产投资"移入"自变量"框中，其他选项选择系统默认值即可，单击"确定"按钮，提交系统分析，输出结果，见表 6-21 至表 6-23。

表 6-21　模型汇总

模型	R	R 方	调整 R 方	标准估计的误差
1	.991a	.982	.982	33 742.051 84

a. 预测变量：（常量），全社会固定资产投资

表 6-22　方差分析表b

模型		平方和	df	均方	F	Sig.
1	回归	1.779 E12	1	1.779 E12	1 562.613	.000a
	残差	3.188 E10	28	1.139 E9		
	总计	1.811 E12	29			

a. 预测变量：（常量），全社会固定资产投资；
b. 因变量：国内生产总值

表 6-23　回归系数及其检验表[a]

模型		非标准化系数		标准系数	t	Sig.
		B	标准误差	试用版		
1	（常量）	52 758.637	7 924.101		6.658	.000
	全社会固定资产投资	1.215	.031	.991	39.530	.000

a. 因变量：国内生产总值

二、利用 SPSS 软件进行多元相关与回归分析

【例 6-14】一家大型商业银行在多个地区设有分行，其业务主要是进行基础设施建设、国家重点项目建设、固定资产投资等项目的贷款。近年来，该银行的贷款额平缓增长，但不良贷款额也有较大比例的增长，这给银行的业务发展带来了压力。为找出不良贷款形成的原因，现利用该银行所属的 25 家分行某年度的有关业务数据进行统计分析，相关业务数据见表 6-24。

表 6-24　某商业银行某年的相关业务数据

分行编号	不良贷款/亿元	各项贷款余额/亿元	贷款项目个数/个	本年固定资产投资额/亿元
1	0.9	67.3	5	51.9
2	1.1	111.3	16	90.9
3	4.8	173.0	17	73.7
4	3.2	80.8	10	14.5
5	7.8	199.7	19	63.2
6	2.7	16.2	1	2.2
7	1.6	107.4	17	20.2
8	12.5	185.4	18	43.8
9	1.0	96.1	10	55.9
10	2.6	72.8	14	64.3
11	0.3	64.2	11	42.7
12	4.0	132.2	23	76.7
13	0.8	58.6	14	22.8
14	3.5	174.6	26	117.1
15	10.2	263.5	34	146.7
16	3.0	79.5	15	29.9
17	0.2	14.8	2	42.1
18	0.4	73.5	11	25.3
19	1.0	24.7	4	13.4
20	6.8	139.4	28	64.3
21	11.6	368.2	32	163.9
22	1.6	95.7	10	44.5
23	1.2	109.6	14	67.9
24	7.2	196.2	16	39.7
25	3.2	102.2	10	97.1

要求：建立以不良贷款为因变量，各项贷款余额、贷款项目个数、本年固定资产投资额为自变量的线性回归方程。

任务解析：

步骤1：录入数据，如图6-5所示。

步骤2：数据录入后，依次选择"分析"→"回归"→"线性"命令。

步骤3：进入"线性回归"对话框，将"不良贷款"移入"因变量"框中，把"各项贷款余额""贷款项目个数""本年固定资产投资额"添加到"自变量"框中，在"方法"下拉列表框中选择"逐步法"。

编号	不良贷款	各项贷款余额	贷款项目个数	本年固定资产投资额
1	0.9	67.3	5	51.9
2	1.1	111.3	16	90.9
3	4.8	173.0	17	73.7
4	3.2	80.8	10	14.5
5	7.8	199.7	19	63.2
6	2.7	16.2	1	2.2
7	1.6	107.4	17	20.2
8	12.5	185.4	18	43.8
9	1.0	96.1	10	55.9
10	2.6	72.8	14	64.3

图6-5　某商业银行某年的相关业务数据

步骤4：单击"统计量"按钮进入其对话框，在默认选项的基础上将"共线性诊断"复选框选中，单击"继续"按钮回到主对话框，再单击"确定"按钮，提交系统分析，输出结果，见表6-25至表6-29。

表6-25　模型汇总

模型	R	R 方	调整 R 方	标准估计的误差
1	.844[a]	.712	.699	1.979 9
2	.872[b]	.761	.739	1.842 8

a. 预测变量：（常量），各项贷款余额；
b. 预测变量：（常量），各项贷款余额，本年固定资产投资额

表6-26　方差分析表[c]

模型		平方和	df	均方	F	$Sig.$
1	回归	222.486	1	222.486	56.754	.000[a]
	残差	90.164	23	3.920		
	总计	312.650	24			
2	回归	237.941	2	118.971	35.034	.000[b]
	残差	74.709	22	3.396		
	总计	312.650	24			

a. 预测变量：（常量），各项贷款余额；
b. 预测变量：（常量），各项贷款余额，本年固定资产投资额；
c. 因变量：不良贷款

表 6-27 回归系数及其检验[a]

模型		非标准化系数		标准系数	t	Sig.	共线性统计量	
		B	标准误差	试用版			容差	VIF
1	（常量）	-.830	.723		-1.147	.263		
	各项贷款余额	.038	.005	.844	7.534	.000	1.000	1.000
2	（常量）	-.443	.697		-.636	.531		
	各项贷款余额	.050	.007	1.120	6.732	.000	.392	2.551
	本年固定资产投资额	-.032	.015	-.355	-2.133	.044	.392	2.551

a. 因变量：不良贷款

表 6-28 已排除的变量[c]

模型		Beta In	t	Sig.	偏相关	共线性统计量		
						容差	VIF	最小容差
1	贷款项目个数	-.055[a]	-.255	.801	-.054	.280	3.569	.280
	本年固定资产投资额	-.355[a]	-2.133	.044	-.414	.392	2.551	.392
2	贷款项目个数	.057[b]	.272	.788	.059	.262	3.821	.232

a. 模型中的预测变量：（常量），各项贷款余额；
b. 模型中的预测变量：（常量），各项贷款余额，本年固定资产投资额；
c. 因变量：不良贷款

表 6-29 共线性诊断[a]

模型	维数	特征值	条件索引	方差比例		
				（常量）	各项贷款余额	本年固定资产投资额
1	1	1.837	1.000	.08	.08	
	2	.163	3.354	.92	.92	
2	1	2.735	1.000	.03	.01	.02
	2	.198	3.718	.97	.09	.10
	3	.067	6.392	.00	.90	.88

a. 因变量：不良贷款

知识自测

一、单项选择题

1. 相关关系是指变量之间有（　　）。
   A. 严格的关系　　　　　　　　　　B. 不严格的关系
   C. 任意两个变量之间的关系　　　　D. 有内在的但不严格的数量关系
2. 下列现象属于函数关系的是（　　）。
   A. 家庭收入与支出的关系　　　　　B. 圆的半径与圆的面积的关系

C. 产品产量与单位成本的关系　　　　D. 施肥量与粮食单位面积产量的关系

3. 下列属于非线性相关关系的是（　　）。
   A. 施肥量与粮食单位面积产量的关系
   B. 销售量一定，销售总额与单位商品价格的关系
   C. 一般情况下，居民收入与居民储蓄存款的关系
   D. 圆的周长与圆的直径之间的关系

4. 相关系数的取值范围是（　　）。
   A. $0 \leq r \leq 1$　　B. $-1 < r < 1$　　C. $-1 \leq r \leq 1$　　D. $r > 1$

5. 相关系数为0，说明两个变量之间（　　）。
   A. 是严格的函数关系　　　　　　　B. 不存在相关关系
   C. 不存在线性相关关系　　　　　　D. 存在曲线关系

6. 当变量 x 的数值增大时，变量 y 的数值明显减小，相关点的分布集中呈直线状态，则表明这两个变量之间是（　　）。
   A. 强正相关　　　B. 弱正相关　　　C. 强负相关　　　D. 弱负相关

7. 判定现象之间相关关系密切程度的主要方法是（　　）。
   A. 绘制相关图　　B. 编制相关表　　C. 进行定性分析　　D. 计算相关系数

8. 现象之间相互依存关系的程度越高，则相关系数值（　　）。
   A. 越接近于∞　　B. 越接近于 -1　　C. 越接近于1　　D. 越接近于 -1 或1

9. 回归方程 $y_c = a + bx$ 中的回归系数 b 说明自变量变动一个单位时，因变量（　　）。
   A. 变动 b 个单位　　　　　　　　B. 平均变动 b 个单位
   C. 变动 $a+b$ 个单位　　　　　　　D. 变动 $1/b$ 个单位

10. 相关系数与估计标准误差的关系表现为（　　）。
    A. 相关系数越大，估计标准误差的数值越小
    B. 相关系数越小，估计标准误差的数值越大
    C. 相关系数绝对值越大，估计标准误差的数值越小
    D. 相关系数绝对值越小，估计标准误差的数值越小

二、多项选择题

1. 社会经济现象之间相互联系的类型有（　　）。
   A. 函数关系　　B. 相关关系　　C. 回归关系　　D. 随机关系
   E. 依存关系

2. 下列属于相关关系的有（　　）。
   A. 施肥量和水稻产量　　　　　　　B. 人的身高和体重
   C. 农业劳动生产率与机械化程度　　D. 家庭收入与家庭生活消费
   E. 羽毛球拍的价格与农业收入

3. 直线相关分析的特点表现为（　　）。
   A. 两个变量之间的地位是对等关系　　B. 只能算出一个相关系数
   C. 相关系数有正负号　　　　　　　　D. 相关的两个变量必须都是随机变量
   E. 不反映任何自变量和因变量的关系

4. 工人的工资（元）对劳动生产率（千元）的估计回归直线方程为：$y_c = 9 + 71x$，这

意味着，（　　）。
  A. 如果劳动生产率为 1 000 元，则工人工资为 71 元
  B. 劳动生产率每增加 1 000 元，工人工资平均增加 71 元
  C. 劳动生产率增加到 1 000 元，工人工资平均增加 80 元
  D. 劳动生产率为 1 000 元，工人工资为 80 元
5. 估计标准误差是反映（　　）。
  A. 回归方程代表性的指标　　　　B. 自变量离散程度的指标
  C. 因变量数列离散程度的指标　　D. 因变量估计值可靠程度的指标
  E. 自变量可靠程度的大小

三、判断题

1. 相关系数为 +1 时，说明两个变量完全相关；相关系数为 –1 时，说明两个变量不相关。（　　）
2. 若一变量的值增加时，另一相关变量的值也增加，说明两个变量之间存在正相关关系；若一变量的值减少时，另一相关变量的值也减少，说明两个变量之间存在负相关关系。（　　）
3. 只有当相关系数接近 +1 时，才能说明两个变量之间存在高度相关关系。（　　）

四、简答题

1. 什么是相关关系？它与函数关系的区别和联系是什么？
2. 回归分析与相关分析有何区别和联系？
3. 相关分析和回归分析的主要内容是什么？
4. 相关关系是怎么分类的？
5. 回归分析有什么意义？

技能训练

1. 某市 10 家大型超市营业员人均销售额和利润率资料见表 6-30。

表 6-30　大型超市营业员人均销售额和利润率

超市序号	人均销售额/万元	利润率/%
1	6	12.6
2	5	10.4
3	8	18.5
4	1	3.0
5	4	8.1
6	7	16.3
7	6	12.3
8	3	6.2
9	3	6.6
10	7	16.8

要求：
(1) 计算相关系数；
(2) 根据资料建立以利润率为因变量的回归方程，并依据方程说明人均销售额和利润率相关关系种类；
(3) 计算估计标准误差。

2. 大城市 2018 年 10 个高档小区商品房销售情况的调查结果见表 6-31。

表 6-31 高档小区商品房销售情况

城市序号	1	2	3	4	5	6	7	8	9	10
月平均销量/套	78	96	103	116	118	122	130	152	161	180
每平方均价/万元	1.9	1.8	1.8	1.6	1.5	1.5	1.6	1.5	1.4	1.4

试分析 10 个高档小区商品房月平均销量与每平方均价的关系，并设想当每平方均价为 2 万元时，平均销量可望达到多少套。

3. 某银行下设 10 个分行不良贷款相关资料见表 6-32。

表 6-32 某银行下设 10 个分行不良贷款相关资料

分行编号	不良贷款/亿元	各项贷款余额/亿元	本年累计应收贷款/亿元	贷款项目个数/个	本年固定资产投资额/亿元
1	8	623	82	13	81
2	11	705	86	17	112
3	15	786	91	21	137
4	18	805	89	26	91
5	23	911	96	33	145
6	21	867	85	28	138
7	19	833	79	25	145
8	25	926	97	30	120
9	23	867	80	29	95
10	28	938	93	37	125

试就以上数据资料分析该银行不良贷款形成的原因。

项目七

动态数列的分析与应用

★ 应达目标

知识目标

1. 了解动态分析指标的概念、影响因素和应用原则；
2. 了解动态分析指标变化趋势含义及其分类；
3. 理解动态分析指标之间的相互关系；
4. 掌握动态分析指标的计算方法与应用范围。

技能目标

1. 能在实践中根据经济现象的性质正确选择分析方法；
2. 能用动态分析结果解释经济现象的发展变化状态及变化趋势；
3. 能利用 SPSS 软件对经济现象发展变化进行趋势分析。

任务一　动态数列的编制

★ 任务导入

社会经济现象总是随着时间的推移而变化，呈现出动态性。统计对社会经济现象的研究，一方面要从静态上揭示研究对象在具体时间、地点条件下的数量特征和数量关系；另一方面要从动态上反映其发展和变化的规律。例如，一个企业由于规模的不断扩大，年产值在不断增加，同时，由于成本控制不断加强，其生产成本不断下降，这些现象为什么会出现这样的变化？这就要用到动态数列的理论和知识来解释。

★ 知识共享

一、时间数列的概念

将不同时间的某一统计指标数据按照时间的先后顺序排列起来而形成的统计数列就是动态数列,也称时间序列。任何一个时间数列,均由两个基本要素构成:一个是时间顺序,即现象所属的时间,常用 t 表示;另一个是与时间对应的统计数据,也就是反映该现象在一定时间条件下数量特征的指标值,即不同时间的统计数据(现象在不同时间的观察值),可以是绝对数、相对数和平均数,见表7-1。

表7-1 某地区2009—2018年居民储蓄和消费水平

年份	居民储蓄存款年底余额/亿元	居民储蓄存款年增加额/亿元	居民人均消费水平/元	城乡居民人均消费水平对比(农村居民=1)
2009年	9 628	1 514	4 346	3.5
2010年	10 336	1 710	4 632	3.6
2011年	13 768	1 857	4 869	3.8
2012年	16 917	1 933	5 106	3.9
2013年	17 362	2 031	5 411	3.8
2014年	18 250	2 129	5 925	3.7
2015年	19 036	2 214	6 463	3.8
2016年	199 885	2 315	7 138	3.7
2017年	210 352	2 409	8 103	3.6
2018年	221 886	2 505	9 181	3.5

在时间数列中,现象所属的时间单位可以是年,也可以是季、月、日等,但在同一动态数列中,指标所属的时间长短要统一,这样在分析研究中无须考虑时间单位不同所造成的差异。

在经济现象研究和分析中,时间数列可以用于以下目的:①描述现象在具体时间条件下的发展状况和变化结果;②研究现象发展速度、发展趋势,探索其发展变化的规律;③进行动态预测。

二、时间数列的种类

按照统计数据的表现形式不同,反映现象发展变化过程的时间数列可以分为绝对指标(总量指标)时间数列、相对指标时间数列和平均指标时间数列三种类型。

(一)总量指标时间数列

总量指标时间数列是指反映现象总水平或总规模发展变化的统计数列。即时间数列是由现象在各个时间的总量指标值构成的。表7-1中各年的"居民储蓄存款年底余额"和"居民储蓄存款年增加额"两个时间数列就是总量指标时间数列。

根据总量指标反映现象的时间状况不同，总量指标时间数列又分为时期数列和时点数列。

1. 时期数列

时期数列是由一系列时期指标编制而成的时间数列。数列中的每个指标数值都是反映某种社会经济现象在一段时期内的发展过程所达到的总量。例如，表 7-1 中各年的"居民储蓄存款年增加额"就是一个时期数列，各时期的长度为 1 年，反映一年内居民存款增加的总量。时期数列具有以下特点：

（1）数列中各指标的数值是可以相加的，即相加具有一定的经济意义。由于时期数列中每个指标的数值表示一段时期内发展过程所达到的总量，所以相加后的数值就表现在更长一段时期内发展过程所达到的总量。例如，把 2011—2015 年的居民储蓄存款年增加额加总后，就是"十五"期间居民储蓄存款增加总额。

（2）数列中每一个指标数值的大小与所属的时期长短有直接的关系。在时期数列中，每个指标所包括的时间长度，称为"时期"。时期的长短，主要根据研究目的来定，可以是日、旬、月、季、年或更长时期。一般来说，时期越长，指标数值就越大，反之越小。

（3）数列中每个指标的数值都是通过连续不断的登记取得的，数列中每个指标值反映现象在相应时期内发展变化的总量。

2. 时点数列

时点数列是由一系列时点指标编制而成的时间数列。数列中每个指标数值都是反映现象在某一时点上（瞬间）所存在的状态或数量水平。例如，表 7-1 中各年的"居民储蓄存款年底余额"就是一个时点数列，它反映了在每年年底这一时刻上存款的总额，该时点数列的间隔为一年。时点数列包括连续时点数列（登记时间详细到"天"）和间断时点数列。时点数列具有以下特点：

（1）数列中各个指标值是不能相加的，相加没有实际意义。属于时点数列中每个指标值都是表明在某一时点上所存在的数量，相加以后无法说明属于哪一时点的数量。

（2）数列中每一个指标数值的大小与其时间间隔长短没有直接联系。属于时点数列每个指标数值只表明现象某一时点上的数量，年末数值可能大于月末数值，也可能小于月末数值。因此，它的指标数值大小与时间间隔长短没有直接联系。

（3）数列中每个指标的数值，通常是通过一定时期登记一次而取得的，一般只能在某一规定时点上而取得。

（二）**相对指标时间数列**

将一系列同类的相对指标按照时间先后顺序排列起来而形成的时间数列称为相对指标时间数列。它反映的是现象之间数量对比关系的发展变化过程，说明现象的比例关系、结构、速度的发展变化过程。如表 7-1 中的城乡居民人均消费水平对比就是一个相对指标时间数列，反映了十年来城乡居民人均消费水平对比的变化。相对指标时间数列中的指标值在时间上是不能相加的。

（三）**平均指标时间数列**

将一系列同类的统计平均数按照时间先后顺序排列起来而形成的时间数列称为平均指标时间数列。它反映的是现象平均水平的发展动态，说明现象一般水平的变化过程的发展趋势。如表 7-1 中的居民人均消费水平就是一个平均指标时间数列。平均指标时间数列中的指标值在时间上也是不能相加的，但在计算序时平均数过程中需要相加。

三、时间数列的编制原则

编制时间数列的目的是通过同一指标不同时间的数值对比来反映社会现象的发展过程及其规律性。因此，要确保同一指标不同时间的数值对比的可比性，必须坚持如下原则：

1. 时间长度应一致

这里的时间长度有两种含义：一是数据本身所涉及的时间长度（时期长度）；二是各数据之间的时间间隔长度（时点间隔长度的一致）。由于时期数列的指标值大小与时期长度有直接关系，因此时间长度不一致就不具有可比性，所以要求时间长度应一致。当然，在实际操作中，这个原则不能过于绝对化。

2. 总体范围应一致

时间数列中各个数据所属的空间范围必须一致。这里的空间范围主要是指现象的所属范围（如地区管辖范围或部门所属范围）。如果所属范围发生了变化，变化前后的现象指标也就不具有可比性。例如有的城市为了扩大城市规模，把原来不属于本市管辖范围周边地区划归本市所管辖，因此用变化前后的经济指标对比就没有多大意义。

3. 经济内容应一致

在时间数列中，经济指标所反映的不仅是现象量的方面，还有一定质的内容，因此编制时间数列时要注意各个指标内容的同质性。在指标名称相同，指标内容不同（或不尽相同）时，进行比较分析会得出错误的结论。

4. 统计口径应一致

统计口径主要是计算方法、计量单位等。在编制时间数列时，不论采取何种方法，按照何种价格或单位进行计量，要求前后必须一致。如编制劳动生产率时间数列时，分析指标（产量）可以用实物量计算，也可以用价值量计算，用来对比的指标（人数）可以是全部职工人数，也可以是生产工人数；但在同一动态数列中，产值要么前后都按实物量计算，要么前后都按可比价格的价值量计算，人数要么前后都是按职工总数计算，要么前后都按生产工人数计算，总之，前后一致才有可比性。

任务二　动态数列的水平指标分析

★任务导入

在对经济现象观察的过程中，我们经常看到现象在各个时期的表现值是不相同的，说明经济现象在不同时间（或时点）的发展水平在变化，因此，就存在一个如何描述经济现象在不同时间（或时点）上的量变问题，以反映经济现象在不同时间的水平变化状况，这就是经济动态数列的变动量分析（也叫时间数列水平分析）。

★知识共享

一、发展水平

发展水平是时间数列中各具体时间条件下的具体表现值，反映经济现象发展变化在一定时期内（或时点上）所达到的水平（所存在的量）。发展水平是计算其他所有动态指标的基础，用符号 a_i（$i=0,1,2,\cdots,n$）表示，其数列形式如下：

$$a_1, a_2, \cdots, a_{n-1}, a_n$$

为了分析方便，时间数列水平分析指标可以进行如下划分：

为了分析时间序列的速度指标的需要，在对动态数列进行分析时，一般将动态数列的第一时期发展水平定义为基期水平，用 a_0 表示，而把所要研究分析的各时期发展水平统称为报告期水平，用 a_i（$i=0,1,2,\cdots,n$）表示；则动态数列水平分析指标可以划分为

二、平均发展水平

将一个动态数列各期发展水平加以平均而得到的平均数，叫作平均发展水平，又称序时平均数或动态平均数。它反映现象在一定时间内发展变化所达到的一般水平。平均发展水平的计算因动态数列性质的不同而有不同的计算方法。

（一）总量指标时间数列的序时平均数

1. 时期数列的序时平均数

由于时期数列具有可加性，所以计算时期数列的序时平均数可用简单算术平均法。即将动态数列各期的水平直接加总后除以数列的项数。计算公式为

$$\bar{a} = \frac{a_0 + a_1 + a_2 + \cdots + a_n}{n} = \frac{\sum a_i}{n}$$

式中 a_i——各时期的发展水平（$i=0,1,2,\cdots,n$）；

n——时期数列的项数；

$\bar{a}$——序时平均数。

2. 时点数列的序时平均数

由于时点数列中的"时点"表现的状态不同，因此计算时点数列的序时平均数可以有不同的方法，在实际计算时因掌握资料的情况不同而有所不同。

（1）当时点数列为连续时点时。

①当时点数列为连续变动时点时。所谓连续变动时点就是指标值为"每天有变动，天天有登记（记录）"的资料。因此可以用简单算术平均法进行计算：

$$\bar{a} = \frac{a_0 + a_1 + a_2 + \cdots + a_n}{n}$$

②当时点数列为非连续变动时点时。所谓非连续变动时点就是指标值为"隔日有变动,变时才登记"的资料。因此可以用加权算术平均法进行计算:

$$\bar{a} = \frac{a_0 f_0 + a_1 f_1 + a_2 f_2 + \cdots + a_n f_n}{\sum_{i=0}^{n} f_i}$$

(2) 当时点数列为间隔时点时。

①间隔相等的时点数列,采用"首尾(首末)折半法"计算。先计算任意相邻两时点发展水平的平均数,然后将这些平均数进行简单算术平均。计算公式为

$$\bar{a} = \frac{\frac{a_1 + a_2}{2} + \frac{a_2 + a_3}{2} + \cdots + \frac{a_{n-1} + a_n}{2}}{n - 1} = \frac{\frac{a_1}{2} + a_2 + \cdots + a_{n-1} + \frac{a_n}{2}}{n - 1}$$

式中 n——时点个数。

②间隔不等的时点数列,采用"两两平均加权法"计算。先计算各相邻时点的平均数,然后再以各间隔长度为权数,应用加权平均法计算序时平均数。计算公式为

$$\bar{a} = \frac{\frac{a_1 + a_2}{2} f_1 + \frac{a_2 + a_3}{2} f_2 + \cdots + \frac{a_{n-1} + a_n}{2} f_{n-1}}{\sum f_i}$$

式中 f——各时点间隔的距离。

(二) 相对指标时间数列的序时平均数

计算相对指标动态数列的序时平均数时,由于相对指标动态数列的指标值不能直接相加对比,因此,不能直接用相对指标的动态数列来计算序时平均数,而要分别求出构成相对指标的分子和分母原指标动态数列的序时平均数,然后进行对比所得到的比值就是所要计算的相对指标动态数列的序时平均数,其计算步骤如下:

第一步:分别求出构成相对指标的分子和分母原指标动态数列的序时平均数 $\bar{a}$ 和 $\bar{b}$。

第二步:求相对指标动态数列的序时平均数:

$$\bar{c} = \frac{\bar{a}}{\bar{b}}$$

在实践工作中,根据上述公式计算相对指标时间数列的序时平均数时,应当分清分子、分母指标的动态数列是时期数列还是时点数列,如果是时点数列的话,那还要分清是哪种情况的时点数据资料,然后分别根据不同情况运用前面介绍的不同方法进行计算。

(三) 平均指标时间数列的序时平均数

平均指标是由两个总量指标相除所得到的商值,在计算的形式上与相对指标的计算方法相似,因此,平均指标时间数列的序时平均数的计算方法与相对指标时间数列的序时平均数的计算方法相同。

三、增长量

增长量是指标在一段时期内增长的绝对量,以报告期水平与基期水平之差来表示。即增长量=报告期水平-基期水平。用公式表示:增长量= $a_i - a_j$, $i \neq j$;说明现象在一定时期

内所增长的绝对数量和发展的增长方向：$(a_i - a_j)$ 为正时，表示呈现（正增长）增长趋势；$(a_i - a_j)$ 为负时，表示呈现（负增长）下降趋势。增长量有正负之分，若为正值，表明增加；若为负值，表明减少，故又称为"增减量"指标。

根据选择基期的不同，增长量有不同的类型。

1. 逐期增长量

逐期增长量是报告期水平与前一期水平之差，反映逐期增长数量的大小，用公式表示为

$$逐期增长量 = a_i - a_{i-1}$$

2. 累计增长量

累计增长量是报告期水平与某一固定基期水平（通常是动态数列最初水平）之差，反映某一时期发展的增长总量，用公式表示为

$$累计增长量 = a_i - a_0$$

同一动态数列中，累计增长量与逐期增长量之间的关系如下：

$$a_n - a_0 = (a_1 - a_0) + (a_2 - a_1) + (a_3 - a_2) + \cdots + (a_n - a_{n-1})$$

即逐期增长量之和等于相应的累计增长量，这就是累计增长量名称的由来。同样可以看出，相邻两个累计增长量之差等于相应的逐期增长量，即

$$(a_i - a_0) - (a_{i-1} - a_0) = a_i - a_{i-1}$$

3. 年距增长量

对于按月（季）编制的动态数列，为了消除季节变动的影响，还可以计算年距增长量，它等于本期发展水平比上年同期发展水平增加（减少）的数量。即

$$年距增长量 = 报告期某月（季）发展水平 - 上年同月（季）发展水平$$

四、平均增长量

平均增长量是动态数列中逐期增长量的序时平均数，它表明该现象在一定时段内每期增加（减少）的数量。其计算公式为

$$平均增长量 = \frac{逐期增长量之和}{逐期增长量个数} = \frac{累计增长量}{发展水平个数 - 1}$$

即：

$$平均增长量 = \frac{\sum(a_i - a_{i-1})}{n'} = \frac{a_i - a_0}{n - 1}$$

★任务分享

【例7-1】 某地区 2012—2018 年居民储蓄存款年增加额的资料（亿元）如下：

15, 18, 21, 25, 27, 31, 36

试计算该地区七年平均每年储蓄存款增加额。

任务解析：储蓄存款年增加额是每年所增加的储蓄存款增加的量，而每年储蓄存款增加额是每年365天增加的量，是一个时期数列。由于动态数列具有可加性特点，计算时可直接用算术平均法，所以有

$$\bar{a} = \frac{\sum a_i}{n} = \frac{15 + 18 + 21 + 25 + 27 + 31 + 36}{7} = 24.71 \text{（亿元）}$$

【例7-2】某商场一般都是每天晚上11点统计当天营业情况。假设某商场统计了1—5日连续5天的购物人数分别为1 568、1 632、1 750、1 600、1 810,计算该商场每天平均购物人数是多少?

任务解析:该数据资料属于时点数列,但由于天天有登记,可以看作完全连续时点状况,所以可以用算术平均法求序时平均数。所以有

$$\bar{a} = \frac{\sum a_i}{n} = \frac{1\ 568 + 1\ 632 + 1\ 750 + 1\ 600 + 1\ 810}{5} = 1\ 672\ (人)$$

【例7-3】某企业某月1日有职工210人,在当月12日解聘了5人,在当月24日又新聘用了16人,计算当月平均职工人数是多少?

任务解析:该数据资料属于间断登记的结果,但由于从第一次登记到第二次登记之间具有一个保持不变的连续过程,直到第二次时才有变动(后同),所以,可以看作非完全连续时点状况,所以可以用加权算术平均法求序时平均数。所以有

$$\bar{a} = \frac{\sum af}{\sum f} = \frac{210 \times 11 + 205 \times 12 + 221 \times 7}{11 + 12 + 7} = 211\ (人)$$

【例7-4】假设某银行2013—2018年年底存款余额(万元)分别为103 617.7、119 555.4、141 051.0、161 587.3、172 534.2、217 885.4,试计算该银行2013—2018年间平均每年的存款余额。

任务解析:根据间断时点动态数列序时平均数的计算思路,先要计算各年内的平均存款余额,再对各年内的平均存款余额进行算术平均求得平均每年的存款余额。由于资料给定的是各年年底的余额,所以2014年的平均存款余额要用年末与年初的存款余额进行平均,即需要用到2013年年末的资料。同样,其余年份的年底资料即下一年份的年初资料。则根据以上计算公式,该银行2013—2018年间平均年存款余额为

$$\bar{a} = \frac{\frac{a_1}{2} + a_2 + \cdots + a_{n-1} + \frac{a_n}{2}}{n-1}$$

$$= \frac{\frac{103\ 617.7}{2} + 119\ 555.4 + 141\ 051.0 + 161\ 587.3 + 172\ 534.2 + \frac{217\ 885.4}{2}}{5}$$

$$= 151\ 095.9\ (万元)$$

【例7-5】根据某银行提供的2013年、2016年和2018年三个年度的存款余额(万元)分别为103 617.7、161 587.3、217 885.4,试计算该银行2013—2018年平均年存款余额。

任务解析:由所提供的数据来看,是一个间断而且间隔期不相等的时点数列,根据间断时点动态数列序时平均数的计算思路和要求,可以采用"两两平均加权法"进行计算。

$$\bar{a} = \frac{\frac{a_1 + a_2}{2}f_1 + \frac{a_2 + a_3}{2}f_2 + \cdots + \frac{a_{n-1} + a_n}{2}f_{n-1}}{\sum f_i}$$

$$= \frac{\frac{(103\ 617.7 + 161\ 587.3)}{2} \times 3 + \frac{(161\ 587.3 + 217\ 885.4)}{2} \times 2}{5} = 155\ 456\ (万元)$$

这里的计算结果与例7-4不完全相同，原因是存款余额变化并不完全均匀。

【例7-6】 某企业2018年1—3月份生产计划完成情况的资料见表7-2，试计算该企业第一季度的月平均生产计划完成程度。

表7-2 某企业2018年1—3月份生产计划完成情况

月份	1月	2月	3月
实际产量/吨	1 080.0	1 126.0	1 364.0
计划产量/吨	1 000.0	1 100.0	1 200.0
产量计划完成/%	108.0	102.4	113.7

任务解析：本例是要计算平均计划完成程度，属于相对数动态数列序时平均数。由于相对数动态数列值不能相加对比，所以先要对各月实际产量和计划产量（即分子、分母）数列按时期数列进行平均（即计算序时平均数）然后再对比。所以，该企业第一季度月平均生产计划完成程度为

$$\bar{c} = \frac{\bar{a}}{\bar{b}} = \frac{\sum \frac{a}{n}}{\sum \frac{b}{n}} = \frac{\sum a}{\sum b} = \frac{1\,080 + 1\,126 + 1\,364}{1\,000 + 1\,100 + 1\,200} = 1.082 \times 100\% = 108.2\%$$

【例7-7】 某企业第二季度各月末职工人数变动情况见表7-3，试计算该企业第二季度生产工人占全体职工的平均比重。

表7-3 某企业第二季度各月末职工人数统计表

月份	3月31日	4月30日	5月31日	6月30日
生产工人人数/人	725.0	754.0	760.0	780.0
全体职工人数/人	860.0	863.0	865.0	868.0
生产工人占全体职工比重/%	84.3	87.4	87.9	89.9

任务解析：由于比重是结构相对数，不同时期计算比重的分母是不能直接相加除以数列项数的，而是要把分子、分母两个间隔相等的时点数列对比计算相对数数列序时平均数。该企业第二季度生产工人占全体职工的平均比重为

$$\bar{c} = \frac{\bar{a}}{\bar{b}} = \frac{\dfrac{\dfrac{a_1}{2} + a_2 + a_3 + \cdots + a_{n-1} + \dfrac{a_n}{2}}{n-1}}{\dfrac{\dfrac{b_1}{2} + b_2 + b_3 + \cdots + b_{n-1} + \dfrac{b_n}{2}}{n-1}}$$

$$= \frac{\left(\dfrac{725}{2} + 754 + 760 + \dfrac{780}{2}\right)}{\left(\dfrac{860}{2} + 863 + 865 + \dfrac{868}{2}\right)} = \frac{2\,266.5}{2\,592} \times 100\% = 87.4\%$$

【例7-8】 某商场2018年第三季度商品销售额、库存额和商品流转次数资料见表7-4，

试计算该商场第三季度商品流转次数的序时平均数。

表 7-4 某商场 2018 年第三季度商品销售额、库存额和商品流转次数统计表

月份	6月	7月	8月	9月
商品销售额/万元	—	2 800.0	3 080.0	3 466.0
月末库存额/万元	981	1 173.0	1 393.0	1 175.0
商品流转次数/次	—	2.6	2.4	2.7

任务解析：由表 7-4 资料可见，商品流转次数是强度相对数，是商品销售额除以同期平均商品库存额的结果。其中，商品销售额是时期数列，月末库存额是一个间隔相等的时点数列，计算商品流转次数的序时平均数时，分子采用算术平均法，分母则要采用"首尾（首末）折半法"来计算。其商品流转次数的序时平均数为

$$\overline{c} = \frac{\overline{a}}{\overline{b}} = \frac{\dfrac{a_1 + a_2 + a_3 + \cdots + a_n}{n}}{\dfrac{\dfrac{b_1}{2} + b_2 + b_3 + \cdots + b_{n-1} + \dfrac{b_n}{2}}{n-1}} = \frac{\dfrac{2\,800 + 3\,080 + 3\,466}{3}}{\dfrac{981}{2} + 1\,173 + 1\,393 + \dfrac{1\,175}{2}}{4-1} = 2.56 \text{（次）}$$

【例 7-9】 某企业 2018 年第三季度职工工资情况统计结果见表 7-5，试计算该企业 2018 年第三季度职工工资的序时平均数。

表 7-5 某企业 2018 年第三季度职工工资情况统计表

月份	6月	7月	8月	9月
工资总额/元	—	3 820 000.00	4 080 000.00	5 466 000.00
月末职工人数/人	1 010	1 173.00	1 198.00	1 376.00
月平均工资/元	—	3 256.61	3 405.67	3 972.38

任务解析：由表 7-5 资料可见，月平均工资是一个同总体范围的标志总量与单位总数的对比的结果。其中，工资总额是时期数列，月末职工人数是一个间隔相等的时点数列，计算月平均工资的序时平均数时，分子也是采用算术平均法，分母则同样要采用"首尾（首末）折半法"来计算。其月平均工资的序时平均数为

$$\overline{c} = \frac{\overline{a}}{\overline{b}} = \frac{\dfrac{a_1 + a_2 + a_3 + \cdots + a_n}{n}}{\dfrac{\dfrac{b_1}{2} + b_2 + b_3 + \cdots + b_{n-1} + \dfrac{b_n}{2}}{n-1}} = \frac{\dfrac{3\,820\,000 + 4\,080\,000 + 5\,466\,000}{3}}{\dfrac{1\,010}{2} + 1\,173 + 1\,198 + \dfrac{1\,376}{2}}{4-1} = 3\,750.28 \text{（元）}$$

【例 7-10】 某地区 2009—2018 年居民人均消费水平统计结果见表 7-6，试计算该地区居民人均消费水平的逐期增长量、累计增长量以及 2009—2018 年的年平均增长量。

任务解析：根据逐期增长量、累计增长量以及平均增长量的定义，现以 2009 年的指标值为固定基期水平，根据公式计算出逐期增长量和累计增长量列于表 7-6 中。

表 7-6　某地区 2009—2018 年居民人均消费水平统计表

年份	居民人均消费水平/元	增长量/元	
		逐期	累计
2009 年	3 556	—	—
2010 年	3 842	286	286
2011 年	4 079	237	523
2012 年	4 316	237	760
2013 年	4 621	305	1 065
2014 年	5 135	514	1 579
2015 年	5 673	538	2 117
2016 年	6 348	675	2 792
2017 年	7 313	965	3 757
2018 年	8 391	1 078	4 835

（1）按照平均增长量定义公式直接计算有

$$平均增长量 = \frac{\sum(a_i - a_{i-1})}{n} = \frac{286 + 237 + \cdots + 1\ 078}{10 - 1} = \frac{4\ 835}{9} = 537.22（元）$$

（2）利用累计增长量与逐期增长量的关系计算有

$$平均增长量 = \frac{\sum(a_i - a_{i-1})}{n} = \frac{a_i - a_0}{n - 1} = \frac{8\ 391 - 3\ 556}{10 - 1} = 537.22（元）$$

计算结果表明，该地区居民人均消费水平平均每年增长量为 537.22 元，也就是平均每年以 537.22 元的水平在增长。

任务三　动态数列的速度指标分析

★任务导入

2019 年 1—2 月份，全国规模以上工业增加值同比增长 5.3%，增速比上年 12 月份回落 0.4%。据测算，剔除春节因素，1—2 月份全国规模以上工业增加值同比增长 6.1%。从环比看，2 月份全国规模以上工业增加值比上月增长（环比增长）0.43%。从经济类型看，1—2 月份国有控股企业增加值同比增长 4.4%，股份制企业增长 6.4%，外商及港澳台商投资企业下降 0.3%。这里的"同比"和"环比"就是对经济动态数列变动度分析结果的表述，也是我们对经济分析一般描述时应用比较多的两个评价指标。所以，经济动态数列的变动度分析在经济现象分析中具有重要作用。

★知识共享

一、发展速度

发展速度是同一现象两个不同时期发展水平对比的相对数,即经济现象报告期水平与基期水平的比值,表明经济现象在一段时期内发展变化相对程度。其计算公式为

$$发展速度 = \frac{报告期水平}{基期水平} \times 100\%$$

发展速度通常用百分数表示,当比值较大时,也可用倍数和翻番数表示。

由于采用的基期水平不同,发展速度可分为定基发展速度、环比发展速度和年距发展速度。

1. 定基发展速度

定基发展速度是报告期水平与某一固定基期水平(通常是最初水平)之比,用符号表示为

$$\frac{a_1}{a_0}, \frac{a_2}{a_0}, \frac{a_3}{a_0}, \cdots, \frac{a_n}{a_0}$$

即定基发展速度 $= \frac{a_i}{a_0}$($i = 1, 2, \cdots, n$)。说明报告期水平已经发展到了固定期水平的百分之几(或多少倍),表明现象在比较长时期内总的发展程度(称为总速度)。

2. 环比发展速度

环比发展速度是报告期水平与前一时期水平之比,用符号表示为

$$\frac{a_1}{a_0}, \frac{a_2}{a_1}, \frac{a_3}{a_2}, \cdots, \frac{a_n}{a_{n-1}},$$

即环比发展速度 $= \frac{a_i}{a_{i-1}}$($i = 1, 2, \cdots, n$)。说明报告期水平已经发展到了前一时期水平的百分之几(或多少倍),表明现象逐期的发展程度。

3. 定基发展速度与环比发展速度的关系

(1)同一时间数列各期环比发展速度的乘积等于相应时期的定基发展速度。

$$\frac{a_n}{a_0} = \frac{a_1}{a_0} \times \frac{a_2}{a_1} \times \frac{a_3}{a_2} \times \frac{a_n}{a_{n-1}}$$

(2)两个相邻时期的定基发展速度之比,等于相应时期的环比发展速度。

$$\frac{a_i}{a_{i-1}} = \frac{a_i}{a_0} \div \frac{a_{i-1}}{a_0}$$

4. 年距发展速度

类似于年距发展水平指标,对于按月(季)编制的时间数列,可计算年距发展速度,用公式表示为

$$年距发展速度 = \frac{报告期水平}{上年同期水平}$$

它消除了季节变动的影响,表明本期水平相对于上年同期水平发展变化的方向与程度,是实际统计分析中经常应用的同比指标。也可以选用历史最高水平的时间作为对比的基期,以反映在报告期超过或不及历史最高水平的程度。

二、增长速度

增长速度是报告期的增长量与基期发展水平之比。它是表明社会经济现象增长程度的相对指标,用以反映现象报告期水平比基期水平的增长程度。其基本计算公式为

$$增长速度 = \frac{报告期增长量}{基期水平}$$

$$= \frac{报告期水平 - 基期水平}{基期水平} \times 100\%$$

$$= 发展速度 - 100\%$$

以上的计算公式反映了发展速度与增长速度之间的密切关系,即增长速度 = 发展速度 − 1（或 100%）。增长速度通常用百分数表示（也可以倍数表示）。当发展速度大于 100% 时,增长速度为正值,表示现象增加的程度;当发展速度小于 100% 时,增长速度为负值,表示现象减少的程度,故又称为增减速度。

增长速度因所采用基期不同,可分为定基增长速度、环比增长速度和同比增长速度。

1. 定基增长速度

定基增长速度是累计增长量与某一固定期水平（基期水平）之比,表明某种现象在一段时期内总的增长速度。其计算公式为

$$定基增长速度 = \frac{累计增长量}{固定基期水平}$$

$$= \frac{a_i - a_0}{a_0} = \frac{a_i}{a_0} - 1 \quad (i = 1, 2, \cdots, n)$$

即定基增长速度 = 定基发展速度 − 1（或 100%）,用符号表示为

$$\frac{a_1 - a_0}{a_0}, \frac{a_2 - a_0}{a_0}, \frac{a_3 - a_0}{a_0}, \cdots, \frac{a_n - a_0}{a_0} \quad 或 \quad \frac{a_1}{a_0} - 1, \frac{a_2}{a_0} - 1, \frac{a_3}{a_0} - 1, \cdots, \frac{a_n}{a_0} - 1$$

2. 环比增长速度

环比增长速度是逐期增长量与其前一期发展水平之比的相对数,表明某种现象逐期增长的程度。其计算公式为

$$环比增长速度 = \frac{逐期增长量}{前一期发展水平} = \frac{报告期水平 - 前一期发展水平}{前一期发展水平}$$

$$= \frac{a_i - a_{i-1}}{a_{i-1}} = \frac{a_i}{a_{i-1}} - 1 \quad (i = 1, 2, \cdots, n)$$

即环比增长速度 = 环比发展速度 − 1（或 100%）,用符号表示为

$$\frac{a_1 - a_0}{a_0}, \frac{a_2 - a_1}{a_1}, \frac{a_3 - a_2}{a_2}, \cdots, \frac{a_n - a_{n-1}}{a_{n-1}} \quad 或 \quad \frac{a_1}{a_0} - 1, \frac{a_2}{a_1} - 1, \frac{a_3}{a_2} - 1, \cdots, \frac{a_n}{a_{n-1}} - 1$$

3. 同比增长速度

同比增长速度也叫年距增长速度,表明本期与上年同期增长（降低）了百分之几或若干倍。其计算公式为

$$同比增长速度 = \frac{年距增长量}{上年同期水平} = \frac{报告期水平 - 上年同期水平}{上年同期水平}$$

$$= 年距发展速度 - 1$$

发展速度与增长速度是对社会经济现象进行动态分析的基本指标。在实践应用中要注意的两个问题：①环比增长速度与定基增长速度没有直接换算关系。也就是说，环比增长速度的连乘积不等于定基增长速度。如需推算，必须将增长速度转化为发展速度，利用发展速度的关系互相推算，再转化为增长速度。②当报告期水平与基期水平方向不一致时不宜用增长速度。也就是说，当一个为增长、另一个为减少时，不宜计算增长速度这个指标。

三、平均发展速度

平均发展速度是一定时期内某种社会经济现象各期环比发展速度的序时平均数。它用以反映现象在较长一段时期内逐期平均发展变化的程度，说明在发展期内平均发展变化的程度。各时期对比的基础不同，所以不能用一般序时平均数的计算方法。平均发展速度是不同时间发展水平的动态相对数，目前常用的计算方法有几何平均法和高次方程法。

1. 几何平均法（水平法）

采用这一方法的原理是一定时期内现象发展的总速度（即定基发展速度）等于各期环比发展速度的连乘积，则根据平均数的性质，以平均发展速度 $\bar{x}$ 代替各期环比发展速度计算出来的总发展速度应等于实际的总发展速度，即

$$\frac{a_n}{a_0} = \frac{a_1}{a_0} \times \frac{a_2}{a_1} \times \cdots \times \frac{a_n}{a_{n-1}} = \bar{x} \times \bar{x} \times \cdots \times \bar{x} = (\bar{x})^n$$

解得

$$\bar{x} = \sqrt[n]{\frac{a_1}{a_0} \times \frac{a_2}{a_1} \times \cdots \times \frac{a_n}{a_{n-1}}} = \sqrt[n]{\frac{a_n}{a_0}}$$

2. 高次方程法（累计法）

在实际工作过程中，一些长期规划一般都是按照累计法来制定的，以保证计划内各期发展水平的累计达到计划规定的总数，因此，计算平均发展速度就要用累计法。采用这一方法的原理是以时间数列的最初水平 a_0 为基期水平，用平均发展速度 $\bar{x}$ 代替各期的环比发展速度来推算各期理论水平，且各期理论水平应等于各期的实际水平，即

$$a_1 = a_0 \frac{a_1}{a_0} = a_0 \bar{x}$$

$$a_2 = a_0 \frac{a_1 a_2}{a_0 a_1} = a_0 \bar{x}^2$$

$$\vdots$$

$$a_n = a_0 \frac{a_1 a_2}{a_0 a_1} \cdots \frac{a_n}{a_{n-1}} = a_0 \bar{x}^n$$

相应的，各期理论水平之和应等于各期实际水平之和，即

$$a_0(\bar{x} + \bar{x}^2 + \cdots + \bar{x}^n) = \sum a_i$$

$$\bar{x} + \bar{x}^2 + \cdots + \bar{x}^n = \frac{\sum a_i}{a_0}$$

解以上高次方程，所得到的正根就是平均发展速度。用高次方程法计算平均发展速度，等式两边分别是各期理论水平与实际水平累计之和，所以它也称为累计法。在手工计算的时

代，运用方程式法往往需要依赖于前人事先编制好的平均增长速度查对表，那是一件比较麻烦的事情。但在计算机普及后，应用方程式法已不再困难。

几何平均法和高次方程法是计算平均发展速度的基本方法，但两者的侧重点不同，也各有优劣：前者是从期末水平出发来进行研究，直接根据期末与期初水平就能求得，既适用于时期数列也适用于时点数列，但该方法忽略了中间各期水平，当各期水平波动较大，各期环比发展速度变化较大时，用几何平均法计算的平均发展速度就不能准确反映实际的发展过程；后者是从各期水平累计总和出发，计算过程考虑了中间各期的发展水平，但仅适用于满足"可加性"的时期数列。

知识扩展

计算和运用平均发展速度时应注意的问题

1. 根据统计研究目的选择计算方法

计算平均发展速度有几何平均法（水平法）和高次方程法（累计法）两种方法。这两种方法在具体运用上各有其特点和局限性。当目的在于考察最末一年发展水平而不关心各期综合水平时，可采用水平法；当目的在于考察各期发展水平总和而不关心最末一年水平时，可采用累计法。这样可以扬长避短，发挥两种计算方法的优势。

2. 要注意社会经济现象的特点

（1）当现象随着时间的推移比较稳定地逐年上升或逐年下降时，一般采用水平法计算平均发展速度。但要注意，如果编制的动态数列中，最初水平和最末水平受特殊因素的影响出现过高或过低的情况，则不可计算平均发展速度。

（2）当现象的发展不是有规律地逐年上升或下降，而是经常表示为升降交替，一般采用累计法计算平均发展速度。但要注意，如果资料中间有几年环比速度涨得特别快，而又有几年降低得比较多，出现悬殊和不同的发展方向，就不可计算平均发展速度，因为用这样的资料计算的平均发展速度会降低这一指标的意义，从而不能确切说明实际情况。

3. 应采取分段平均速度来补充说明总平均速度

用分段平均速度来补充说明总平均速度在分析较长历史时期资料时尤为重要。因为仅根据一个总的平均指标只能笼统概括地反映其在很长时期内逐年平均发展或增长的程度，对于深入了解这种现象的发展和变化情况往往是不够的。例如，要分析中华人民共和国成立以来粮食产量的平均发展速度和平均增长速度时，就有必要分别以国民经济恢复时期、各个五年计划时期和各个特定时期（如某几年受自然灾害的影响，产量逐年下降）等分段计算其平均速度加以补充说明。

4. 平均发展速度指标要与其他指标结合应用

（1）分析经济指标变动时，要与发展水平、增长量、环比速度、定基速度等各项基本指标结合应用，起到分析研究和补充说明的作用，以便对现象有比较确切和完整的认识。

（2）在经济分析中，要与其他有关经济现象的平均发展速度指标结合运用。例如，工农业生产的平均速度、基本建设投资额与新增固定资产的平均量、商品销售额与利润额的平均速度等，都可以结合进行比较研究，以便深入了解有关现象在各个研究时期中每年平均发展速度和增长程度，为研究国民经济各种具体密切联系的现象的发展动态提供数据。

四、平均增长速度

平均增长速度又称平均增减速度，是各期环比增长速度的序时平均数，表示某种现象在一个比较长时期内逐期平均增长变化的程度；平均增长速度是根据它与平均发展速度的关系推算出来的。即

$$平均增长速度 = 平均发展速度 - 1（或100\%）$$

由此可见，要计算平均增长速度，首先要计算平均发展速度，然后将其减"1"（或100%）就是平均增长速度。

平均增长速度是用以反映现象在一定时期内逐期递增（减）的相对程度（又称递增率或递减率），说明现象在较长时期内平均每期增长或降低的速度。当平均发展速度大于"1"时，平均增长速度就为正值，表示某种现象在一个比较长时期内逐期平均递增的速度；反之，当平均发展速度小于"1"时，平均增长速度就为负值，表示某种现象在一个比较长时期内逐期平均递减的速度。

★任务分享

【例7-11】某公司在经受2008年的全球性金融危机影响之后，公司规模有了进一步发展，营业利润有了进一步的提高。据统计该公司2009—2018年的利润总额情况见表7-7。

表7-7 某公司2009—2018年利润总额情况统计表

年份	2009年	2010年	2011年	2012年	2013年	2014年	2015年	2016年	2017年	2018年
利润/千万元	507	589	626	668	643	621	602	669	728	875

为了更直观地反映利润变化情况，将统计表用折线图表示如图7-1所示。

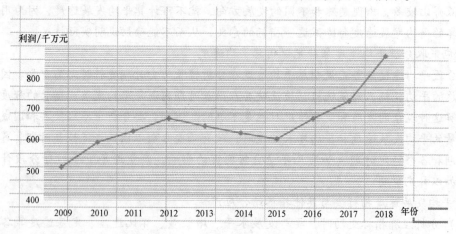

图7-1 公司利润折线图

要求：

(1) 计算发展速度和增长速度。

(2) 计算平均发展速度和平均增长速度。

任务解析：

（1）计算发展速度和增长速度。

发展速度和增长速度是速度分析的两个基础指标，计算简单，根据定义公式计算就可以，计算结果见表7-8。

表7-8　某公司2009—2018年利润情况统计表

年份	营业利润/千万元	发展速度/%		增长速度/%	
		环比发展速度	定基发展速度	环比增长速度	定基增长速度
2009年	506	—	—	—	—
2010年	589	116.40	116.40	16.40	16.40
2011年	626	106.28	123.72	6.28	23.72
2012年	668	106.71	132.01	6.71	32.01
2013年	643	96.26	127.08	-3.74	27.08
2014年	621	96.58	122.73	-3.42	22.73
2015年	602	96.94	118.97	-3.06	18.97
2016年	669	111.13	132.21	11.13	32.21
2017年	728	108.82	143.87	8.82	43.87
2018年	875	120.19	172.92	20.19	72.92

（2）计算平均发展速度和平均增长速度。

从财务分析（3年数据比较分析）的角度看：①2009—2011年：逐年增加；②2012—2014年：逐年减少；③2015—2017年：逐年增加，且增长较快。如果要分析这个公司利润总额变动趋势（规律）的话，仅用哪个阶段变动情况来表述都是"不合适的"。因为用3年数据变化来反映经济现象在一个较长的时期变化趋势（规律）是没有说服力的。所以，要反映该公司利润总额变动趋势只有用平均发展速度和平均增长速度。在计算平均发展速度时，可以根据资料提供情况采用不同的计算方法。

①当资料提供的是初期水平和末期水平时（由表7-8知：$a_0=506$，$a_n=875$），所以有

$$\bar{x} = \sqrt[n]{\frac{a_n}{a_0}} = \sqrt[9]{\frac{875}{506}} = 138.23\%$$

②已知各期环比发展速度时（由表7-8知各期环比发展速度），有

$$\bar{x} = \sqrt[n]{\prod \frac{a_i}{a_{i-1}}} = \sqrt[9]{116.40\% \times 106.28\% \times \cdots \times 108.82\% \times 120.19\%} = 138.23\%$$

③已知总发展速度（由表7-8知总发展速度），有

$$\bar{x} = \sqrt[n]{R} = \sqrt[9]{172.92\%} = 138.23\%$$

由平均增长速度与平均发展速度的关系知

平均增长速度 = 平均发展速度 − 1 = 138.23% − 100% = 38.23%

【例7-12】 现以某地区2013—2018年粮食产量资料（见表7-9）为例，说明如何利用累计法查对表来求平均发展速度和平均增长速度。

表7-9 某地区2013—2018年粮食产量

年份	粮食产量/万吨	年份	粮食产量/万吨
2013年	67（a_0）	2016年	83（a_3）
2014年	75（a_1）	2017年	88（a_4）
2015年	79（a_2）	2018年	93（a_5）

任务解析：由于经济现象发展变化有增长和降低两种可能，因此，累计法查对表就有递增或递减两向表，查表时要先确定该资料是呈递增还是递减状态，然后进行查对工作，其方法如下：

第一步，计算递增或是递减速度。

$$\frac{a_1+a_2+a_3+a_4+a_5}{n}=\frac{75+79+83+88+93}{5}=83.6\text{（万吨）}$$

可见计算结果大于基期指标（67）为递增速度，因此查表时应在累计法查对表的增长速度部分查找。

第二步，计算总发展速度。

$$\frac{a_1+a_2+a_3+a_4+a_5}{a_0}=\frac{75+79+83+88+93}{67}=6.2388\text{（万吨）}$$

计算结果表明该地区2013—2018年粮食产量的总发展速度为623.88%

第三步，查表。见附表6，在累计法平均增长速度查对表中的$n=5$的栏内，找到接近623.88%的数字是624.41%，再查到该数所在行左边第一栏内百分比为7.5%，即所求的每年平均增长速度。根据平均增长速度与平均发展速度的关系有

$$100\%+7.5\%=107.5\%$$

即该地区2013—2018年粮食产量的平均发展速度为107.5%。

任务四 动态数列的趋势分析

★ **任务导入**

当观察我国经济发展过程时，可以看到我国经济自改革开放以来，一直保持着持续增长态势，且在不断向好的方向发展。当我们分析一个盈利能力较强的企业的成本状况时，可以发现该企业通过成本控制不断加强，其成本一直保持着持续降低的态势。这里无论是持续增长还是持续降低都是经济现象发展变化趋势的反映，体现了经济现象发展变化的规律。那么，如何分析经济现象发展变化趋势？那就必须了解和研究趋势分析的理论和方法。

★知识共享

一、动态数列分析概况

（一）动态数列变动的影响因素

现象的发展变化受许多因素的影响，其变化是各因素共同作用的结果。不同的因素所引起的作用不同，产生的结果也就不同，并且形成了现象的不同时间数列。在统计分析中，一般按作用特点和影响效果将影响时间数列的因素归为四类，相应的时间数列的变动可以看作这四类因素分别作用或共同作用的结果。

（1）长期趋势（T）。长期趋势是指现象在发展变化过程中由于受到长期因素的影响而展现出来的总态势。它具体表现为不断增加或不断减少的基本趋势，也可表现为围绕某一常值波动的水平趋势。它是影响时间数列变动的主要因素，也是最基本的因素，所反映的结果呈现出持续性发展变化。

（2）季节变动（S）。季节变动是指由于自然现象（四季更替）和社会因素的影响，使经济现象呈现出一年以内的有规律的周期性波动。季节变动是现实生活中最为普遍的现象。

（3）循环变动（C）。循环变动是指受经济循环影响而出现的一种近乎规律性的交替变动。它是经济现象内在规律所具有的变化因素作用的结果，一般呈现出一年以上的周期性的交替变动。

（4）不规则变动（I）。不规则变动是指由于各种偶然因素的影响而使经济现象呈现出一种无规律的变动，其变动是不规则的，也是时间数列中无法由以上三种变动解释的部分。

（二）时间数列的分析模型

时间数列分析的主要任务之一就是将各种变动对时间数列的影响分离开来，以研究现象发展变化的原因及其规律性，并为预测未来的发展提供依据。为了将各类变动从时间数列中分离出来，一个重要的前提就是搞清楚这四类变动是以何种方式作用于现象的。由于长期趋势是由现象本质因素决定的，这些因素对时间数列起着决定性的作用，因此以绝对量方式出现的长期趋势是构造因素分解模型的基础。其他因素根据它们是否存在相互影响，以相乘或相加的方式构造模型。所以，常用的时间数列分析模型有加法模型和乘法模型。

1. *加法模型*：$Y = T + S + C + I$

该模型假定四种变动因素是相互独立的，对时间数列的影响程度均以绝对数表示，时间数列各期的指标值是各类变动对时间数列影响效果的叠加。

2. *乘法模型*：$Y = T \times S \times C \times I$

该模型仍以长期趋势作为时间数列的绝对量为基础，且假定四类变动因素之间呈现相互影响作用，其他各类变动对时间数列的影响以相对数形式出现。

在现实经济生活中，各种变动现象的影响一般都是相互的，因此实践中应用较多的是乘法模型。有些现象的影响因素并非四种因素同时存在，而根据乘法模型可以较容易地将各种变动对时间数列的影响分离开来。

二、长期趋势的测定方法

研究长期趋势的目的是通过把握现象发展变化趋势，使现象变化趋势向计划目标实现方向发展;从数量上研究现象发展的规律,为统计预测提供必要条件;通过长期趋势分析,消除原有的趋势影响,以便更好地分析其他因素的变动。研究现象发展的长期趋势,就是将原来的时间数列进行修匀,以显示所分析因素的趋势和变化规律。常用的趋势分析方法主要有三种。

（一）时距扩大法

时距扩大法是长期趋势分析最基本的方法。将现象变化规律不明显的原始时间数列,通过扩大时距长度,从而使时间数列呈现出明显的变动趋势。

在使用时距扩大法时,应注意三点:第一,扩大的时距单位的大小,应以时距扩大后的数列能正确反映长期趋势为准。若现象有明显变动周期的,扩大后的时距一般与现象的变动周期相同;若现象无明显变动周期的,可以逐步扩大时距,直至显现出现象变动的长期趋势。第二,为了保持动态数列资料的可比性,同一数列前后的时距单位应当一致。第三,时距扩大法只适用时期数列。

（二）移动平均法

移动平均法是测定时间数列趋势变动的基本方法。所谓移动平均就是按照事先规定的移动时间长度 n,采取逐项递推移动、边移动边平均的方法,计算出递推移动后的序时平均数,并以新的序时平均数数列来代替原始时间数列。采用移动平均法修匀时间数列可以削弱或消除短期偶然因素的影响,从而呈现出明显的长期趋势。

移动平均法时间长度确定的原则如下:

（1）移动项数的多少与移动平均修匀的作用有关。移动项数越多,修匀作用越明显,趋势线越平滑。

（2）移动平均项数的确定,应视资料的特点而定。一般资料的移动平均项数以奇数为宜;若 n 为奇数,只需要进行一次移动平均,若 n 为偶数,则需要再进行一次二项移动平均。

（3）当时间数列含有周期变动时,移动平均项数应等于其周期长度或周期长度的倍数。若为季节资料,可选 4（或 8）项移动;若为年度资料,可选 12 项移动。

（4）移动平均后的平均数数列的项数比原数列的项数有所减少（数据有损失）。因此,移动平均项数与趋势值的项数关系:趋势值的项数 = 原数列项数 − 移动平均项数 + 1。

在实际计算时,若 n 为奇数,首尾各减少 $\frac{n-1}{2}$ 项,若 n 为偶数,首尾各减少 $\frac{n}{2}$ 项。由此可见,n 越大损失数据越多,所以在实践中移动平均的项数一般不宜过多,以能反映出逐期增长的变化趋势就可以了。

（三）最小平方法

最小平方法又称最小二乘法,是长期趋势分析中较常用的统计方法。这种方法的基本原理是用一定的数学模型,对原有的时间数列配合一条适当的趋势线,以此对时间数列进行修匀。根据最小平方法的原理,若要找到一条最佳趋势线,必须使原动态数列的实际观测值 y 与趋势线方程式中的趋势值 y_c 离差平方之和为最小,即

$$\sum (y - y_c)^2 = 最小值$$

式中　y——t 时刻的实际值;

y_c——t 时刻的估计值。

上述等式表明用最小平方法拟合的趋势线比其他任何方法拟合的趋势线都理想。用最小平方法既可以拟合直线趋势方程，也可以拟合曲线趋势方程。

1. 直线趋势方程法

当现象发展的逐级增长量大体相同时，可以配合直线方程：

$$y_t = a + bt$$

式中　a——截距；

　　　b——直线斜率。

要配合理想的趋势线，实际上就是 a 和 b 的适当取值。根据最小平方法原理要求，使 $\sum(y-y_c)^2 =$ 最小值，则必须满足函数对 a 和 b 求偏导（且等于0），便可推导出关于 a、b 的二元一次方程组：

$$\begin{cases} \sum y_t = na + b\sum t \\ \sum y_t t = a\sum t + b\sum t^2 \end{cases}$$

解此方程组，可推导出直线趋势方程中两个待定参数 a、b 的直接计算公式：

$$b = \frac{n\sum ty - \sum t \sum y}{n\sum t^2 - (\sum t)^2} \qquad a = \frac{\sum y}{n} - b\frac{\sum t}{n} = \bar{y} - b\bar{t}$$

知识扩展

直线趋势方程简化求解法

由直线趋势方程法联立方程组可以看出，当 $\sum t = 0$ 时，联立方程组可写为

$$\begin{cases} \sum y_t = na \\ \sum y_t t = b\sum t^2 \end{cases}$$

于是有

$$a = \bar{y} \qquad b = \frac{\sum ty}{\sum t^2}$$

要使 $\sum t = 0$，可以采用原点设置法。所谓原点设置法就是将时间数列的时间原点所在位置移到时间数列的中点位置，使时间在时间坐标上的取值变为…，-3，-2，-1，0，1，2，3…，即可得到 $\sum t = 0$，这样就可以进行简化运算。

2. 抛物线方程法

如果社会经济现象发展的逐期增长量的增长量（各期的二级增长量）大体相同时，则可考虑曲线趋势，配合抛物线方程进行趋势分析。按最小平方法建立的抛物线方程如下：

$$y_t = a + bt + ct^2$$

抛物线方程的二级增长量是相等的，见表7-10。

表 7-10　逐期增长量和二级增长量计算表

t	$y_t = a + bt + ct^2$	逐期增长量	二级增长量
1	$a + b + c$	—	—
2	$a + 2b + 4c$	$b + 3c$	—
3	$a + 3b + 9c$	$b + 5c$	$2c$
4	$a + 4b + 16c$	$b + 7c$	$2c$
5	$a + 5b + 25c$	$b + 9c$	$2c$
6	$a + 6b + 36c$	$b + 11c$	$2c$

在抛物线方程中，有 a、b、c 三个未知参数，根据最小平方法的要求，同样用求偏导数的方法，导出以下三个方程组成的联立方程组为

$$\begin{cases} \sum y = na + b\sum t + c\sum t^2 \\ \sum ty = a\sum t + b\sum t^2 + c\sum t^3 \\ \sum t^2 y = a\sum t^2 + b\sum t^3 + c\sum t^4 \end{cases}$$

为了计算的方便，同样可以通过时间（t）的假设，使得 $\sum t = 0$，$\sum t^2 = 0$，则以上联立方程组可简化为

$$\begin{cases} \sum y = na + c\sum t^2 \\ \sum ty = b\sum t^2 \\ \sum t^2 y = a\sum t^2 + c\sum t^4 \end{cases}$$

解此方程组可得 a、b 和 c 的值。

3. 指数曲线方程法

数学中的指数曲线是用于描述几何级数递增或递减的现象，应用到经济现象发展变化分析时就是动态数列观察值 y_e 按指数规律变化趋势描述。一般来说，自然增长及大多数经济数列都有指数变化趋势。如果经济现象发展的各环比增长率大体相同时，则可用指数曲线来反映现象发展变化趋势。指数曲线的趋势方程为

$$y_e = ab^t$$

式中　a、b——待定系数。

若 $a > 1$，增长率随时间 t 的增加而增加；若 $a < 1$，增长率随时间 t 的增加而降低。指数曲线方程中的 a 和 b 的确定可以采取线性化手段将其化为对数直线形式，即两端取对数得

$$\lg y_e = \lg a + t\lg b$$

然后根据最小二乘法原理，按直线方程的系数确定方法，得到求解 $\lg a$ 和 $\lg b$ 的标准方程组如下：

$$\begin{cases} \sum \lg y = n\lg a + \lg b\sum t \\ \sum t\lg y = \lg a\sum t + \lg b\sum t^2 \end{cases}$$

设：$y = \lg y_e$，$A = \lg a$，$B = \lg b$，则：$y = A + Bt$。

以上标准方程组可写为

$$\begin{cases} \sum y = nA + B\sum t \\ \sum ty = A\sum t + B\sum t^2 \end{cases}$$

同理，若使 $\sum t = 0$，则此标准方程组可简化为

$$\begin{cases} \sum y = nA \\ \sum ty = B\sum t^2 \end{cases}$$

求出 A 和 B 后，再取其反对数，即得到 a 和 b。

（四）长期趋势分析应注意的问题

综上所述，我们在分析社会经济现象的长期趋势时，应该注意到，不论将哪一种趋势线向外延伸来预测未来可能达到的数值，都具有一定的假定性。因此，要做好经济预测工作，除了用必要的数学方法来建立模型外，一定要结合调查研究，具体情况具体分析，才能得出较为准确的结果。

★任务分享

【例7-13】某企业2018年各月产值资料见表7-11，根据该企业产值资料进行趋势化分析。

表7-11 某企业2018年各月产值资料统计表

月份	1月	2月	3月	4月	5月	6月	7月	8月	9月	10月	11月	12月
产值/万元	119	133	147	145	128	149	152	137	145	148	153	150

任务解析：从表7-11可以看出，产值的变化起伏不定，用该时间数列就不能清楚地反映该企业产值的变化趋势。如果我们把月产值资料按季度进行整理见表7-12，就可以明显地显示出产值呈现出逐期增长的变化趋势。

表7-12 时距扩大的各季度产值资料统计表

时间	第一季度	第二季度	第三季度	第四季度
产值/万元	399	422	434	451

在实际工作中，时距扩大法也可以用时距扩大的平均数来编制新的时间数列见表7-13。

表7-13 时距扩大的各季度平均产值资料统计表

时间	第一季度	第二季度	第三季度	第四季度
平均产值/万元	133	140.7	144.7	150.3

【例7-14】现有某地区2007—2018年工业年产值资料见表7-14，根据该地区产值资料进行趋势化分析。

表 7-14　某地区 2007—2018 年工业年产值资料统计表

年份	2007 年	2008 年	2009 年	2010 年	2011 年	2012 年	2013 年	2014 年	2015 年	2016 年	2017 年	2018 年
年产值/亿元	3	4	4.4	5.4	4.6	5.9	6.6	6.7	7.2	7.4	9.7	8.4

任务解析：从表 7-14 可以看出，总体上说产值呈上升趋势，但逐年增长趋势不是很明显，如果要使逐年增长趋势明显化，考虑到这是个年度的特点，可以用移动平均法进行趋势分析。

（1）假定移动平均项数确定为 3（$n=3$）时，从时间数列的第一个数据开始，按三项移动平均，则第一个三项移动平均数为第 $1\sim3$ 个数的平均数是

$$\frac{(a_1+a_2+a_3)}{3}=\frac{3+4+4.4}{3}=3.8$$

依次类推可以编制出一个三项移动平均数数列，即三项移动序时平均数数列，见表 7-15 第 3 列。

（2）假定移动平均项数定为五项移动平均时，则第一个五项移动平均数为第 $1\sim5$ 个数的平均数是

$$\frac{(a_1+a_2+a_3+a_4+a_5)}{5}=\frac{3+4+4.4+5.4+4.6}{5}=4.28 \quad （类推）$$

依次类推，同样可以编制出一个五项移动平均数数列，即五项移动序时平均数数列，见表 7-15 第 4 列。从五项移动序时平均数数列来看，五项移动序时平均数数列比三项移动序时平均数数列的趋势更加明显。

（3）假定移动平均项数确定为 4（$n=4$）时，按照移动平均的要求，则第一个四项移动平均数为第 $1\sim4$ 个数的平均数是

$$\frac{(a_1+a_2+a_3+a_4)}{4}=\frac{3+4+4.4+5.4}{4}=4.20 \quad （类推）$$

由此可以得到一个四项移动平均数数列，即四项移动序时平均数数列，见表 7-15 第 5 列。从该平均数数列排列位置来看，四项移动序时平均数没有对应的所属时间，就不能说是一个时间数列，按照时间数列的编制原理的要求，就必须给四项移动序时平均数给予"正位"。常用的方法是采取第二次移动平均，即对四项移动序时平均数进行二项移动平均（正位平均数）。

第一个正位平均数为

$$\frac{(4.20+4.60)}{2}=4.40$$

第二个正位平均数为

$$\frac{(4.60+5.08)}{2}=4.84 \quad （类推）$$

可见，由正位平均数所编制的时间数列，见表 7-15 第 6 列才能说明该地区产值逐期增长的变化趋势。

项目七 动态数列的分析与应用

表 7-15 移动平均法计算表

年份	产值/亿元	三项移动序时平均数数列	五项移动序时平均数数列	四项移动序时平均数数列	正位平均数
(1)	(2)	(3)	(4)	(5)	(6)
2007 年	3.0	—	—	—	—
2008 年	4.0	3.8	—	4.20	—
2009 年	4.4	4.6	4.28	4.60	4.40
2010 年	5.4	4.8	4.86	5.08	4.84
2011 年	4.6	5.3	5.38	5.63	5.36
2012 年	5.9	5.7	5.84	5.95	5.79
2013 年	6.6	6.4	6.20	6.60	6.28
2014 年	6.7	7.5	7.52	6.98	6.79
2015 年	7.2	7.1	7.75	7.75	7.37
2016 年	7.4	8.1	7.88	8.18	7.98
2017 年	9.7	8.5	—	—	—
2018 年	8.4	—	—	—	—

【例 7-15】某电视机批发商 2009—2018 年彩色电视机销量资料见表 7-16，试利用该资料进行趋势分析，并预测 2019 年的电视机销量。

任务解析： 因为经济动态分析的重要内容就是根据过去已有的数据分析的结果进行未来预测。所以，在利用动态数据分析结果进行预测时，通常是假定过去的变化趋势会延续到未来，这样就可以根据过去已有的形态或模式进行预测。该任务就是根据趋势分析结果对未来销量进行预测。由于该批发商的电视机销量整体呈上升趋势，所以可以利用最小平方法进行分析。

(1) 计算表（见表 7-16）。

表 7-16 最小平方法计算表　　　　　　　　　　单位：万台

年份	时间变量 (t)	电视机销量 (y)	ty	t^2	y_t
(1)	(2)	(3)	(4)	(5)	(6)
2009 年	1	12.8	12.8	1	12.83
2010 年	2	13.5	27.0	4	13.65
2011 年	3	14.9	44.7	9	14.47
2012 年	4	15.7	62.8	16	15.29
2013 年	5	16.0	80.0	25	16.11
2014 年	6	16.5	99.0	36	16.93
2015 年	7	17.2	120.4	49	17.75
2016 年	8	18.3	146.4	64	18.57
2017 年	9	19.9	179.1	81	19.39
2018 年	10	20.4	204.0	100	20.21
合计	55	165.2	976.2	385	165.20

（2）求 a 和 b 的值。

将表 7-16 相关数据代入方程组为

$$\begin{cases} 165.2 = 10a + 55b \\ 976.2 = 55a + 385b \end{cases}$$

解此方程组即可求得 a 和 b 的值。

也可以用 a 和 b 的公式直接计算 a 和 b 的值：

$$b = \frac{n\sum yt - \sum y \sum t}{n\sum t^2 - (\sum t)^2} = \frac{10 \times 976.2 - 165.2 \times 55}{10 \times 385 - (55)^2} = \frac{676}{825} = 0.82$$

$$a = \bar{y} - b\bar{t} = \frac{\sum y}{n} - b\frac{\sum t}{n} = \frac{165.2}{10} - 0.82 \times \frac{55}{10} = 12.01$$

（3）计算趋势值（y_t）。

当 $t=1$ 时，$y_{(t=1)} = a + bt_1 = 12.01 + 0.82 \times 1 = 12.83$（万台）

当 $t=2$ 时，$y_{(t=2)} = a + bt_2 = 12.01 + 0.82 \times 2 = 13.65$（万台）

依次类推，可以把各年 t 值代入上列方程，得到各年的趋势值 y_t，见表 7-16 第 6 列。可见 $\sum y_t$ 和 $\sum y$ 的值非常接近（一般都非常接近）。

（4）进行预测。

若要预测 2019 年的电视机销量，取时间 $t=11$，则

$$y_{t=11} = a + 11b = 12.01 + 0.82 \times 11 = 21.03 \text{（万台）}$$

（5）结论。

以上分析结果说明，该电视机批发商 2009—2018 年彩色电视机销量每年在以 0.82 万台的数量上升，预计 2019 年销量可达到 21.03 万台。

【例 7-16】现仍用表 7-16 中 2010—2018 年的彩色电视机销量资料为例，试利用该资料进行趋势分析，并预测 2019 年的电视机销量。

任务解析：该任务就是要趋势分析结果并对未来销量进行预测。分析思路与例 7-15 相同。但由于动态数列还有更简单的方法（$\sum t = 0$），为了方便手工计算，本例就用简单方法进行分析。

（1）计算表（见表 7-17）。

表 7-17　简化最小平方法计算表　　　　　　　　　　　　　单位：万台

年份	t	y	ty	t^2	y_t
（1）	（2）	（3）	（4）	（5）	（6）
2010 年	−4	13.5	−54.0	16	11.972
2011 年	−3	14.9	−44.7	9	12.789
2012 年	−2	15.7	−31.4	4	13.606
2013 年	−1	16.0	−16.0	1	14.423
2014 年	0	16.5	0	0	15.240
2015 年	1	17.2	17.2	1	16.057

续表

年份	t	y	ty	t^2	y_t
2016 年	2	18.3	36.6	4	16.874
2017 年	3	19.9	59.7	9	17.691
2018 年	4	20.4	81.6	16	18.508
合计	0	152.4	49.0	60	137.160

注：当时间 t 的项数为奇数时，时间数列的最中间的一个时点就是原点；
当时间 t 的项数为偶数时，时间数列的最中间两个时点之间为原点。

（2）计算 a 和 b 的值。

$$b = \frac{\sum yt}{\sum t^2} = \frac{49}{60} = 0.817 \qquad a = \bar{y} = \frac{\sum y}{n} = \frac{152.4}{10} = 15.24$$

（3）计算趋势值（y_t）。

当 $t=0$ 时，$y_{(t=0)} = a + bt_1 = 15.24 + 0.817 \times 0 = 15.24$（万台）

当 $t=1$ 时，$y_{(t=1)} = a + bt_1 = 15.24 + 0.817 \times 1 = 16.06$（万台）

同理，可以把各年 t 值代入上列方程，得到各年的趋势值 y_t（见表7-17第6列）。

（4）进行预测。

若要预测2019年的电视机销量，时间取 $t=5$，则

$$y_{t=5} = a + 5b = 15.24 + 0.817 \times 5 = 19.33（万台）$$

（5）结论。

以上分析结果说明，该电视机批发商2010—2018年彩色电视机销量每年在以0.817万台的数量上升，预计2019年销量可达到19.33万台。

从以上两种方法看，计算出的直线趋势方程是不一样的，一个是 $y_{t=11} = a + 11b$，另一个是 $y_{t=5} = a + 5b$，这是因为所取的原点和时间距离不同所致，第一种方法的原点是2009年年初，时间距离是1，而第二种方法的原点是2014年，时间距离是1，同时少了一年的数据。如果第二种方法完全使用第一种方法的数据，把原点建在2013年与2014年之间，且时间距离定为2，那么不管采取哪种方法所得出的预测值是一样的。

【例7-17】某地区2010—2018年农业产值及其逐期增长量计算结果的资料见表7-18。

表7-18 某地区2010—2018年农业产值及其逐期增长量计算表

年份	产值/万元	逐期增长量	二级增长量
2010 年	988	—	
2011 年	1 012	24	—
2012 年	1 043	31	7
2013 年	1 080	37	6
2014 年	1 126	46	9
2015 年	1 179	53	7

续表

年份	产值/万元	逐期增长量	二级增长量
2016 年	1 239	60	7
2017 年	1 307	68	8
2018 年	1 382	75	7

试利用该资料进行趋势分析,并预测 2019 年的农业产值为多少?

任务解析:由表 7-18 可见,各年份二级增长量大体相同,说明该地区农业产值增长的基本趋势比较接近于抛物线类型,所以可以配合一个抛物线方程($y_t = a + bt + ct^2$)进行分析。

(1)计算表(见表 7-19)。

表 7-19 某地区农业产值趋势分析计算表

年份	t	y	ty	t^2	t^2y	t^4	y_t
2010 年	-4	988	-3 952	16	15 808	256	988.27
2011 年	-3	1 012	-3 036	9	9 108	81	1 011.64
2012 年	-2	1 043	-2 086	4	4 172	16	1 042.39
2013 年	-1	1 080	-1 080	1	1 080	1	1 080.52
2014 年	0	1 126	0	0	0	0	1 126.03
2015 年	1	1 179	1 179	1	1 179	1	1 178.92
2016 年	2	1 239	2 478	4	4 956	16	1 239.19
2017 年	3	1 307	3 921	9	11 763	81	1 306.84
2018 年	4	1 382	5 528	16	22 112	256	1 381.87
合计	0	10 356	2 952	60	70 178	708	10 355.67

(2)计算 a 和 b 的值。

为了计算方便,把表 7-19 中相关结果代入简化后的联立方程组有

$$\begin{cases} 10\ 356 = 9a + 60c \\ 2\ 952 = 60b \\ 70\ 178 = 60a + 708c \end{cases}$$

用消元法,解此联立方程组得

$a = 1\ 126.03 \quad b = 49.20 \quad c = 3.69$

(3)计算估计值。

将以上结果代入抛物线方程,得

$$y_t = 1\ 126.03 + 49.20t + 3.69t^2$$

(4)进行预测。

如果要预测 2019 年的产量,可以设 $t = 5$ 并将其代入抛物线方程有

$$y_t = 1\ 126.03 + 49.20 \times 5 + 3.69 \times 5^2 = 1\ 464.28\ (万元)$$

【例7-18】 某汽车制造厂2013—2018年轿车产量资料见表7-20，试利用该资料进行趋势分析，并预测2020年的轿车产量。

任务解析： 由表7-20可见，轿车产量的环比增长率大体相同，说明轿车产量增长的基本趋势比较接近于指数类型，所以可以配合一个指数方程（$y_e = ab^t$）进行分析。

（1）计算表（见表7-20）。

表7-20 指数方程计算表

年份	t	y	环比增长率	$y' = \lg y$	ty'	t^2	$y'_t = \lg y_t$	y_t
(1)	(2)	(3)	(4)	(5)	(6)	(7)	(8)	(9)
2013年	-5	5.3	—	0.7243	-3.6215	25	0.7269	5.3315
2014年	-3	7.2	0.3585	0.8573	-2.5719	9	0.8543	7.1500
2015年	-1	9.6	0.3333	0.9823	-0.9823	1	0.9818	9.5889
2016年	1	12.9	0.3438	1.1106	1.1106	1	1.1092	12.8197
2017年	3	17.1	0.3256	1.2330	3.6990	9	1.2367	17.2461
2018年	5	23.2	0.3567	1.3655	6.8270	25	1.3642	23.1313
合计	0	75.3	—	6.2730	4.4614	70	—	75.2675

（2）计算 a 和 b 的值。

将上表计算结果代入标准方程组有

$$\begin{cases} 6.2730 = 6A \\ 4.4614 = 70B \end{cases}$$

解方程组得 $A = 1.0455$ $B = 0.06373$

因为 $A = \lg a = 1.0455$ $B = \lg b = 0.06373$

所以 求 A 的反对数有 $a = 11.1045$

求 B 的反对数有 $b = 1.1581$

（3）计算估计值。

把 a、b 结果代入对数趋势方程式为

$$y = \lg y_e = \lg a + t \lg b = 1.0455 + 0.06373t$$

则指数曲线方程式为

$$y_e = ab^t = 11.1045 \times (1.1581)^t$$

将各年时间 t 代入指数曲线方程式，就可求得各年的趋势值 y_t，见表7-20的第7栏。由于 $\sum y_t$ 的值与 $\sum y$ 的值非常接近，所以此方程拟合较好。

（4）进行预测。

如果将这条趋势线向外延伸（时间向后推迟），就可以预测2020年的轿车产量，此时时间可设为 $t = 7$：

$$\lg y_e = \lg a + t \lg b = 1.0455 + 0.06373 \times 7 = 1.49161$$

所以 $y_e = 31.03$（万元）

或 $y_e = ab^t = 11.1045 \times (1.1581)^7 = 31.03$（万元）

可见，以指数曲线方程预测，计算比较方便。

任务五　动态数列的季节性分析

★任务导入

众所周知，服装的销售是随着四季的变换而变化，说明季节变换对服装销量有直接影响。又如，啤酒最早属于夏季饮用酒品，但是随着人们生活品质的提高，一年四季都有人饮用啤酒，啤酒销量随着人们生活水平的提高而不断提高，尤其到了夏季更是迎来了啤酒的销售高峰期。第一个例子说明服装销量主要随着四季的变换而波动，第二个例子则说明啤酒销量随着人们生活水平的提高而不断提高的趋势状态下所呈现出四季变换的波动变化，这里都存在着波动性变化问题，这就是为什么要进行经济动态数列的季节性分析的原因。

★知识共享

在现实生活中，季节变动是一种极为普遍的现象，也是各种周期性变动中重要的一种，其测定的原理和方法是分析其他周期性变动的基础。这里，我们重点介绍以一年为周期的季节性变动的测定，其分析方法可以推广到非一年性周期的时间数列中去。

一、季节变动及其产生的原因

季节变动趋势是指由季节性因素所引起的现象发展水平的规律性变化。产生季节变动趋势的原因有：①自然因素，自然现象的季节性变化作用；②社会因素，包括政策因素（法律、社会制度的作用）和人为因素（民间习俗的作用）。

在实践工作中，我们应对以下问题有清楚而正确的认识：①季节变动不局限于"一年四季"自然变化所包含的有规律的周期性变化，还包括社会因素作用所引起的有规律的周期性变化。②季节变动不局限于"一年四季"的划分，还可以"年、季、月、旬、周、日"划分；如江西省南昌市八一桥24小时车流量观察，就是要观察车流量的高峰期所在的时间，这时就要以"小时"来划分。

二、季节变动分析的意义

首先，通过季节变动的测定，可以掌握现象受季节性因素影响的程度，便于指导各项经济活动。如交通部门掌握客流量的季节变动，可以更有效地组织客流运输。其次，根据季节变动的测定，掌握季节变动的规律，再结合前面所介绍的长期趋势，可以应用于经济预测和规划。最后，从时间数列中剔除季节变动影响，有利于研究现象发展变化的长期趋势和其他方面的变化规律。

三、季节变动分析的基本原理

季节变动分析的基本原理是设各种变动因素满足乘法原理，以时间数列中的长期趋势为标准，计算因季节变动影响后各时期的指标值与趋势值的比值，用来衡量各时期季节变动的影响程度，称为季节比率。若时间数列只有长期趋势变动而不含季节变动，则各时期的季节比率都应为100%；若时间数列除长期趋势变动外还存在着季节变动的影响，则各时期指标值会偏离长期趋势值，相应的季节变动是一种各年变化强度大体相同且每年重复的有规律的变动。因此，从理论上讲，各年同期（月或季）的季节比率应基本相同，如有差异也是随机因素作用所至，可以通过对各年同期的季节比率求平均来消除，相应的平均数称作一年中各时期的季节指数，用 S 表示。例如所分析的是以季度为时期的时间数列，则相应的就有4个季度的季节指数，分别表示一年内各季的季节影响程度。

四、季节变动的测定方法

季节变动分析就是通过季节指数表示季节成分，来描述各年（季）的季节变动，并以此从时间数列中分离出季节因素。季节变动的测定就是要计算出各个时期的季节指数，即乘法模型 $Y = T \times S \times C \times I$ 中的 S，以季节指数的数列来判别季节的变化。

1. 按季（月）平均法

按季（月）平均法就是计算季资料（或月资料）的平均数和季节指数，通过季节指数的变化看季节变化的一种方法。按季（月）平均法的优点是计算简便，缺点是没有考虑长期趋势的影响，对存在长期趋势变动的情况下，得出的季节比率就不够精确，要解决这个问题，可采用趋势剔除法来测定季节变动。

2. 趋势剔除法

趋势剔除法是利用移动平均法来剔除长期趋势影响后，再来测定其季节变动。用移动平均法求长期趋势和用按月（季）平均法求季节比率。长期趋势的剔除就是利用原始数据除以长期趋势值来实现的。一般来说，对于各因素属于乘积形式的现象，应采用原数列除以长期趋势的方法剔除长期趋势；对于各因素属于和的形式的现象，应采用原数列减去长期趋势的方法剔除长期趋势。

3. 季节比率的调整

从理论上讲，在季节变动分析时，资料的季节比率之和应等于400%（按月计算的季节比率之和应等于1 200%）。由于计算过程中的四舍五入使季节比率之和接近理论值时不需要调整；若差距过大，则要计算校正系数进行调整。调整的方法如下：

（1）计算调整系数（r）。

$$r = \frac{400(或1\ 200)}{\sum S_i}$$

（2）计算调整后的季节比率（S_i^*）。

调整后的季节比率 = 调整前的季节比率 × 调整系数

$$S_i^* = S_i \times r$$

★任务分享

【例7-19】某经销商为了进一步了解电冰箱未来销售情况，对电冰箱近三年的销售情况进行了统计（见表7-21），并希望通过分析对未来销售量情况做出预测。

任务解析：从电冰箱使用性能来看，在夏季使用价值最大，而且是年年如此，这说明电冰箱销量也将具有明显的季节性。所以资料收集可以按季统计，采用按季平均法进行季节变动分析。其分析步骤如下：

1. 列计算表（见表7-21）

表7-21 电冰箱销量季节分析计算表

年份＼季度	第一季度/台	第二季度/台	第三季度/台	第四季度/台	$\sum x_i$	$\bar{x}_i$
2016年	120.00	280.00	208.00	82.00	690	172.50
2017年	155.00	296.00	215.00	97.00	763	190.80
2018年	160.00	319.00	236.00	116.00	831	207.80
$\sum x_j$	435.00	895.00	659.00	295.00	2 284	
$\bar{x}_j$	145.00	298.30	219.70	98.30		
季节指数 s_j	76.19	156.75	115.45	51.66	400.05	
S_j^*	77.18	156.73	115.44	51.65	400.00	

2. 计算平均数

（1）计算同季平均数。

资料按季平均，需要计算各年同季平均数（若是月资料就计算各年同月平均数）。

$$三年一季度平均数 = \frac{x_{11}+x_{21}+x_{31}}{k} = \frac{120+155+160}{3} = 145$$

（2）计算总平均数。

$$\bar{x} = \frac{\sum\sum x_i}{k \times n} = \frac{\sum\sum x_j}{k \times n} = \frac{2\ 284}{3 \times 4} = 190.3$$

3. 计算同季季节比率

季节比率（S_i）是同季（月）的平均数（$\bar{x}_i$）与总平均数（$\bar{X}$）的比值，即

$$S_i = \frac{\bar{x}_i}{\bar{X}} \times 100\%$$

如第一季度的季节比率（S_1）为

$$S_1 = \frac{\bar{x}_1}{\bar{X}} \times 100\% = \frac{145}{190.3} \times 100\% = 76.2\%$$

4. 进行季节比率调整

（1）计算调整系数（r）。

$$r = \frac{400(或1\ 200)}{\sum S_i} = \frac{400}{400.05} = 0.999\ 9$$

（2）计算调整后的季节比率（S_i^*）。

如第一季度调整后的季节比率为

$$S_1^* = 76.19 \times 0.9999 = 76.18$$

5. 分析应用（预测）

在应用季节分析时，常常以季节比率的大小来判断季节的变化情况，如果季节比率大于100%，说明是旺季；季节比率小于100%，说明是淡季；季节比率等于100%，说明不受季节变动的影响。

通过计算季节指数，根据其季节变动规律，结合其他预测方法，可以预测现象某年的各季（月）的发展情况。

(1) 已知某期实际销量，预测未来期的销量。

例如，从以上分析可见，第二季度为高峰期，如果已知2010年第一季度销量为166（$y_1 = 166$）台，那么第二季度销量能达到多少？

则有：
$$y_{t=2} = \frac{y_1}{S_1^*} \times S_2^* = \frac{166}{0.7618} \times 1.5673 = 341.5 \text{（台）}$$

预测结果表明，按照第一季度销售情况推算，第二季度销量能达到340台以上，可以按照这个计划进货。

(2) 已知全年计划任务，预测其中某一时间的销量。

例如，假定2010年全年销量为2 600（$y_全 = 2600$）台，那么2010年第二季度销量能达到多少？

则有：
$$y_{t=2} = \frac{y_全}{4} \times S_2^* = \frac{2600}{4} \times 1.5673 = 1018.75 \text{（台）}$$

预测结果表明，如果要想完成全年2 600台的销售任务，那么在第二季度必须要完成1 020台的销量。

【例7-20】 现利用某啤酒厂2014—2018年啤酒销量资料（见表7-22），试利用该资料进行季节变动分析。

任务解析：正如本任务导入中所说，啤酒销量随着人们生活水平的提高而不断提高的趋势状态下呈现出了四季变换的波动变化，也就是啤酒销量变化既有长期趋势的影响又有四季变换的影响，所以要分析季节变动的影响必须剔除长期趋势的作用。另外，由于啤酒销量随着四季变换而变化，在应用移动平均法计算长期趋势值时，移动项数确定应以季节周期长度为平均项数，其方法如下：

(1) 列趋势值剔除法计算表（见表7-22）。

(2) 计算移动平均数。该资料因为是季节资料，所以移动项数取其季节长度（四季），求四项移动平均数和正位平均数（见表7-22第四、五列）。

(3) 计算趋势平均值。趋势平均值就是将各季度实际销量除以对应的趋势值（正位平均数 T），计算出剔除趋势值（y/T），形成一个新的相对数动态数列，使长期趋势的影响得以消除。

例如，2014年第三季度的剔除趋势值为35/19.25×100% = 181.8%。以此类推，把各季度的剔除趋势值列于表7-22第（4）栏中。

(4) 季节变动分析。将剔除长期趋势后的数据编制成新的统计表（见表7-23），据此计算季节比率。其季节比率为不同年份的同季平均值。重复前面的季节变动分析方法。

表 7-22 趋势值剔除法计算表 单位：万箱

年份	季度	啤酒销量（y_i）(1)	四项移动平均 (2)	正位平均（T）(3)	剔除趋势值（y/T）/% (4)
2014 年	1	10	—	—	—
	2	18	19.0		
	3	35	19.5	19.25	181.1
	4	13	20.3	19.90	65.3
2015 年	1	12	21.0	20.65	58.1
	2	21	21.5	21.25	98.8
	3	38	22.3	21.90	173.5
	4	15	22.8	22.55	66.5
2016 年	1	15	23.8	23.30	64.4
	2	23	24.5	24.15	95.2
	3	42	25.2	24.85	169.0
	4	18	26.0	25.60	70.3
2017 年	1	19	26.5	26.25	73.4
	2	25	27.0	26.75	93.5
	3	44	27.8	27.40	164.5
	4	20	28.5	28.15	71.0
2018 年	1	22	29.3	28.90	76.1
	2	28	30.0	29.65	94.4
	3	47	—	—	—
	4	23			

表 7-23 趋势值剔除法季节指数计算表

年份＼季度	第一季度/万箱	第二季度/万箱	第三季度/万箱	第四季度/万箱	$\sum x_i$	$\bar{x}_i$
2014 年	—	—	181.1	65.3	246.4	123.2
2015 年	58.1	98.8	173.5	66.5	396.9	99.2
2016 年	64.4	95.2	169.0	70.3	398.9	99.7
2017 年	73.4	93.5	164.5	71.0	402.4	100.6
2018 年	76.1	94.4	—	—	170.5	85.3

续表

季度 年份	第一季度/万箱	第二季度/万箱	第三季度/万箱	第四季度/万箱	$\sum x_i$	$\bar{x}_i$
$\sum x_j$	272.0	381.9	688.1	273.1	1 615.1	—
$\bar{x}_j$	68.0	95.5	172.0	68.3	100.9	—
季节指数 s_j	67.39	94.65	170.47	67.69	400.2	—

这里季节比率之和与400%很接近，所以不需要调整（如果相差比较大，就要重复前面的方法进行调整）。

任务六　利用SPSS软件进行长期趋势分析

【例7-21】表7-24是2002—2017年我国人均GDP数据。

表7-24　2002—2017年我国人均GDP统计表

时间	人均GDP/元	时间	人均GDP/元
2002年	9 506	2010年	30 876
2003年	10 666	2011年	36 403
2004年	12 487	2012年	40 007
2005年	14 368	2013年	43 852
2006年	16 738	2014年	47 203
2007年	20 505	2015年	50 251
2008年	24 121	2016年	53 980
2009年	26 222	2017年	59 660

要求：分别用移动平均法和直线趋势方程法进行趋势分析。

任务解析：
1. SPSS软件在移动平均法中的应用

步骤1：录入数据，如图7-2所示。

步骤2：数据录入后，执行"转换"→"创建时间数列"命令。

步骤3：进入"创建时间数列"对话框，将需要分析的变量"人均GDP"添加到右侧的"变量→新名称"框中。在"名称和函数"选项组中，将"名称"设置为"五项移动平均值"，并在"函数"下拉框中选择"中心移动平均"，在"跨度"框中输入"5"。然后单击"更改"按钮，最后单击"确定"按钮，提交系统分析，输出结果，如图7-3所示。

	时间	人均GDP
1	2002年	9 506
2	2003年	10 666
3	2004年	12 487
4	2005年	14 368
5	2006年	16 738
6	2007年	20 505
7	2008年	24 121
8	2009年	26 222
9	2010年	30 876
10	2011年	36 403

图7-2　2002—2017年我国人均GDP

	时间	人均GDP	五项移动平均值
1	2002年	9 506	
2	2003年	10 666	
3	2004年	12 487	12 753.0
4	2005年	14 368	14 952.8
5	2006年	16 738	17 643.8
6	2007年	20 505	20 390.8
7	2008年	24 121	23 692.4
8	2009年	26 222	27 625.4
9	2010年	30 876	31 525.8
10	2011年	36 403	35 472.0
11	2012年	40 007	39 668.2
12	2013年	43 852	43 543.2
13	2014年	47 203	47 058.6
14	2015年	50 251	50 989.2
15	2016年	53 980	
16	2017年	59 660	

图7-3　五项移动平均值计算结果

2. SPSS软件在直线趋势方程法中的应用

步骤1：打开数据，新建一个时间变量，变量名为"时序t"，按照时间的顺序设为1，2，3，4，5……。

步骤2：执行"分析"→"回归"→"线性"命令。

步骤3：进入"线性回归"对话框，将左侧框中的"人均GDP"放入"因变量"框，将"时序t"放入"自变量"框。同时单击"保存"按钮，进入其对话框，将"预测值"复选框中的"未标准化"选中，单击"继续"按钮回到主对话框，其他选项选择系统默认值即可，单击"确定"按钮，提交系统分析，输出结果，如表7-25至表7-27和图7-4所示。

表7-25　模型汇总

模型	R	R^2	调整R^2	标准估计的误差
1	.993[a]	.986	.985	2 039.317

a. 预测变量：（常量），时序t

表7-26　方差分析表[b]

模型		SS	df	MS	F	Sig
1	回归	4.078×10^9	1	4.078×10^9	980.657	.000[a]
	残差	5.822×10^7	14	4 158 814.729		
	总计	4.137×10^9	15			

a. 预测变量：（常量），时序；
b. 因变量：人均GDP

表 7-27　回归系数及其检验[a]

模型		非标准化系数		标准系数	t	Sig.
		B	标准 误差	试用版		
1	（常量）	1 613.825	1 069.427		1.509	.154
	时序 t	3 463.410	110.598	.993	31.315	.000

a. 因变量：人均 GDP

	时间	人均GDP	时序 t	PRE_1
1	2002年	9 506	1	5 077.24
2	2003年	10 666	2	8 540.65
3	2004年	12 487	3	12 004.06
4	2005年	14 368	4	15 467.47
5	2006年	16 738	5	18 930.88
6	2007年	20 505	6	22 394.29
7	2008年	24 121	7	25 857.70
8	2009年	26 222	8	29 321.11
9	2010年	30 876	9	32 784.52
10	2011年	36 403	10	36 247.93
11	2012年	40 007	11	39 711.34
12	2013年	43 852	12	43 174.75
13	2014年	47 203	13	46 638.16
14	2015年	50 251	14	50 101.57
15	2016年	53 980	15	53 564.98
16	2017年	59 660	16	57 028.39

图 7-4　移动平均后的趋势值

知识自测

一、单项选择题

1. 根据时期数列计算序时平均数应采用（　　）。
   A. 几何平均法　　　　　　　　　　　B. 加权算术平均法
   C. 简单算术平均法　　　　　　　　　D. 首末折半法
2. 间隔相等的时点数列计算序时平均数应采用（　　）。
   A. 几何平均法　　　　　　　　　　　B. 加权算术平均法
   C. 简单算术平均法　　　　　　　　　D. 首末折半法
3. 数列中各项数值可以直接相加的时间数列是（　　）。
   A. 时点数列　　　　　　　　　　　　B. 时期数列
   C. 平均指标动态数列　　　　　　　　D. 相对指标动态数列
4. 时间数列中绝对数列是基本数列，其派生数列是（　　）。
   A. 时期数列和时点数列　　　　　　　B. 绝对数时间数列和相对数时间数列
   C. 绝对数时间数列和平均数时间数列　D. 相对数时间数列和平均数时间数列

5. 下列数列中哪一个属于动态数列？（　　）
   A. 学生按学习成绩分组形成的数列
   B. 工业企业按地区分组形成的数列
   C. 职工按工资水平高低排列形成的数列
   D. 出口额按时间先后顺序排列形成的数列
6. 说明现象在较长时期内发展的总速度的指标是（　　）。
   A. 环比发展速度　　　　　　　　B. 平均发展速度
   C. 定基发展速度　　　　　　　　D. 环比增长速度
7. 平均发展速度是（　　）。
   A. 定基发展速度的算术平均数　　B. 环比发展速度的算术平均数
   C. 环比发展速度的几何平均数　　D. 增长速度加上100%
8. 若要观察现象在某一段时期内变动的基本趋势，需测定现象的（　　）。
   A. 季节变动　　　　　　　　　　B. 循环变动
   C. 长期趋势　　　　　　　　　　D. 不规则变动
9. 定基增长速度与环比增长速度的关系是（　　）。
   A. 定基增长速度是环比增长速度的连乘积
   B. 定基增长速度是环比增长速度之和
   C. 各环比增长速度加1后的连乘积减1
   D. 各环比增长速度减1后的连乘积减1
10. 平均增长速度是（　　）。
    A. 环比增长速度的算术平均数　　B. 总增长速度的算术平均数
    C. 平均发展速度减去100%　　　　D. 环比发展速度的序时平均数

二、多项选择题

1. 下面哪几项是时期数列？（　　）
   A. 我国近几年来的耕地总面积　　B. 我国历年新增人口数
   C. 我国历年图书出版量　　　　　D. 我国历年黄金储备
   E. 某地区国有企业历年资金利税率
2. 某企业某种产品原材料月末库存资料见表 7-28。

表 7-28　某企业某种产品原材料月末库存量

月份	1月	2月	3月	4月	5月
原材料库存量/吨	8	10	13	11	9

则该动态数列（　　）。
   A. 各项指标数值是连续统计的结果
   B. 各项指标数值是不连续统计的结果
   C. 各项指标数值反映的是现象在一段时期内发展的总量
   D. 各项指标数值反映的是现象在某一时点上的总量
   E. 各项指标数值可以相加得到5个月原材料库存总量

3. 下面哪些现象侧重于用几何平均法计算平均发展速度？（   ）

   A. 基本建设投资额 B. 商品销售量

   C. 垦荒造林数量 D. 居民消费支出状况

   E. 产品产量

4. 定基发展速度和环比发展速度的关系是（   ）。

   A. 两者都属于速度指标

   B. 环比发展速度的连乘积等于定基发展速度

   C. 定基发展速度的连乘积等于环比发展速度

   D. 相邻两个定基发展速度之商等于相应的环比发展速度

   E. 相邻两个环比发展速度之商等于相应的定基发展速度

5. 累计增长量与逐期增长量（   ）。

   A. 前者基期水平不变，后者基期水平总在变动

   B. 两者存在的关系式：逐期增长量之和 = 累计增长量

   C. 相邻的两个逐期增长量之差等于相应的累计增长量

   D. 根据这两个增长量都可以计算较长时期内的平均每期增长量

   E. 这两个增长量都属于速度分析指标

三、简答题

1. 什么是动态数列？它在社会经济统计中有何重要作用？
2. 动态数列有哪几种？编制时间数列应遵循哪些基本原则？
3. 时期数列与时点数列有什么区别？
4. 计算平均发展速度有哪两种方法？它们各有哪些特点？
5. 常用的动态分析水平指标有哪些？它们之间的关系是什么？
6. 常用的动态分析速度指标有哪些？它们之间的关系是什么？

技能训练

1. 某商店 2009 年各月商品库存额资料见表 7-29。

表 7-29 某商店 2009 年各月商品库存额

月份	1月	2月	3月	4月	5月	6—7月	8—10月	11月	12月
平均商品库存额/万元	60	55	48	43	40	50	45	60	68

试计算上半年、下半年和全年的月平均商品库存额（要求写出公式和计算过程，结果保留两位小数）。

2. 某企业 2005—2009 年职工人数资料见表 7-30。

表 7-30 某企业 2005—2009 年职工人数

年份	全部职工人数/人	女性职工人数/人
2005 年	2 300	980
2006 年	2 386	1 135

续表

年份	全部职工人数/人	女性职工人数/人
2007 年	2 473	1 232
2008 年	2 506	1 150
2009 年	3 018	1 658

试计算该企业 2005—2009 年女性职工所占的平均比重（要求写出公式和计算过程，结果保留四位小数）。

3. 某企业 2008 年各季度实际完成产值和产值计划完成程度的资料见表 7-31。

表 7-31　某企业 2008 年各季度实际完成产值和产值计划完成程度

季度	实际产值/万元	产值计划完成/%
第一季度	860	130
第二季度	887	135
第三季度	875	138
第四季度	898	125

试计算该企业年度计划平均完成百分比（要求写出公式和计算过程，结果保留四位小数）。

4. 某工业企业工业总产值和月末工人数资料见表 7-32。

表 7-32　某工业企业工业总产值和月末工人数

月份	6 月	7 月	8 月	9 月
工业总产值/万元	180	160	200	190
月末工人数/人	600	580	620	600

试计算：
(1) 第三季度月平均劳动生产率；
(2) 第三季度平均劳动生产率（要求写出公式和计算过程，结果保留两位小数）。

5. 某企业 2018 年 3—6 月产品销售额和库存额见表 7-33。

表 7-33　某企业 2018 年 3—6 月产品销售额和库存额

月份	3 月	4 月	5 月	6 月
销售额/万元	150	200	240	276
库存额/万元	45	55	45	75

要求：
(1) 计算该企业产品销售额和库存额的平均增长量；
(2) 计算该企业产品销售额和库存额的平均发展速度和增长速度（要求写出公式和计

算过程，结果保留两位小数）。

6. 某地区 2004—2009 年粮食产量资料见表 7-34。

表 7-34　某地区 2004—2009 年粮食产量

年份	2004 年	2005 年	2006 年	2007 年	2008 年	2009 年
粮食产量/万吨	200	110	31	40	105	93
逐期增长量/万吨	—					
环比发展速度/%	—					

要求：

（1）利用指标间的关系将表中所缺数字补全；

（2）计算该地区 2004—2009 年的粮食产量的年平均增长量以及按水平法计算的年平均增长速度（要求写出公式和计算过程，结果保留两位小数）。

7. 某企业产品的单位成本 2004 年比 2003 年降低 2%，2005 年比 2004 年降低 5%，2006 年比 2005 年降低 3%，2007 年比 2006 年降低 1.5%，试以 2003 年为基期，计算 2004 年至 2007 年该企业单位成本总的降低速度和平均降低速度（要求写出公式和计算过程，结果保留四位小数）。

8. 已知某商店 2008 年销售额比 2003 年增长 64%，2009 年销售额比 2003 年增长 86%，计算 2009 年销售额比 2008 年增长多少？2003—2009 年，平均增长速度是多少？（要求写出公式和计算过程，结果保留四位小数）

9. 某地区人口数从 2000 年起每年以 9‰的增长率增长，截止到 2005 年人口数为 2 100 万。该地区 2000 年人均粮食产量为 700 斤，到 2005 年人均粮食产量达到 800 斤。试计算该地区粮食总产量平均增长速度（要求写出公式和计算过程，结果保留两位小数）。

10. 某地区 2002 年国民收入总额为 18 亿元，2002—2005 年国民收入平均增长速度为 2%，2005—2007 年国民收入平均发展速度为 1.07，2008 年国民收入比 2007 年增长 6%。

要求：

（1）计算 2003—2008 年国民收入的平均增长速度；

（2）计算 2008 年的国民收入总额（要求写出公式和计算过程，结果保留两位小数）。

11. 根据表 7-35 已有的数据资料，运用动态指标的相互关系，确定动态数列的发展水平和表中所缺的环比动态指标。

表 7-35　某企业的总产值与环比动态指标

年份	总产值/万元	环比动态指标			
		增长量	发展速度/%	增长速度/%	增长 1%的绝对值
2004 年	741	—	—	—	—
2005 年		59			
2006 年			115.6		
2007 年					
2008 年			112.7		9.96
2009 年		116			

12. 某工业企业的总产值与定基动态指标见表7-36，试运用动态指标的相互关系：
（1）确定动态数列的发展水平和表中所缺的定基动态指标；
（2）以2004年为基期，计算平均发展速度（要求写出公式和计算过程）。

表7-36 某工业企业的总产值与定基动态指标

年份	总产值/万元	定基动态指标		
		增长量	发展速度/%	增长速度/%
2004年	253	—	—	—
2005年		24		
2006年			116.7	
2007年				26.5
2008年		147.3		

13. 某地区历年的粮食产量见表7-37。

表7-37 某地区历年的粮食产量

年份	2003年	2004年	2005年	2006年	2007年	2008年
粮食产量/吨	8 743	10 627	11 653	14 794	15 808	18 362

试计算：
（1）逐期增长量、累积增长量、平均增长量。
（2）平均发展速度（要求写出公式和计算过程）。

14. 某商业公司1999年销售额为1 800万元，若2000—2003年销售额每年平均增长8%，2004—2007年销售额每年平均增长12%，2008—2010年销售额每年平均增长15%，计算2010年销售额将达到多少？如果计划2010年销售额比1999年翻两番，计算每年需要增长多少才能达到预定的目标？（要求写出公式和计算过程，结果保留两位小数）

15. 表7-38是某高校某专业报考人数。

表7-38 某高校某专业报考人数

年份	2000年	2001年	2002年	2003年	2004年	2005年	2006年	2007年	2008年
报考人数/人	926	1 001	1 032	1 068	1 083	1 095	1 121	1 175	1 246
年份	2009年	2011年	2012年	2013年	2014年	2015年	2016年	2017年	2018年
报考人数/人	1 283	1 299	1 326	1 382	1 437	1 485	1 496	1 523	1 568

试分别用三项、五项移动平均法进行趋势分析。

16. 表7-39是某开发楼盘2017年1月—2018年1月商品房成交量。

表 7-39 某开发楼盘 2017 年 1 月—2018 年 1 月商品房成交量

月份	1月	2月	3月	4月	5月	6月	7月
商品房成交量/套	41	43	53	48	42	51	58
月份	8月	9月	10月	11月	12月	2018年1月	
套数	60	54	47	43	40	39	

试利用线性模型进行趋势分析,并预测 2018 年 2 月份成交量是多少。

17. 表 7-40 是某农贸市场 2016–2018 年各月牛肉批发销售量。

表 7-40 某农贸市场 2016—2018 年各月牛肉批发销售量   单位:吨

月份	1月	2月	3月	4月	5月	6月
2016	65	81	63	58	42	73
2017	71	92	69	63	48	79
2018	83	99	75	69	54	86
月份	7月	8月	9月	10月	11月	12月
2016	51	54	79	61	55	73
2017	61	67	85	70	67	84
2018	69	75	91	79	73	98

试分别用按月平均法和趋势值剔除法进行季节分析。

项目八

统计指数分析与应用

★ 应达目标

知识目标
1. 了解指数、指数体系和因素分析的含义；
2. 掌握统计指数的分类和分类原则；
3. 掌握综合指数编制原理与应用；
4. 掌握平均数指数编制原理与应用。

技能目标
1. 能根据经济现象研究目的选择合适的指数编制方法；
2. 能熟练进行综合指数和平均数指数的编制；
3. 能灵活应用指数体系进行因素分析。

任务一 认识统计指数

★ 任务导入

指数的概念源于18世纪中期欧洲资本主义迅速发展时期。当时由于美洲新大陆开发的大批金银等贵金属源源不断输入欧洲，使欧洲物价骤然上涨，引起社会的不安，经济学家为了测定物价的变动，开始尝试编制物价指数。此后200多年，指数的应用和理论不断发展，逐步扩展到工业生产、进出口贸易、铁路运输、工资、成本、生活费用、股票证券等各个方面。其中有些指数，如零售商品价格指数、生活消费价格指数同人们的日常生活息息相关；有些指数（如生产资料价格指数、股票价格指数等）则直接影响人们的投资活动，成为社会经济的晴雨表。至今,指数不仅是分析社会经济和景气预测的重要工具,而且被应用于经济效益、生活质量、综合国力、社会发展水平的综合评价研究。

★知识共享

一、什么是统计指数

指数是用于经济的一种特殊统计方法,主要用于反映事物数量的相对变化,是一种对比性的分析指标。目前,统计学中的"指数"有广义和狭义两种理解。

广义指数是指任何两个数值对比形成的相对数,反映了现象数量差异或变动的相对程度。例如,比较相对数、比例相对数、结构相对数、计划完成程度相对数等都是广义指数。

狭义指数是指多个现象在不同场合下综合变动的一种相对数,反映了多个而又不能直接相加的复杂现象综合变动的相对程度。例如,零售物价指数、消费价格指数、股价指数等都是狭义指数。统计学中所研究的主要是狭义指数。

二、统计指数的作用

指数作为对比性统计指标,具有相对数的形式,其意义在于:把作为对比的基数视为100%,来分析我们所要研究的现象水平相当于基数的多少? 例如,某地区零售物价2018年与2017年比,零售物价指数为105%,则表明该地区2018年价格水平相当于2017年的105%,或说当年物价较2017年上涨了5%。所以,统计指数主要有以下几个方面的作用:

(1) 综合反映经济现象变动方向和变动程度。将不同时期的一些总量指标进行对比,能反映多个复杂经济现象总体的变动方向和变动程度。例如,某企业的总成本指数为98%,产品销售额指数为125%,这说明企业的总成本降低了2%,产品销售额上升了25%。通过指数的计算,为企业下一步的管理提供了依据。

(2) 进行现象总变动中的因素分析。任何复杂现象总体的变动都是由多个因素变动的影响所构成的,例如:

$$商品销售额 = 商品销售量 \times 单位商品价格$$

利用统计指数计算,就可以分析商品销售额的变化是由商品销售量的变化所决定,还是由单位商品价格的变化所决定? 或者说两个因素的影响各是多少? 其中哪个因素的影响是主要的?

(3) 研究事物在长时间内的变动趋势。利用编制指数数列可以对某一现象的长期发展趋势进行分析。例如,通过比较农产品收购价格指数数列与工业零售价格指数数列,可以发现工农业产品的综合比价的变动趋势。

三、统计指数的分类

(1) 按指数所包括的范围可分为个体指数和总指数。

个体指数是说明个别现象总体的数量变动的相对数,如某企业某产品的两个不同时期的产品产量的对比。个别现象的量是可以直接相加、直接对比的,实际上它就是一个广义指数的概念。

总指数是说明多个现象总体的综合数量变动的相对数,如反映三个不同商品价格的综合变动情况的指数。不同商品因其计量单位不同、使用价值的不同而不能直接相加、直接对比，因此要进行综合分析。

（2）按统计指标的内容不同可分为数量指标指数和质量指标指数。

数量指标指数是说明现象总体总规模和总水平变动情况的指数，如产品产量指数、商品销量指数、职工人数指数等。

质量指标指数是说明现象总体内涵数量变动情况的指数，如价格指数、工资水平指数、产品成本指数等。

（3）按指数的表现形式不同可分为综合指数、平均指标指数和平均指标对比指数。

综合指数是通过两个有联系的综合总量指标对比计算的总指数；平均指标指数是用加权平均方法计算出来的指数（有不同的方法）；平均指标对比指数是通过两个有联系的加权算术平均指标对比计算出来的指数。这三类指数既有区别又有联系，其含义在后面具体说明。

任务二　编制综合指数

★任务导入

某教育文具商店主要经营三种学生学习用品，该商店2017—2018年的销售资料见表8-1。

表8-1　三种学习用品的销售量和价格资料

商品名称	计量单位	销售量		单价/元	
		2017年	2018年	2017年	2018年
钢笔	支	310	230	6	8
笔记本	本	500	400	4	5
MP5	个	320	560	580	450

由表8-1可见，三种商品的销售量和价格都发生了变化，各个商品的销售量和价格的变化可以用报告期销售量或价格与其相应的基期销售量或价格的比值来反映，如钢笔的销售量和价格变化的个体变动情况分别为

$$k_q = \frac{q_1}{q_0} = \frac{230}{310} = 0.742 \times 100\% = 74.2\%$$

$$k_p = \frac{p_1}{p_0} = \frac{8}{6} = 1.333 \times 100\% = 133.3\%$$

计算结果说明，2018年与2017年相比，钢笔销售量减少了25.8%，价格增加了33.3%。同理可以分别计算出笔记本和MP5的销售量和价格的个体指数。但是，如果我们要综合反映这三种商品的综合变动情况的话就要编制综合指数。

★知识共享

一、什么是综合指数

综合指数是总指数的基本形式。综合指数是对两个时期范围相同的复杂现象总体总量指标对比形成的相对数。在总量指标中包含两个或两个以上的因素，将其中被研究因素以外的一个或一个以上的因素固定下来，仅观察被研究因素的变动，这样编制的指数，称为综合指数。综合指数既能反映所研究经济内容的相对量变化程度（相对数分析），又能反映所研究经济内容的绝对量变化情况（绝对量分析）。

二、如何编制综合指数

由本任务的任务导入分析可见，这三种商品单位不同，使用价值也不一样，因此不能将它们的物量直接相加对比，而应把三个不能直接相加对比的现象转变为可以相加对比的状态，然后综合分析其变动情况，这就必须找到一个能起过渡作用的中间媒介，即统计中的同度量因素。

（一）同度量因素的引入

1. 同度量因素

将不能直接相加对比的现象指标转变为可以相加对比的价值形态，并起到权衡其轻重作用的媒介因素就称为同度量因素（也称权数）。

2. 同度量因素（权数）的确定

同度量因素是根据经济现象之间的内在联系来确定的。

如，价格（p）×销售量（q）=销售额（pq）

这就是说，当不同商品的销售量不能直接相加对比时，我们可以引进"价格"作为媒介，把不能直接相加对比销售量转变为"销售额"这种价值形态，由于销售额的单位在不同的商品是一样的，因此可以直接相加对比。

3. 同度量因素时期的确认

在确定同度量因素时有一个固定期的问题，也就是如何固定同度量因素所属的时期问题。根据经济现象之间的内在关系可以看出，在 $p×q=pq$ 关系中，销售额是销售量和价格共同作用的结果，如果要分析销售量变动对销售额的影响，就必须把价格固定在一个"不变"的条件下，才能反映销售量变动对销售额的影响，这样做的目的是消除同度量因素变动时所产生的影响（如价格变动对销售额的影响）；同理，如果要分析价格变动对销售额的影响，就必须把销售量固定在一个"不变"的条件下，才能反映价格变动对销售额的影响。

根据指数的含义可知，指数为两个总量指标对比的结果，因此，在固定同度量因素时，对比的两个总量指标的同度量因素必须为同一时期同度量因素（分子分母用同一同度量因素，即同为报告期或同为基期），这样才具有可比性。

（二）综合指数的编制

综合指数有数量指标综合指数（$\bar{k}_q$）和质量指标综合指数（$\bar{k}_p$）。综合指数的编制所涉及的指标有报告期数量指标（q_1）、基期数量指标（q_0）、报告期质量指标（p_1）、基期质量指标（p_0）以及采用不同方法所编制的不同时期的总量指标（q_0p_0、q_1p_1、q_1p_0）。

1. 数量指标综合指数的编制

数量指标综合指数是反映数量指标总变动程度的指数，说明总体规模变动情况的相对指标指数。其公式如下：

（1）L氏数量指标指数。L氏数量指标指数就是以基期质量指标为同度量因素的数量指标指数，即

$$\overline{k}_q = \frac{\sum q_1 p_0}{\sum q_0 p_0}$$

（2）p氏数量指标指数。p氏数量指标指数就是以报告期质量指标为同度量因素的数量指标指数，即

$$\overline{k}_q = \frac{\sum q_1 p_1}{\sum q_0 p_1}$$

通过对两个公式的分析比较得出：

（1）L氏指数公式以基期价格做权数（也就是假定价格未变动），使指数计算结果不受价格变动的影响，从而可以较为确切地反映出销售量变动的影响程度。但是，这个公式容易脱离实际。因为在科学技术迅速发展和市场经济日益完善的环境下，老产品不断被淘汰，新产品不断上市，新上市的产品没有基期价格，在计算指数时只能用比价的办法，在一定程度上影响了指数的准确性。

（2）p氏指数公式以报告期价格做权数，避免了"L氏指数"用基期价格做权数而脱离实际的缺点；但是，这个公式在以报告期价格做权数时，不仅反映了销售量变动的影响，而且也反映了销售量和价格同时变动的影响，使计算结果未能突出分析销售量变动的影响程度。

由以上分析可见，从经济研究的意义角度看，在编制数量指标综合指数时应以基期质量指标作为同度量因素为好。因为价格的变动在一定程度上随商品生产成本和销售成本的增加而提高，如果仅靠提高产品价格来提高经济效益是不现实的，所以人们关心的是如何扩大规模，增加产量来提高经济效益才是根本。

2. 质量指标综合指数的编制

（1）L氏质量指标指数。L氏质量指标指数就是以基期数量指标为同度量因素的质量指标指数，即

$$\overline{k}_p = \frac{\sum q_0 p_1}{\sum q_0 p_0}$$

（2）p氏质量指标指数。p氏质量指标指数就是以报告期数量指标为同度量因素的质量指标指数，即

$$\overline{k}_p = \frac{\sum q_1 p_1}{\sum q_1 p_0}$$

通过对两个公式的分析比较得出：

（1）L氏指数公式以基期销售量做权数，使指数计算结果不受销售量变动的影响，从而

可以较为确切地反映价格变动的影响程度。但是，这个公式也存在有脱离实际的现象，新上市的产品没有基期销售量，同样影响了指数的准确性。

（2）p 氏指数公式以报告期销售量做权数，不仅反映了价格变动的影响，而且反映了销售量和价格同时变动的影响，使计算结果未能确切地反映价格变动的影响程度。

由以上分析可以看出，在编制质量指标综合指数时，一般以报告期数量指标作为同度量因素为多见（必要时 L 氏质量指标指数也有使用），因为从经济研究的意义看，一般来说研究"在现时生产规模"下因价格变动对经济效益的作用才比较有意义。

★任务分享

【例 8-1】现有某市场 2015 年 7 月和 2016 年 7 月的三种食品的销售量和价格资料见表 8-2。试利用该资料编制综合指数。

表 8-2 三种食品的销售量和价格资料

商品名称	计量单位	销售量/公斤		单价/元	
		2015 年 7 月 基期（q_0）	2016 年 7 月 报告期（q_1）	2015 年 7 月 基期（p_0）	2016 年 7 月 报告期（p_1）
精瘦肉	吨	30	35	22 450.0	23 380.0
鸡蛋	公斤	600	660	4.2	4.6
绿豆	斤	500	400	9.0	14.0

任务解析：根据综合指数编制的原理有，编制数量指标指数要以基期价格为同度量因素，编制质量指标指数要以报告期销售量为同度量因素，同时，在同度量因素确定时要确保分子分母为同一期。其编制结果如下：

（1）编制数量指标综合指数。

$$\overline{k}_q = \frac{\sum q_1 p_0}{\sum q_0 p_0} = \frac{35 \times 22\,450 + 660 \times 4.2 + 400 \times 9}{30 \times 22\,450 + 600 \times 4.2 + 500 \times 9} = \frac{792\,122}{680\,520} \times 100\% = 116.4\%$$

计算结果表明：以基期价格为权数的销售量指数为 116.4%，说明销售量平均增长了 16.4%。

（2）编制质量指标综合指数。

$$\overline{k}_p = \frac{\sum q_1 p_1}{\sum q_1 p_0} = \frac{35 \times 23\,380 + 660 \times 4.6 + 400 \times 14}{35 \times 22\,450 + 660 \times 4.2 + 440 \times 9} = \frac{826\,936}{792\,122} \times 100\% = 104.4\%$$

计算结果表明：以报告期销售量为权数的价格指数为 104.4%，说明价格平均增长了 4.4%。

任务三　编制平均数指数

★任务导入

由前面内容可以看出，综合指数的编制必须在资料齐全的情况下进行。而在实际工作中，为了解决由于受到统计资料的限制而不能直接应用综合指数法来编制综合指数，而这时又必须要获得综合指数的结果时，可以通过公式变换原理，利用所掌握的资料来编制所要获得的综合指数，这就用到了平均数指数的原理和方法。

★知识共享

一、平均数指数的概念

平均数指数是以现象个体指数为基础采取平均指标形式编制的总指数。其原理就是通过公式变换原理，由综合指数公式推导出平均数指数形式来编制总指数，所以说，综合指数是总指数的基本形式，而平均数指数也是总指数的基本形式之一。平均数指数用来反映多个现象的总变动程度，适用于资料不全的情况下（如有价格个体指数而缺少基期价格或缺少报告期价格时）的总指数编制。

二、平均数指数的基本形式

由于加权平均的方式有加权算术平均和加权调和平均两种形式，所以采用加权平均方式来编制的平均数指数也就有两种基本形式。

1. 加权算术平均数指数

加权算术平均数指数是对个体指数按照算术加权平均形式 $\left(\bar{x} = \dfrac{\sum xf}{\sum f}\right)$ 进行加权而计算的总指数。其加权的形式就是以基期总量指标（$q_0 p_0$）为权数对个体指数进行加权平均的总指数。

（1）数量指标加权算术平均数指数。

以 k_q 表示销售量个体指数，则

$$k_q = \frac{q_1}{q_0}, \quad q_1 = k_q q_0$$

当以基期总量指标（$q_0 p_0$）为权数，对个体指数进行加权时，其数量指标加权算术平均数指数的形式为

$$\bar{k}_q = \frac{\sum k_q q_0 p_0}{\sum q_0 p_0} = \frac{\sum \dfrac{q_1}{q_0} q_0 p_0}{\sum q_0 p_0} = \frac{\sum q_1 p_0}{\sum q_0 p_0}$$

由此可见，以基期总量指标（$q_0 p_0$）为权数的个体数量指标指数的加权算术平均数就是

数量指标综合指数。

（2）质量指标加权算术平均数指数。

以 k_p 表示质量个体指数，则

$$k_p = \frac{p_1}{p_0}, \ p_1 = k_p p_0$$

$$\bar{k}_p = \frac{\sum k_p p_0 q_0}{\sum p_0 q_0} = \frac{\sum \frac{p_1}{p_0} p_0 q_0}{\sum p_0 q_0} = \frac{\sum p_1 q_0}{\sum p_0 q_0}$$

由此可见，以基期总量指标（$q_0 p_0$）为权数的个体质量指标指数的加权算术平均数不是我们常用的质量指标综合指数。

2. 加权调和平均数指数

加权调和平均数指数是对个体指数按照调和平均形式 $\left(H = \dfrac{\sum m}{\sum \dfrac{m}{x}} \right)$ 进行加权而计算的总指数。其加权的形式就是以报告期总量指标（$q_1 p_1$）为权数对个体指数的倒数进行加权平均的总指数。

（1）数量指标加权调和平均数指数。

以报告期数量指标为权数的数量指标加权平均数指数形式为

$$\bar{k}_q = \frac{\sum p_1 q_1}{\sum \frac{1}{k_q} p_1 q_1} = \frac{\sum q_1 p_1}{\sum \frac{q_0}{q_1} q_1 p_1} = \frac{\sum q_1 p_1}{\sum q_0 p_1}$$

由此可见，以报告期总量指标（$q_1 p_1$）为权数的个体数量指标指数的加权调和平均数不是我们常用的数量指标综合指数。

（2）质量指标加权调和平均数指数。

以报告期总量指标为权数的质量指标加权平均数指数形式为

$$\bar{k}_p = \frac{\sum p_1 q_1}{\sum \frac{1}{k_p} p_1 q_1} = \frac{\sum p_1 q_1}{\sum \frac{p_0}{p_1} p_1 q_1} = \frac{\sum p_1 q_1}{\sum p_0 q_1}$$

由此可见，以报告期总量指标（$q_1 p_1$）为权数的个体质量指标指数的加权算术平均数就是我们常用的质量指标综合指数。

3. 固定权数平均数指数

固定权数平均数指数是以指数化的个体指数为基础，使用固定权数对个体指数进行加权平均计算的一种总指数。所谓固定权数是指加权平均法计算的权数用比重形式固定下来，在一段时间内不做变动并固定使用的权数。在我国统计工作业务中，各种物价指数常用固定权数的加权平均数指数编制。例如，我国的农副产品收购价格指数、零售商品物价指数和居民消费价格指数等。固定权数平均数指数的计算公式为

$$\text{固定权数加权算术平均数指数} = \frac{\sum kW}{\sum W}$$

$$\text{固定权数加权调和平均数指数} = \frac{\sum W}{\sum \frac{W}{k}}$$

式中　k——代表个体（类）指数；

　　　W——代表固定权数，常用比重表示，$\sum W = 100$ 或 1。

★任务分享

【例 8-2】某电器厂生产一批学生用电器产品产量和价格资料见表 8-3，试分别计算三种产品产量的总指数和价格的总指数。

表 8-3　某电器厂学生用电器产品产量和价格资料统计表

商品名称	单位	产量		价格	
		基期（q_0）	报告期（q_1）	基期（p_0）	报告期（p_1）
台灯	个	3.0	3.5	15	18
电风扇	台	2.2	3.0	20	23
电水壶	个	1.8	1.5	35	34

任务解析：根据平均数指数编制原理已知，数量指标平均数指数要用算术平均法，质量指标平均数指数要用调和平均法。

1. 编制产量平均数指数（见表 8-4）

表 8-4　某电器厂学生用电器产量平均指数资料计算表

商品名称	单位	产量			基期总产值（$q_0 p_0$）	$k_q (q_0 p_0)$
		基期（q_0）	报告期（q_1）	产量个体指数（k_q）		
台灯	个	3.0	3.5	116.7	75	8 752.2
电风扇	台	2.2	3.0	136.4	66	9 002.4
电水壶	个	1.8	1.5	83.3	117	9 746.1
合计					258	27 500.7

$$\bar{k}_q = \frac{\sum k_q q_0 p_0}{\sum q_0 p_0} = \frac{27\,500.7}{258} = 106.59\%$$

计算结果说明：台灯产量上升了 16.7%，电风扇产量上升了 36.4%，电水壶产量下降了 16.7%，平均上升了 6.59%。

2. 编制价格平均数指数（见表 8-5）

表8-5 某电器厂学生用电器价格平均指数资料计算表

商品名称	单位	价格 基期(p_0)	价格 报告期(p_1)	价格个体指数(k_p)	报告期总产值(q_1p_1)	$\dfrac{(q_1p_1)}{k_q}$
台灯	个	15	18	120.0	63	0.525
电风扇	台	20	23	115.0	69	0.600
电水壶	个	35	34	97.1	51	0.525
合 计					183	1.650

$$\bar{k}_p = \frac{\sum q_1 p_1}{\sum \dfrac{1}{k_p} q_1 p_1} = \frac{183}{165} \times 100\% = 110.91\%$$

计算结果说明：台灯价格上升了20%，电风扇价格上升了15%，电水壶价格下降了2.9%，平均价格上升了10.91%。

【例8-3】现有八类主要商品个体指数及权数资料见表8-6，试计算这八类主要商品的平均价格指数。

表8-6 八类主要商品的平均指数计算表

商品名称	个体指数（k_p）	权数（W）	Wk_p	W/k_p
食品	114.3	0.46	52.58	0.004 0
衣着	98.5	0.10	9.85	0.001 0
家庭设备用品及维修服务	102.3	0.12	12.28	0.001 2
医疗保健和个人用品	102.9	0.08	8.23	0.000 8
交通和通信	99.1	0.06	5.95	0.000 6
娱乐教育文化用品及服务	99.3	0.07	6.95	0.000 7
居住	105.5	0.08	8.44	0.000 8
烟酒及用品	102.9	0.03	3.09	0.000 3
合计	—	1（100%）	107.10	0.009 1

任务解析：根据以上资料计算便可得到总指数：

$$\text{固定权数加权算术平均数指数} = \frac{\sum kW}{\sum W} = \frac{107.1}{1} = 107.1\%$$

$$\text{固定权数调和平均数指数} = \frac{\sum W}{\sum \dfrac{W}{k}} = \frac{1}{0.009\ 1} = 109.89\%$$

计算结果说明：八类主要商品的平均指数为109.89%，说明八类主要商品的平均价格上升了9.89%。

任务四 因素分析与应用

★ 任务导入

客观现象是比较复杂的，有时某一现象的变动可能要受到多个因素的影响，且各因素的影响程度又是不相同的。比如说，产品的产量、单位产品原材料消耗量和单位原材料价格对原材料费用总额的变动都会产生影响，那么这三个因素对原材料费用总额变动的影响程度各有多大？或影响原材料费用总额变动的主要因素是哪个？这就是因素分析所解决的问题。

★ 知识共享

一、指数体系

指数体系是指由三个或三个以上具有内在联系的指数所组成的数学表达式。如：

商品销售额指数 = 商品销售量指数 × 商品销售价格指数

在这个指数体系中，商品销售额指数是总指数，商品销售量指数和商品销售价格指数是构成总额（或总量）指数的两个因素指数。它们之间的关系可以用如下关系式来表达：

$$\bar{k}_{qp} = \bar{k}_q \times \bar{k}_p$$

指数体系具有两个方面的作用：

（1）利用指数体系进行因素分析。利用指数体系可以分析总量指标变动中各因素指标的各自影响程度。

（2）利用指数体系进行指数之间的相互推算。根据构成指数体系的各指数间的等式关系，由已知指数来推算未知指数。

二、因素分析

（一）因素分析的含义

由指数体系的介绍已经知道，总变动是由多个因素变动共同作用的结果（影响总变动的因素具有可分性）。所以，因素分析就是利用指数体系来分析现象总变动中各因素变动对总变动影响程度的一种方法。

因素分析的基本思路是在影响总变动的因素中，固定其他因素，逐个分析其中一个因素对总变动的影响。

因素分析一般是从相对数分析和绝对数分析两个方面进行分析。相对数分析是对各变动因素变动程度的分析，其分析依据是根据"总指数 = 因素指数乘积"的关系式进行的，即

$$\frac{\sum q_1 p_1}{\sum q_0 p_0} = \frac{\sum q_1 p_0}{\sum q_0 p_0} \times \frac{\sum q_1 p_1}{\sum q_1 p_0}$$

绝对数分析是对各变动因素变动所引起的绝对数变化的分析,其分析依据是根据"总量变动的绝对差额 = 各因素指数变动差额之和"的关系式进行的,即

$$\sum q_1p_1 - \sum q_0p_0 = (\sum q_1p_0 - \sum q_0p_0) + (\sum q_1p_1 - \sum q_1p_0)$$

由此可以看出,指数体系与因素分析的关系为指数体系是因素分析的依据和手段,因素分析是指数体系的应用。

(二)因素分析的类型与方法

根据总变动构成因素的多少,一般将因素分析分为两因素分析和多因素分析(三个或三个以上因素的分析),其中两因素分析又可分为简单现象的两因素分析和复杂现象的两因素分析。

1. 两因素分析

(1)简单现象的两因素分析。简单现象的两因素分析指数体系为

$$k_{qp} = k_q \times k_p$$

简单现象的两因素分析比较简单:

$$\frac{p_1q_1}{p_0q_0} = \frac{p_1}{p_0} \times \frac{q_1}{q_0}$$

$$q_1p_1 - q_0p_0 = (q_1 - q_0)p_0 + (p_1 - p_0)q_1$$

(2)复杂现象的两因素分析。复杂现象的两因素分析指数体系为

$$\bar{k}_{qp} = \bar{k}_q \times \bar{k}_p$$

复杂现象的两因素分析方法就是利用指数体系可以进行相对变动度分析和绝对变动量分析,分析方法如下:

(1)相对变动度分析公式。

$$\frac{\sum q_1p_1}{\sum q_0p_0} = \frac{\sum q_1p_0}{\sum q_0p_0} \times \frac{\sum q_1p_1}{\sum q_1p_0}$$

(2)绝对变动量分析公式。

$$\sum q_1p_1 - \sum q_0p_0 = (\sum q_1p_0 - \sum q_0p_0) + (\sum q_1p_1 - \sum q_1p_0)$$

2. 多因素分析

多因素分析指数体系为

$$\bar{k}_{qmp} = \bar{k}_q \times \bar{k}_m \times \bar{k}_p$$

利用这个体系所进行的分析如下:

(1)相对变动度分析公式。

$$\frac{\sum q_1m_1p_1}{\sum q_0m_0p_0} = \frac{\sum q_1m_0p_0}{\sum q_0m_0p_0} \times \frac{\sum q_1m_1p_0}{\sum q_1m_0p_0} \times \frac{\sum q_1m_1p_1}{\sum q_1m_1p_0}$$

(2)绝对变动量分析公式。

$$\sum q_1m_1p_1 - \sum q_0m_0p_0 = (\sum q_1m_0p_0 - \sum q_0m_0p_0) + (\sum q_1m_1p_0 - \sum q_1m_0p_0) + (\sum q_1m_1p_1 - \sum q_1m_1p_0)$$

知识扩展

当一个总量指标可以表示为三个或三个以上因素指标的连乘积时，同样可以利用指数体系测定各因素变动对总变动的影响，这种分析就是对总量指标的多因素分析。例如，原材料费用总额（qmp）= 总产量（q）× 产品原材料消耗量（m）× 原材料单价（p）。

多因素指数体系分析法的深入运用，也就是运用数量和质量指标指数的编制方法，由表及里对所研究的现象做进一步的深入分析，所以，多因素分析法的步骤与两因素分析法相同，只是在编制各因素指数时，同度量因素固定在哪个时期要依据如下两个原则：

(1) 因素的排序要使相邻两变量"能分能合"，且具有经济意义：

$qmp = q \times m \times p$

$\qquad = qm \times p$（产品原材料消耗总量×单位原材料价格）

$qmp = q \times m \times p$

$\qquad = q \times mp$（总产量×单位产品价格）

(2) 指数编制时要满足"平衡"的要求。

所谓"平衡"要求就是既要满足经济现象总量指标的构成（总量指标=数量指标×质量指标）的平衡，又要满足编制综合指数时"质基数报"需求的平衡。根据这两个原则，可以建立一个由多个指数构成的指数体系。

所谓"质基数报"原则是指同度量因素引入时，同度量因素时期固定的原则。具体来说就是在编制数量指标综合指数时，应以基期质量指标作为同度量因素为好，简称"质基"，意思是以质量指标为权数要固定在基期。在编制质量指标综合指数时，应以报告期数量指标作为同度量因素为好，简称"数报"，意思是以数量指标为权数要固定在报告期。

★任务分享

【例8-4】 已知某公司职工工资资料（见表8-7），试分析该公司职工工资总额变动情况和影响主要因素。

表8-7 某公司职工工资资料

指标 年份	工资总额（pq）/万元	职工人数（q）/人	年平均工资（p）/（万元·人$^{-1}$）
2008年	2 400	2 000	1.20
2009年	2 898	2 100	1.38

任务解析：简单现象总量指标的两因素分析是指在因素分析时，能够直接用单个现象总量指标进行对比的分析方法。这里：工资总额=职工人数×年平均工资。

所以，其指数体系为

$$\text{工资总额指数} = \text{职工人数指数} \times \text{年平均工资指数}$$

1. 变动程度分析

(1) 工资总额变动分析。

$$k_{pq} = \frac{p_1 q_1}{p_0 q_0} = \frac{2\ 898}{2\ 400} \times 100\% = 120.75\%$$

$$p_1q_1 - p_0q_0 = 2\,898 - 2\,400 = 498 \text{（万元）}$$

(2) 工人数变动分析。

$$k_q = \frac{q_1}{q_0} = \frac{2\,100}{2\,000} \times 100\% = 105\%$$

$$(q_1 - q_0)p_0 = (2\,100 - 2\,000) \times 1.20 = 120 \text{（万元）}$$

(3) 年平均工资变动分析。

$$k_p = \frac{p_1}{p_0} = \frac{1.38}{1.20} \times 100\% = 115\%$$

$$(p_1 - p_0)q_1 = (1.38 - 1.20) \times 2\,100 = 378 \text{（万元）}$$

2. 综合分析

$$105\% \times 115\% = 120.75\%$$
$$120 + 378 = 498 \text{（万元）}$$

3. 分析结论

计算结果表明，工资总额报告期比基期提高了20.75%，增加了498万元。其中，由于职工人数增长了5%而增加的工资总额为120万元；由于职工年平均工资增长了15%而增加的工资总额为378万元。

从以上分析可以看出，在进行简单现象总量指标的两因素分析时，相对数分析可以不引入同度量因素，但绝对分析必须引入同度量因素。

【例8-5】 现从某农贸市场了解到三种食品销售量和价格资料见表8-8，试分析销售量和价格对销售总额变动的影响程度，并找出影响销售总额变动的主要因素。

表8-8 某农贸市场三种食品的销售量和价格资料

商品名称	单位	销售量		单价/元	
		2017年8月	2018年8月	2017年8月	2018年8月
		基期（q_0）	报告期（q_1）	基期（p_0）	报告期（p_1）
猪肉	千克	85 000	90 500	16.1	17.3
鸡蛋	千克	2 500	2 600	7.2	8.4
草鱼	千克	10 000	13 000	11.6	11.0

任务解析：这里分别提供了报告期和基期的销售量和价格资料，没有提供销售额，必须要计算出各个食品的相应销售额。再根据两因素分析的原理，结合所收集数据资料，我们可以建立一个由三个指数构成的指数体系：销售额指数 = 销售量指数 × 价格指数，即

$$\overline{k_{qp}} = \overline{k_q} \times \overline{k_p}$$

利用这个体系可以进行相对变动度和绝对变动量分析，分析方法如下：

1. 列计算表（见表8-9）

表 8-9 综合指数编制及因素分析计算表

商品名称	计量单位	商品销售量		商品价格		销售额/元		
		q_0	q_1	p_0	p_1	$q_0 p_0$	$q_1 p_1$	$q_1 p_0$
猪肉	千克	85 000	90 500	16.1	17.3	1 368 500	1 565 650	1 457 050
鸡蛋	千克	2 500	2 600	7.2	8.4	18 000	21 840	18 720
草鱼	千克	10 000	13 000	11.6	11.0	116 000	143 000	150 800
合计	—	—	—			1 502 500	1 730 490	1 626 570

2. 进行变动分析

（1）销售总额变动分析。

$$\bar{k}_{qp} = \frac{\sum q_1 p_1}{\sum q_0 p_0} = \frac{1\,730\,490}{1\,502\,500} \times 100\% = 115.17\%$$

$$\sum q_1 p_1 - \sum q_0 p_0 = 1\,730\,490 - 1\,502\,500 = 227\,990（元）$$

（2）销售量变动分析。

$$\bar{k}_q = \frac{\sum q_1 p_0}{\sum q_0 p_0} = \frac{1\,626\,570}{1\,502\,500} \times 100\% = 108.26\%$$

$$\sum q_1 p_0 - \sum q_0 p_0 = 1\,626\,570 - 1\,502\,500 = 124\,070（元）$$

（3）价格变动分析。

$$\bar{k}_q = \frac{\sum q_1 p_1}{\sum q_1 p_0} = \frac{1\,730\,490}{1\,626\,570} \times 100\% = 106.39\%$$

$$\sum q_1 p_1 - \sum q_1 p_0 = 1\,730\,490 - 1\,626\,570 = 103\,920（元）$$

3. 综合分析

相对变动度分析：108.26% × 106.39% = 115.18%

相对增长度分析：8.26% × 6.39% = 0.53%

绝对变动量分析：124 070 + 103 920 = 227 990（元）

4. 分析结论

分析结果表明：报告期销售额比基期销售额增长了 15.18%，使得销售总额增加了 227 990 元，这是由于销售量增长了 8.26% 和价格增长了 6.39% 时，使得销售总额分别增加了 124 070 元和 103 920 元的共同作用的结果。

【例 8-6】现从某教学用品家具厂了解到，该加工厂为学校加工生产的三种教学用品的生产资料和木材消耗资料见表 8-10。

表 8-10 三种教学用品生产加工情况统计表

产品名称	计量单位	产品产量		单位产品原材料消耗量		原材料单价	
		基期（q_0）	报告期（q_1）	基期（m_0）	报告期（m_1）	基期（p_0）	报告期（p_1）
课桌	套	300	200	0.15	0.17	800	1 000

续表

产品名称	计量单位	产品产量		单位产品原材料消耗量		原材料单价	
		基期(q_0)	报告期(q_1)	基期(m_0)	报告期(m_1)	基期(p_0)	报告期(p_1)
椅子	把	20	30	0.02	0.03	750	900
讲台	张	30	50	0.28	0.30	850	1 100

试分析产品产量、单位产品材料消耗量和原材料单价变动对原材料费用总额的影响程度,并找出影响原材料费用总额的主要因素。

任务解析:由表8-10数据可见,不同时期的产量、材料消耗和材料单价都存在不同程度的变动,对总成本所产生的影响程度也就不相同。根据多因素分析原理和方法,我们可以建立一个由四个指数构成的指数体系:原材料费用总额 = 总产量 × 单位产品原材料消耗量 × 原材料单价,即:$\bar{k}_{qmp} = \bar{k}_q \times \bar{k}_m \times \bar{k}_p$。

利用这个指数进行分析即可完成任务。其方法如下:

(1)列计算表(见表8-11)。

表8-11 三种教学用品总成本变动分析计算表

产品名称	计量单位	产品产量		单位产品原材料消耗量		单位材料价格		原材料费用总额			
		基期	报告期	基期	报告期	基期	报告期				
		q_0	q_1	m_0	m_1	p_0	p_1	$q_0m_0p_0$	$q_1m_0p_0$	$q_1m_1p_0$	$q_1m_1p_1$
课桌	套	300	200	0.15	0.17	800	1 000	36 000	24 000	27 200	34 000
椅子	把	20	30	0.02	0.03	750	900	300	450	675	810
讲台	张	30	50	0.28	0.30	850	1 100	7 140	11 900	12 750	16 500
合计	—	—	—	—	—	—	—	43 440	36 350	40 625	51 310

(2)变动度分析。

①计算原材料费用总额的相对变动程度和绝对变动量:

$$\bar{k}_{qmp} = \frac{\sum q_1 m_1 p_1}{\sum q_0 m_0 p_0} = \frac{51\ 310}{43\ 440} \times 100\% = 118.12\%$$

$$\sum q_1 m_1 p_1 - \sum q_0 m_0 p_0 = 51\ 310 - 43\ 440 = 7\ 870\ (元)$$

②计算生产量的相对变动程度和绝对变动量:

$$\bar{k}_q = \frac{\sum q_1 m_0 p_0}{\sum q_0 m_0 p_0} = \frac{36\ 350}{43\ 440} \times 100\% = 83.68\%$$

$$\sum q_1 m_0 p_0 - \sum q_0 m_0 p_0 = 36\ 350 - 43\ 440 = -7\ 090\ (元)$$

③计算单位产品原材料消耗量的相对变动程度和绝对变动量:

$$\bar{k}_m = \frac{\sum q_1 m_1 p_0}{\sum q_1 m_0 p_0} = \frac{40\ 625}{36\ 350} \times 100\% = 111.76\%$$

$$\sum q_1 m_1 p_0 - \sum q_1 m_0 p_0 = 40\,625 - 36\,350 = 4\,275\,（元）$$

④计算原材料价格的相对变动程度和绝对变动量：

$$\overline{k}_p = \frac{\sum q_1 m_1 p_1}{\sum q_1 m_1 p_0} = \frac{51\,310}{40\,625} \times 100\% = 126.30\%$$

$$\sum q_1 m_1 p_1 - \sum q_1 m_1 p_0 = 51\,310 - 40\,625 = 10\,685\,（元）$$

(3) 综合分析。

$$83.68\% \times 111.76\% \times 126.30\% = 118.12\%$$
$$-7\,090 + 4\,275 + 10\,685 = 7\,870\,（元）$$

(4) 分析结论。

以上分析结果表明，由于三种教学用品原材料费用总额报告期比基期增加了 18.12%，使得原材料费用总额增加了 7 870 元。其中，由于产品产量降低了 21.3%，使得原材料费用总额减少了 7 090 元；单位产品原材料消耗增加了 11.76%，使得原材料费用总额增加了 4 275 元；单位原材料价格上升了 26.3%，使得原材料费用总额增加了 10 685 元。可见，原材料费用总额的增加主要是由材料价格的上升而造成的。

任务五　平均指标对比指数分析与应用

★任务导入

在分析经济现象时，经常要就两个不同时期的同一经济内容的平均指标的变动情况分析，以便找出影响平均指标变动影响因素的问题，如某企业 2017 年年底职工月平均工资为 3 500 元，而 2018 年年底职工月平均工资为 3 850 元，2018 年职工月平均工资比 2017 年增加了 10%。由于职工月平均工资的变动受职工人数变动和工资标准变动两个方面因素的影响，那么影响职工月平均工资变化的因素是职工人数的变动？还是工资标准的变动？因此，分析职工人数变动和工资标准变动分别对职工月平均工资变动的影响就是平均指标对比指数分析要解决的问题。

★知识共享

一、平均指标对比指数的概念

两个不同时期的同一经济内容的平均指标之比的相对数就是一个平均指标对比指数。它反映了两个时期总平均水平的变动程度和方向。其表达式为

$$\overline{k}_{\overline{x}} = \frac{\overline{x}_1}{\overline{x}_0}$$

二、平均指标对比指数的分解

由加权算术平均数的特点已知,加权算术平均数受指标值(x)和单位数所占总体单位数比重($f/\sum f$)变动的共同影响:

$$\bar{x} = \frac{\sum xf}{\sum f} = \sum x \cdot \frac{f}{\sum f}$$

根据平均指标对比指数的定义,平均指标总变动指数公式为

$$\bar{k}_x = \frac{\bar{x}_1}{\bar{x}_0} = \frac{\sum x_1 \dfrac{f_1}{\sum f_1}}{\sum x_0 \dfrac{f_0}{\sum f_0}}$$

根据指数体系构成和因素分析的原理,对总变动指数的因素构成分析时有

总变动指数 = 指标水平变动指数 × 单位结构变动指数

(1)总变动指数(可变构成指数)。由于平均指标总变动是由指标水平值变动和单位结构变动共同影响的结果,因此,这种包括两种变动影响的指数就称为总变动指数,且构成影响总变动这两个因素随时都有可能会发生变化,故又称为可变构成指数。总变动指数的计算公式为

$$\bar{k}_{可变} = \frac{\bar{x}_1}{\bar{x}_0} = \frac{\sum x_1 \dfrac{f_1}{\sum f_1}}{\sum x_0 \dfrac{f_0}{\sum f_0}}$$

式中 x_0——基期工资水平;
x_1——报告期工资水平;
f_0——基期职工人数;
f_1——报告期职工人数;
$\bar{x}_0$——基期平均工资;
$\bar{x}_1$——报告期平均工资;
$\bar{k}_{可变}$——平均工资指数。

(2)固定构成指数。固定构成指数是反映各组平均水平变动影响程度的指数。根据指数的编制原理推论,为了单纯地反映各组指标水平的变动程度,就要消除结构因素变动对总变动的影响,而把单位结构固定在报告期,这种以报告期单位结构为权数来编制的平均指标指数就称为固定构成指数。其计算公式为

$$\bar{k}_{固定} = \frac{\sum x_1 \dfrac{f_1}{\sum f_1}}{\sum x_0 \dfrac{f_1}{\sum f_1}}$$

(3) 结构变动影响指数。结构变动影响指数是单纯反映各组单位结构变动影响程度的指数。根据指数编制原理的要求，要单纯反映结构变动对总变动影响程度，就应把各组指标水平固定在基期。这种以基期为权数（分子分母同时采用基期的指标水平为权数）计算的平均指标指数就称为结构变动影响指数，简称为结构影响指数。其计算公式为

$$\bar{k}_{影响} = \frac{\sum x_0 \frac{f_1}{\sum f_1}}{\sum x_0 \frac{f_0}{\sum f_0}}$$

三、平均指标对比指数体系

根据指数体系含义并结合以上对平均指标对比指数的分析，可以建立平均指标对比指数体系：

可变构成指数 = 固定构成指数 × 结构影响指数

$$\frac{\sum x_1 \frac{f_1}{\sum f_1}}{\sum x_0 \frac{f_0}{\sum f_0}} = \frac{\sum x_0 \frac{f_1}{\sum f_1}}{\sum x_0 \frac{f_0}{\sum f_0}} \times \frac{\sum x_1 \frac{f_1}{\sum f_1}}{\sum x_0 \frac{f_1}{\sum f_1}}$$

$$\sum x_1 \frac{f_1}{\sum f_1} - \sum x_0 \frac{f_0}{\sum f_0} = \left(\sum x_0 \frac{f_1}{\sum f_1} - \sum x_0 \frac{f_0}{\sum f_0} \right) + \left(\sum x_1 \frac{f_1}{\sum f_1} - \sum x_0 \frac{f_1}{\sum f_1} \right)$$

★任务分享

【例 8-7】某企业下设了主件生产厂、配件生产厂和产品组装厂，各分厂的职工人数和劳动生产率资料见表 8-12。试分析该企业职工人数和劳动生产率的变动对企业平均劳动生产率的影响程度。

表 8-12 某企业三个分厂职工人数和劳动生产率资料统计表

分厂	单位	职工人数		分厂劳动生产率	
		基期	报告期	基期	报告期
		f_0	f_1	x_0	x_1
主件生产厂	公斤	85 000	90 500	16.1	17.30
配件生产厂	公斤	2 500	2 600	1.8	2.10
产品组装厂	公斤	10 000	13 000	2.9	2.75

注：劳动生产率指数 = 报告期劳动生产率/基期劳动生产率

任务解析：该任务的关键是先要明确职工人数和劳动生产率的性质（职工人数是数量

指标，劳动生产率是质量指标），以便能准确编制相应指数，然后进行分析。根据平均指标对比指数编制原理和分析要求，分析方法如下：

（1）列计算表（见表8-13）。

表8-13　平均指标对比指数分析计算表

分厂	职工人数		劳动生产率		总产值		
	基期 (f_0)	报告期 (f_1)	基期 (x_0)	报告期 (x_1)	基期 ($x_0 f_0$)	报告期 ($x_1 f_1$)	假定 ($x_0 f_1$)
主件生产厂	200	240	4.4	4.5	880	1 080	1 056
配件生产厂	160	180	6.2	6.4	992	1 152	1 116
产品组装厂	150	120	9.0	9.2	1 350	1 104	1 080
合计	510	540			3 222	3 336	3 252

（2）变动分析。

①企业平均劳动生产率变动分析。

企业平均劳动生产率相对变动度为

$$\bar{k}_{xf(可变)} = \frac{\frac{\sum x_1 f_1}{\sum f_1}}{\frac{\sum x_0 f_0}{\sum f_0}} = \frac{\frac{3\ 336}{540}}{\frac{3\ 222}{510}} = \frac{6.18}{6.32} \times 100\% = 97.78\%$$

企业平均劳动生产率绝对变动量为

$$\frac{\sum x_1 f_1}{\sum f_1} - \frac{\sum x_0 f_0}{\sum f_0} = \frac{3\ 336}{540} - \frac{3\ 222}{510} = 6.18 - 6.32 = -0.14\text{（万元）}$$

②分公司劳动生产率变动分析。

分公司劳动生产率相对变动度为

$$\bar{k}_{x(固定)} = \frac{\frac{\sum x_1 f_1}{\sum f_1}}{\frac{\sum x_0 f_1}{\sum f_1}} = \frac{\frac{3\ 336}{540}}{\frac{3\ 252}{540}} = \frac{6.18}{6.02} \times 100\% = 102.66\%$$

分公司劳动生产率绝对变动量为

$$\frac{\sum x_1 f_1}{\sum f_1} - \frac{\sum x_0 f_1}{\sum f_1} = \frac{3\ 336}{540} - \frac{3\ 252}{540} = 6.18 - 6.02 = 0.16\text{（万元）}$$

③分公司职工人数变动分析。

分公司职工人数相对变动度为

$$\bar{k}_{f(影响)} = \frac{\frac{\sum x_0 f_1}{\sum f_1}}{\frac{\sum x_0 f_0}{\sum f_0}} = \frac{\frac{3\,252}{540}}{\frac{3\,222}{510}} = \frac{6.02}{6.32} \times 100\% = 95.25\%$$

分公司职工人数绝对变动量为

$$\frac{\sum x_0 f_1}{\sum f_1} - \frac{\sum x_0 f_0}{\sum f_0} = \frac{3\,252}{540} - \frac{3\,222}{510} = 6.02 - 6.32 = -0.3 \text{（万元）}$$

（3）综合分析。

相对变动程度分析：

三者之间的相对数量关系：$102.66\% \times 95.25\% = 97.78\%$

绝对变动量分析：

三者之间的关系：$0.16 - 0.3 = -0.14$（万元）

（4）分析结论。

以上分析结果说明：报告期同基期相比，企业总的劳动生产率下降了 2.22%，人均下降了 0.14 万元。分析其原因是各车间劳动生产率的提高使企业总的生产率提高了 2.66%，人均提高了 0.16 万元；同时，由于各车间职工人数结构的变化，使企业总的劳动生产率下降了 4.75%，人均下降了 0.3 万元。

知识自测

一、单项选择题

1. 狭义指数是反映（　　）数量综合变动的方法。
   A. 有限总体　　　　　　　　B. 无限总体
   C. 复杂总体　　　　　　　　D. 简单总体
2. 某企业报告期与基期比，产值增长了 10%，生产成本增长了 8%，则其产品单位成本降低了（　　）。
   A. 1.8%　　　　B. 2%　　　　C. 20%　　　　D. 18%
3. 当综合指数的指数化指标是数量指标时，其同度量因素最好固定在（　　）。
   A. 报告期　　B. 基期　　C. 计划期　　D. 任意时期
4. 数量指标综合指数 $\left[\bar{k}_q = \dfrac{\sum q_1 p_1}{\sum q_0 p_1}\right]$ 变形为加权算术平均数指数时的权数是（　　）。
   A. $q_1 p_1$　　　　B. $q_0 p_0$　　　　C. $q_1 p_0$　　　　D. $q_0 p_1$
5. 在由三个指数所组成的指数体系中，两个因素指数的同度量因素通常（　　）。
   A. 都固定在基期　　　　　　B. 都固定在报告期
   C. 一个固定在基期，一个固定在报告期　　D. 采用报告期和基期的平均数
6. 如果产值增加 50%，职工人数增长 20%，则全员劳动生产率将增长（　　）。
   A. 25%　　　　B. 30%　　　　C. 70%　　　　D. 100%

7. 某商品价格发生变化,现在的 100 元只值原来的 90 元,则价格指数为（　　）。
   A. 10%　　　　　　B. 90%　　　　　　C. 110%　　　　　　D. 111%
8. 结构影响指数大于 1,说明（　　）。
   A. 基期平均水平较高的组数量指标比重下降
   B. 基期平均水平较高的组数量指标比重上升
   C. 基期平均水平较低的组数量指标比重下降
   D. 基期平均水平较低的组数量指标比重上升

二、多项选择题

1. 指数的作用有（　　）。
   A. 综合反映现象的变化程度
   B. 分析两个不同时期总量指标的对比关系
   C. 综合反映现象的变化方向
   D. 分析多个现象综合变动的平均变动程度
   E. 研究现象发展的变动趋势
   F. 分析现象总变动中各因素变动的影响程度

2. 指数按其所反映的现象范围的不同,可分为（　　）。
   A. 个体指数　　　　　　　　　　　　B. 总指数
   C. 综合指数　　　　　　　　　　　　D. 平均数指数
   E. 数量指标指数　　　　　　　　　　F. 质量指标指数

3. 平均数指数的基本形式有（　　）。

   A. $\dfrac{\sum k_q q_0 p_0}{\sum q_0 p_0}$　　B. $\dfrac{\sum p_0 q_1}{\sum \dfrac{1}{K_q} p_0 q_1}$　　C. $\dfrac{\sum k_p p_0 q_1}{\sum P_0 q_1}$　　D. $\dfrac{\dfrac{\sum x_1 f_1}{\sum f_1}}{\dfrac{\sum x_0 f_1}{\sum f_1}}$

   E. $\dfrac{\sum p_1 q_1}{\sum \dfrac{1}{k_p} p_1 q_1}$　　F. $\dfrac{\dfrac{\sum x_1 f_1}{\sum f_1}}{\dfrac{\sum x_0 f_0}{\sum f_0}}$

4. 指数体系与因素分析的关系表现为（　　）。
   A. 指数体系是因素分析的依据　　　　　　B. 指数体系与因素分析具有依赖相关
   C. 因素分析是指数体系的应用　　　　　　D. 指数体系是因素分析的成果
   E. 指数体系是因素分析的手段　　　　　　F. 指数体系是为因素分析服务的

5. 下列指数中是 L 氏指数形式的有（　　）。
   A. $\bar{k}_q = \dfrac{\sum q_1 p_1}{\sum q_0 p_1}$　　B. $\bar{k}_q = \dfrac{\sum q_1 p_0}{\sum q_0 p_0}$　　C. $\bar{k}_q = \dfrac{\sum q_1 p_n}{\sum q_0 p_n}$　　D. $\bar{k}_p = \dfrac{\sum p_1 q_0}{\sum p_0 q_0}$

   E. $\bar{k}_p = \dfrac{\sum p_1 q_1}{\sum p_0 q_1}$　　F. $\bar{k}_p = \dfrac{\sum kW}{\sum W}$

三、判断题

1. L氏数量指标指数并不是编制数量指标指数的唯一公式。（　　）
2. 价格降低后，同样多的人民币可多购买15%的商品，价格指数应为85%。（　　）
3. 说明现象总的规模和水平变动情况的统计指数是质量指数。（　　）
4. 指数体系是因素分析的基础，因素分析是指数体系的应用。（　　）
5. 价格指数为95%，说明商品价格平均增加了95%。（　　）
6. L氏质量指标指数所表示的结果同时包含销售量的变动和价格变动的影响。（　　）
7. 在通常情况下，加权调和平均数指数用于编制数量指标指数。（　　）

四、简答题

1. 什么是统计指数？举例说明什么是数量指标指数和质量指标指数。
2. 什么是同度量因素？它所起的作用是什么？
3. 编制数量指标指数和质量指标指数时如何确定同度量因素及其时期？
4. 什么是指数体系？进行指数分析所依据的指数体系有什么特点？
5. 什么是因素分析法？如何进行因素分析？因素分析有哪几种类型？

技能训练

1. 2017年部分蔬菜价格调整较大，其中调价幅度比较大的五种蔬菜见表8-14。

表8-14　五种蔬菜销售量和价格统计表

蔬菜名称	计量单位	销售量		单价/元	
		调整前	调整后	调整前	调整后
蒜苔	千克	1 600	1 900	4.8	9.2
韭菜	千克	900	1 100	3.6	5.6
茄子	千克	1 300	1 150	2.4	5.0
豆角	千克	1 800	1 750	3.2	5.6
土豆	千克	3 250	3 050	3.2	4.8

试计算：

（1）五种蔬菜的销售量和价格的个体指数。
（2）五种蔬菜销售量和价格的总指数。
（3）由于价格的上涨使市民增加支出的金额。

2. 2018年某皮革厂第一季度生产的三种球类的成本资料见表8-15。

表8-15　2018年某皮革厂生产的三种球类的成本资料统计表

商品名称	计量单位	单位成本		报告期总成本/万元
		基期	报告期	
排球	个	72	98	313.6
足球	个	93	115	322.0
篮球	个	220	233	1 887.3

试用加权调和平均法计算成本总指数。

3. 2018 年某皮革厂第一季度生产的三种球类产量资料见表 8-16。

表 8-16　2018 年某皮革厂生产的三种球类产量资料统计表

商品名称	计量单位	产量		基期生产总量/万个
		基期	报告期	
排球	个	2.1	3.2	151.2
足球	个	2.3	2.8	213.9
篮球	个	7.9	8.1	1 738.0

试用加权算术平均法计算产量总指数。

4. 表 8-17 是某葡萄酒厂三种主要葡萄酒的销售量、销售价格和利税率资料。

表 8-17　某葡萄酒厂的葡萄酒相关资料表

产品名称	计量单位	销售量/万箱		销售价格/（元·箱$^{-1}$）		利税率/%	
		基期 (q_0)	报告期 (q_1)	基期 (m_0)	报告期 (m_1)	基期 (p_0)	报告期 (p_1)
普通葡萄酒	箱	70	60	120	115	13	15
中档葡萄酒	箱	100	110	260	300	15	16
高档葡萄酒	箱	80	100	480	510	17	18

试完成：

（1）分析各因素对利税额变动的影响程度；

（2）找出影响利税额变动的主要因素。

附 录

附表1 正态分布函数表

$$\Phi(u) = \frac{1}{\sqrt{2\pi}} \int_{-\infty}^{u} e^{-\frac{t^2}{2}} dt$$

u	0.00	0.01	0.02	0.03	0.04	0.05	0.06	0.07	0.08	0.09
0	0.500 0	0.504 0	0.508 0	0.512 0	0.516 0	0.519 9	0.523 9	0.527 9	0.531 9	0.535 9
0.1	0.539 8	0.543 8	0.547 3	0.551 7	0.555 7	0.559 6	0.563 6	0.567 5	0.571 4	0.575 3
0.2	0.579 3	0.583 2	0.587 1	0.591 0	0.594 8	0.598 7	0.602 6	0.606 4	0.610 3	0.614 1
0.3	0.617 9	0.621 7	0.625 5	0.629 3	0.633 1	0.636 8	0.640 6	0.644 3	0.648 0	0.651 7
0.4	0.655 4	0.659 1	0.662 8	0.666 4	0.670 0	0.673 6	0.677 2	0.680 8	0.684 4	0.687 9
0.5	0.691 5	0.695 0	0.698 5	0.701 9	0.705 4	0.708 8	0.712 3	0.715 7	0.719 0	0.722 4
0.6	0.725 7	0.729 1	0.732 4	0.735 7	0.738 9	0.742 2	0.745 4	0.748 6	0.751 7	0.754 9
0.7	0.758 0	0.761 1	0.764 2	0.767 3	0.770 3	0.773 4	0.776 4	0.779 4	0.782 3	0.785 2
0.8	0.788 1	0.791 0	0.793 9	0.796 7	0.799 5	0.802 3	0.805 1	0.807 8	0.810 6	0.813 3
0.9	0.815 9	0.818 6	0.821 2	0.823 8	0.826 4	0.828 9	0.831 5	0.834 0	0.836 5	0.838 9
1.0	0.841 3	0.843 7	0.846 1	0.848 5	0.850 8	0.858 1	0.855 4	0.857 7	0.859 9	0.862 1
1.1	0.864 3	0.866 5	0.868 6	0.870 8	0.872 9	0.874 9	0.877 0	0.879 0	0.881 0	0.883 0
1.2	0.884 9	0.886 9	0.888 8	0.890 7	0.892 5	0.894 4	0.896 2	0.898 0	0.899 7	0.901 5
1.3	0.903 2	0.904 9	0.906 6	0.908 2	0.909 9	0.911 5	0.913 1	0.914 7	0.916 2	0.917 7
1.4	0.919 2	0.920 7	0.922 2	0.923 6	0.925 1	0.926 5	0.927 9	0.929 2	0.930 6	0.931 9
1.5	0.933 2	0.934 5	0.935 7	0.937 0	0.938 2	0.939 4	0.940 6	0.941 8	0.942 9	0.944 1
1.6	0.945 2	0.946 3	0.947 4	0.948 4	0.949 5	0.950 5	0.951 5	0.952 5	0.953 5	0.954 5
1.7	0.955 4	0.956 4	0.957 3	0.958 2	0.959 1	0.959 9	0.960 8	0.961 6	0.962 5	0.963 3
1.8	0.964 1	0.964 9	0.965 6	0.966 4	0.967 1	0.967 8	0.968 6	0.969 3	0.969 9	0.970 6
1.9	0.971 3	0.971 9	0.972 6	0.973 2	0.973 8	0.974 4	0.975 0	0.975 6	0.976 1	0.976 7
2.0	0.977 2	0.977 8	0.978 3	0.978 8	0.979 3	0.979 8	0.980 3	0.980 8	0.981 2	0.981 7
2.1	0.982 1	0.982 6	0.983 0	0.983 4	0.983 8	0.984 2	0.984 6	0.985 0	0.985 4	0.985 7
2.2	0.986 1	0.986 5	0.986 8	0.987 1	0.987 5	0.987 8	0.988 1	0.988 4	0.988 7	0.989 0
2.3	0.989 3	0.989 6	0.989 8	0.990 1	0.990 4	0.990 6	0.990 9	0.991 1	0.991 3	0.991 6
2.4	0.991 8	0.992 0	0.692 2	0.992 5	0.992 7	0.992 9	0.993 1	0.993 2	0.993 4	0.993 6
2.5	0.993 8	0.994 0	0.994 1	0.994 3	0.994 5	0.994 6	0.994 8	0.994 9	0.995 1	0.995 2
2.6	0.995 3	0.995 5	0.995 6	0.995 7	0.995 9	0.996 0	0.996 1	0.996 2	0.996 3	0.996 4
2.7	0.996 5	0.996 6	0.996 7	0.996 8	0.996 9	0.997 0	0.997 1	0.997 2	0.997 3	0.997 4
2.8	0.997 4	0.997 5	0.997 6	0.997 7	0.997 7	0.997 8	0.997 9	0.997 9	0.998 0	0.998 1
2.9	0.998 1	0.998 2	0.998 2	0.998 3	0.998 4	0.998 4	0.998 5	0.998 5	0.998 6	0.998 6

u	0.0	0.1	0.2	0.3	0.4	0.5	0.6	0.7	0.8	0.9
3	0.998 7	0.999 0	0.999 3	0.999 5	0.999 7	0.999 8	0.999 8	0.999 9	0.999 9	1.000 0

附表2 正态分布概率表

$\Phi(u) = \dfrac{1}{\sqrt{2\pi}} e^{-\frac{1}{2}u^2}$

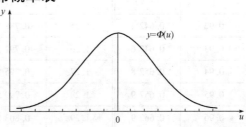

t	F(t)	t	F(t)	t	F(t)	t	F(t)
0.00	0.000 0	0.23	0.181 9	0.46	0.354 5	0.69	0.509 8
0.01	0.008 0	0.24	0.189 7	0.47	0.361 6	0.70	0.516 1
0.02	0.016 0	0.25	0.197 4	0.48	0.368 8	0.71	0.522 3
0.03	0.023 9	0.26	0.205 1	0.49	0.375 9	0.72	0.528 5
0.04	0.031 9	0.27	0.212 8	0.50	0.382 9	0.73	0.534 6
0.05	0.039 9	0.28	0.220 5	0.51	0.389 9	0.74	0.540 7
0.06	0.047 8	0.29	0.228 2	0.52	0.396 9	0.75	0.546 7
0.07	0.055 8	0.30	0.235 8	0.53	0.403 9	0.76	0.552 7
0.08	0.063 8	0.31	0.243 4	0.54	0.410 8	0.77	0.558 7
0.09	0.071 7	0.32	0.251 0	0.55	0.417 7	0.78	0.564 6
0.10	0.079 7	0.33	0.258 6	0.56	0.424 5	0.79	0.570 5
0.11	0.087 6	0.34	0.266 1	0.57	0.431 3	0.80	0.576 3
0.12	0.095 5	0.35	0.273 7	0.58	0.438 1	0.81	0.582 1
0.13	0.103 4	0.36	0.281 2	0.59	0.444 8	0.82	0.587 8
0.14	0.111 3	0.37	0.288 6	0.60	0.451 5	0.83	0.593 5
0.15	0.119 2	0.38	0.296 1	0.61	0.458 1	0.84	0.599 1
0.16	0.127 1	0.39	0.303 5	0.62	0.464 7	0.85	0.604 7
0.17	0.135 0	0.40	0.310 8	0.63	0.471 3	0.86	0.610 2
0.18	0.142 8	0.41	0.318 2	0.64	0.477 8	0.87	0.615 7
0.19	0.150 7	0.42	0.325 5	0.65	0.484 3	0.88	0.621 1
0.20	0.158 5	0.43	0.332 8	0.66	0.490 7	0.89	0.626 5
0.21	0.166 3	0.44	0.340 1	0.67	0.497 1	0.90	0.631 9
0.22	0.174 1	0.45	0.347 3	0.68	0.503 5	0.91	0.637 2

续表

t	$F(t)$	t	$F(t)$	t	$F(t)$	t	$F(t)$
0.92	0.6424	1.25	0.7887	1.58	0.8859	1.91	0.9439
0.93	0.6476	1.26	0.7923	1.59	0.8882	1.92	0.9451
0.94	0.6528	1.27	0.7959	1.60	0.8904	1.93	0.9464
0.95	0.6579	1.28	0.7995	1.61	0.8926	1.94	0.9476
0.96	0.6629	1.29	0.8030	1.62	0.8948	1.95	0.9488
0.97	0.6680	1.30	0.8064	1.63	0.8969	1.96	0.9500
0.98	0.6729	1.31	0.8098	1.64	0.8990	1.97	0.9512
0.99	0.6778	1.32	0.8132	1.65	0.9011	1.98	0.9523
1.00	0.6827	1.33	0.8165	1.66	0.9031	1.99	0.9534
1.01	0.6875	1.34	0.8198	1.67	0.9051	2.00	0.9545
1.02	0.6923	1.35	0.8230	1.68	0.9070	2.02	0.9566
1.03	0.6970	1.36	0.8262	1.69	0.9099	2.04	0.9587
1.04	0.7017	1.37	0.8293	1.70	0.9109	2.06	0.9606
1.05	0.7063	1.38	0.8324	1.71	0.9127	2.08	0.9625
1.06	0.7109	1.39	0.8355	1.72	0.9146	2.10	0.9643
1.07	0.7154	1.40	0.8385	1.73	0.9164	2.12	0.9660
1.08	0.7199	1.41	0.8415	1.74	0.9181	2.14	0.9676
1.09	0.7243	1.42	0.8444	1.75	0.9199	2.16	0.9692
1.10	0.7287	1.43	0.8473	1.76	0.9216	2.18	0.9707
1.11	0.7330	1.44	0.8501	1.77	0.9233	2.20	0.9722
1.12	0.7373	1.45	0.8529	1.78	0.9249	2.22	0.9736
1.13	0.7415	1.46	0.8557	1.79	0.9265	2.24	0.9749
1.14	0.7457	1.47	0.8584	1.80	0.9281	2.26	0.9762
1.15	0.7499	1.48	0.8611	1.81	0.9297	2.28	0.9774
1.16	0.7540	1.49	0.8638	1.82	0.9312	2.30	0.9786
1.17	0.7580	1.50	0.8664	1.83	0.9328	2.32	0.9797
1.18	0.7620	1.51	0.8690	1.84	0.9342	2.34	0.9807
1.19	0.7660	1.52	0.8715	1.85	0.9357	2.36	0.9817
1.20	0.7699	1.53	0.8740	1.86	0.9371	2.38	0.9827
1.21	0.7737	1.54	0.8764	1.87	0.9385	2.40	0.9836
1.22	0.7775	1.55	0.8789	1.88	0.9399	2.42	0.9845
1.23	0.7813	1.56	0.8812	1.89	0.9412	2.44	0.9853
1.24	0.7850	1.57	0.8836	1.90	0.9426	2.46	0.9861

续表

t	F(t)	t	F(t)	t	F(t)	t	F(t)
2.48	0.986 9	2.66	0.992 2	2.84	0.995 5	3.20	0.998 6
2.50	0.987 6	2.68	0.992 6	2.86	0.995 8	3.40	0.999 3
2.52	0.988 3	2.70	0.993 1	2.88	0.996 0	3.60	0.999 68
2.54	0.988 9	2.72	0.993 5	2.90	0.996 2	3.80	0.999 86
2.56	0.989 5	2.74	0.993 9	2.92	0.996 5	4.00	0.999 94
2.58	0.990 1	2.76	0.994 2	2.94	0.996 7	4.50	0.999 993
2.60	0.990 7	2.78	0.994 6	2.96	0.996 9	5.00	0.999 999
2.62	0.991 2	2.80	0.994 9	2.98	0.997 1		
2.64	0.991 7	2.82	0.995 2	3.00	0.997 3		

附表3 t 分布临界值表

$P[|t(v)|>t_\alpha(v)]=\alpha$

单侧	$\alpha=0.10$	0.05	0.025	0.01	0.005
双侧	$\alpha=0.20$	0.10	0.05	0.02	0.01
$V=1$	3.078	6.314	12.706	31.821	63.657
2	1.886	2.920	4.303	6.965	9.925
3	1.638	2.353	3.182	4.541	5.841
4	1.533	2.132	2.776	3.747	4.604
5	1.476	2.015	2.571	3.365	4.032
6	1.440	1.943	2.447	3.143	3.707
7	1.415	1.895	2.365	2.998	3.499
8	1.397	1.860	2.306	2.896	2.355
9	1.383	1.833	2.262	2.821	3.250
10	1.372	1.812	2.228	2.764	3.169
11	1.363	1.796	2.201	2.718	3.106
12	1.356	1.782	2.179	2.681	3.055
13	1.350	1.771	2.160	2.650	3.012
14	1.345	1.761	2.145	2.624	2.977
15	1.341	1.753	2.131	2.602	2.947
16	1.337	1.746	2.120	2.583	2.921
17	1.333	1.740	2.110	2.567	2.898
18	1.330	1.734	2.101	2.552	2.878
19	1.328	1.729	2.093	2.539	2.861
20	1.325	1.725	2.086	2.528	2.845

续表

单侧	$\alpha=0.10$	0.05	0.025	0.01	0.005
双侧	$\alpha=0.20$	0.10	0.05	0.02	0.01
21	1.323	1.721	2.080	2.518	2.831
22	1.321	1.717	2.074	2.508	2.819
23	1.319	1.714	2.069	2.500	2.807
24	1.318	1.711	2.064	2.492	2.797
25	1.316	1.708	2.060	2.485	2.787
26	1.315	1.706	2.056	2.479	2.779
27	1.314	1.703	2.052	2.473	2.771
28	1.313	1.701	2.048	2.467	2.763
29	1.311	1.699	2.045	2.462	2.756
30	1.310	1.697	2.042	2.457	2.750
40	1.303	1.684	2.021	2.423	2.704
50	1.299	1.676	2.009	2.403	2.678
60	1.296	1.671	2.000	2.390	2.660
70	1.294	1.667	1.994	2.381	2.648
80	1.292	1.664	1.990	2.374	2.639
90	1.291	1.662	1.987	2.368	2.632
100	1.290	1.660	1.984	2.364	2.626
125	1.288	1.657	1.979	2.357	2.616
150	1.287	1.655	1.976	2.351	2.609
200	1.286	1.653	1.972	2.345	2.601
∞	1.282	1.645	1.960	2.326	2.576

附表4 F 分布临界值表

$\alpha=0.01$

df_2 \ df_1	1	2	3	4	5	6	8	12	24	∞
1	4 052	4 999	5 403	5 625	5 764	5 859	5 981	6 106	6 234	6 366
2	98.49	99.01	99.17	99.25	99.30	99.33	99.36	99.42	99.46	99.50
3	34.12	30.81	29.46	28.71	28.24	27.91	27.49	27.05	26.60	26.12
4	21.20	18.00	16.69	15.98	15.52	15.21	14.80	14.37	13.93	13.46
5	16.26	13.27	12.06	11.39	10.97	10.67	10.29	9.89	9.47	9.02
6	13.74	10.92	9.78	9.15	8.75	8.47	8.10	7.72	7.31	6.88
7	12.25	9.55	8.45	7.85	7.46	7.19	6.84	6.47	6.07	5.65

续表

df_2 \ df_1	1	2	3	4	5	6	8	12	24	∞
8	11.26	8.65	7.59	7.01	6.63	6.37	6.03	5.67	5.28	4.86
9	10.56	8.02	6.99	6.42	6.06	5.80	5.47	5.11	4.73	4.31
10	10.04	7.56	6.55	5.99	5.64	5.39	5.06	4.71	4.33	3.91
11	9.65	7.20	6.22	5.67	5.32	5.07	4.74	4.40	4.02	3.60
12	9.33	6.93	5.95	5.41	5.06	4.82	4.50	4.16	3.78	3.36
13	9.07	6.70	5.74	5.20	4.86	4.62	4.30	3.96	3.59	3.16
14	8.86	6.51	5.56	5.03	4.69	4.46	4.14	3.80	3.43	3.00
15	8.68	6.36	5.42	4.89	4.56	4.32	4.00	3.67	3.29	2.87
16	8.53	6.23	5.29	4.77	4.44	4.20	3.89	3.55	3.18	2.75
17	8.40	6.11	5.18	4.67	4.34	4.10	3.79	3.45	3.08	2.65
18	8.28	6.01	5.09	4.58	4.25	4.01	3.71	3.37	3.00	2.57
19	8.18	5.93	5.01	4.50	4.17	3.94	3.63	3.30	2.92	2.49
20	8.10	5.85	4.94	4.43	4.10	3.87	3.56	3.23	2.86	2.42
21	8.02	5.78	4.87	4.37	4.04	3.81	3.51	3.17	2.80	2.36
22	7.94	5.72	4.82	4.31	3.99	3.76	3.45	3.12	2.75	2.31
23	7.88	5.66	4.76	4.26	3.94	3.71	3.41	3.07	2.70	2.26
24	7.82	5.61	4.72	4.22	3.90	3.67	3.36	3.03	2.66	2.21
25	7.77	5.57	4.68	4.18	3.86	3.63	3.32	2.99	2.62	2.17
26	7.72	5.53	4.64	4.14	3.82	3.59	3.29	2.96	2.58	2.13
27	7.68	5.49	4.60	4.11	3.78	3.56	3.26	2.93	2.55	2.10
28	7.64	5.45	4.57	4.07	3.75	3.53	3.23	2.90	2.52	2.06
29	7.60	5.42	4.54	4.04	3.73	3.50	3.20	2.87	2.49	2.03
30	7.56	5.39	4.51	4.02	3.70	3.47	3.17	2.84	2.47	2.01
40	7.31	5.18	4.31	3.83	3.51	3.29	2.99	2.66	2.29	1.80
60	7.08	4.98	4.13	3.65	3.34	3.12	2.82	2.50	2.12	1.60
120	6.85	4.79	3.95	3.48	3.17	2.96	2.66	2.34	1.95	1.38
∞	6.64	4.60	3.78	3.32	3.02	2.80	2.51	2.18	1.79	1.00

$\alpha = 0.05$

df_2 \ df_1	1	2	3	4	5	6	8	12	24	∞
1	161.4	199.5	215.7	224.6	230.2	234.0	238.9	243.9	249.0	254.3
2	18.51	19.00	19.16	19.25	19.30	19.33	19.37	19.41	19.45	19.50

续表

df_2 \ df_1	1	2	3	4	5	6	8	12	24	∞
3	10.13	9.55	9.28	9.12	9.01	8.94	8.84	8.74	8.64	8.53
4	7.71	6.94	6.59	6.39	6.26	6.16	6.04	5.91	5.77	5.63
5	6.61	5.79	5.41	5.19	5.05	4.95	4.82	4.68	4.53	4.36
6	5.99	5.14	4.76	4.53	4.39	4.28	4.15	4.00	3.84	3.67
7	5.59	4.74	4.35	4.12	3.97	3.87	3.73	3.57	3.41	3.23
8	5.32	4.46	4.07	3.84	3.69	3.58	3.44	3.28	3.12	2.93
9	5.12	4.26	3.86	3.63	3.48	3.37	3.23	3.07	2.90	2.71
10	4.96	4.1	3.71	3.48	3.33	3.22	3.07	2.91	2.74	2.54
11	4.84	3.98	3.59	3.36	3.20	3.09	2.95	2.79	2.61	2.40
12	4.75	3.88	3.49	3.26	3.11	3.00	2.85	2.69	2.50	2.30
13	4.67	3.80	3.41	3.18	3.02	2.92	2.77	2.60	2.42	2.21
14	4.60	3.74	3.34	3.11	2.96	2.85	2.70	2.53	2.35	2.13
15	4.54	3.68	3.29	3.06	2.90	2.79	2.64	2.48	2.29	2.07
16	4.49	3.63	3.24	3.01	2.85	2.74	2.59	2.42	2.24	2.01
17	4.45	3.59	3.20	2.96	2.81	2.70	2.55	2.38	2.19	1.96
18	4.41	3.55	3.16	2.93	2.77	2.66	2.51	2.34	2.15	1.92
19	4.38	3.52	3.13	2.90	2.74	2.63	2.48	2.31	2.11	1.88
20	4.35	3.49	3.10	2.87	2.71	2.60	2.45	2.28	2.08	1.84
21	4.32	3.47	3.07	2.84	2.68	2.57	2.42	2.25	2.05	1.81
22	4.30	3.44	3.05	2.82	2.66	2.55	2.40	2.23	2.03	1.78
23	4.28	3.42	3.03	2.80	2.64	2.53	2.38	2.20	2.00	1.76
24	4.26	3.40	3.01	2.78	2.62	2.51	2.36	2.18	1.98	1.73
25	4.24	3.38	2.99	2.76	2.60	2.49	2.34	2.16	1.96	1.71
26	4.22	3.37	2.98	2.74	2.59	2.47	2.32	2.15	1.95	1.69
27	4.21	3.35	2.96	2.73	2.57	2.46	2.30	2.13	1.93	1.67
28	4.20	3.34	2.95	2.71	2.56	2.44	2.29	2.12	1.91	1.65
29	4.18	3.33	2.93	2.70	2.54	2.43	2.28	2.10	1.90	1.64
30	4.17	3.32	2.92	2.69	2.53	2.42	2.27	2.09	1.89	1.62
40	4.08	3.23	2.84	2.61	2.45	2.34	2.18	2.00	1.79	1.51
60	40	3.15	2.76	2.52	2.37	2.25	2.10	1.92	1.70	1.39
120	3.92	3.07	2.68	2.45	2.29	2.17	2.02	1.83	1.61	1.25
∞	3.84	2.99	2.60	2.37	2.21	2.09	1.94	1.75	1.52	1.00

附表 5　Duncan's 新复极差检验的 SSR 值表

自由度 (df)	显著水平 (α)	测验极差的平均个数（K）												
		2	3	4	5	6	7	8	9	10	12	14	16	18	20
1	0.05	18.0	18.0	18.0	18.0	18.0	18.0	18.0	18.0	18.0	18.0	18.0	18.0	18.0	18.0
	0.01	90.0	90.0	90.0	90.0	90.0	90.0	90.0	90.0	90.0	90.0	90.0	90.0	90.0	90.0
2	0.05	6.09	6.09	6.09	6.09	6.09	6.09	6.09	6.09	6.09	6.09	6.09	6.09	6.09	6.09
	0.01	14.0	14.0	14.0	14.0	14.0	14.0	14.0	14.0	14.0	14.0	14.0	14.0	14.0	14.0
3	0.05	4.50	4.5	4.5	4.5	4.5	4.5	4.5	4.5	4.5	4.5	4.5	4.5	4.5	4.5
	0.01	8.26	8.5	8.6	8.7	8.8	8.9	8.9	9.0	9.0	9.0	9.1	9.2	9.3	9.3
4	0.05	3.93	4.01	4.02	4.02	4.02	4.02	4.02	4.02	4.02	4.02	4.02	4.02	4.02	4.02
	0.01	6.51	6.8	6.9	7.0	7.1	7.1	7.2	7.2	7.3	7.3	7.4	7.4	7.5	7.5
5	0.05	3.64	3.74	3.79	3.83	3.83	3.83	3.83	3.83	3.83	3.83	3.83	3.83	3.83	3.83
	0.01	5.70	5.96	6.11	6.18	6.26	6.33	6.40	6.44	6.5	6.6	6.6	6.7	6.7	6.8
6	0.05	3.46	3.58	3.64	3.68	3.68	3.68	3.68	3.68	3.68	3.68	3.68	3.68	3.68	3.68
	0.01	5.24	5.51	5.65	5.73	5.81	5.88	5.95	6.00	6.0	6.1	6.2	6.2	6.3	6.3
7	0.05	3.35	3.47	3.54	3.58	3.60	3.61	3.61	3.61	3.61	3.61	3.61	3.61	3.61	3.61
	0.01	4.95	5.22	5.37	5.45	5.53	5.61	5.69	5.73	5.8	5.8	5.9	5.9	6.0	6.0
8	0.05	3.26	3.39	3.47	3.52	3.55	3.56	3.56	3.56	3.56	3.56	3.56	3.56	3.56	3.56
	0.01	4.74	5.00	5.14	5.23	5.32	5.40	5.47	5.51	5.5	5.6	5.7	5.7	5.8	5.8
9	0.05	3.20	3.34	3.41	3.47	3.50	3.51	3.52	3.52	3.52	3.52	3.52	3.52	3.52	3.52
	0.01	4.60	4.86	4.99	5.08	5.17	5.25	5.32	5.36	5.4	5.5	5.5	5.6	5.7	5.7
10	0.05	3.15	3.30	3.37	3.43	3.46	3.47	3.47	3.47	3.47	3.47	3.47	3.47	3.47	3.48
	0.01	4.48	4.73	4.88	4.96	5.06	5.12	5.20	5.24	5.28	5.36	5.42	5.48	5.54	5.55
11	0.05	3.11	3.27	3.35	3.39	3.43	3.44	3.45	3.46	3.46	3.46	3.46	3.46	3.47	3.48
	0.01	4.39	4.63	4.77	4.86	4.94	5.01	5.06	5.12	5.15	5.24	5.28	5.34	5.38	5.39
12	0.05	3.08	3.23	3.33	3.36	3.48	3.42	3.44	3.44	3.46	3.46	3.46	3.46	3.47	3.48
	0.01	4.32	4.55	4.68	4.76	4.84	4.92	4.96	5.02	5.07	5.13	5.17	5.22	5.24	5.26
13	0.05	3.16	3.21	3.30	3.36	3.38	3.41	3.42	3.44	3.45	3.46	3.46	3.47	3.47	3.47
	0.01	4.26	4.48	4.62	4.69	4.74	4.84	4.88	4.94	4.98	5.04	5.08	5.13	5.14	5.15
14	0.05	3.03	3.18	3.27	3.33	3.37	3.39	3.41	3.42	3.44	3.45	3.46	3.46	3.47	3.47
	0.01	4.21	4.42	4.55	4.63	4.70	4.78	4.83	4.87	4.91	4.96	5.00	5.04	5.06	5.07
15	0.05	3.01	3.16	3.25	3.31	3.36	3.38	3.40	3.42	3.43	3.44	3.45	3.46	3.47	3.47
	0.01	4.17	4.37	4.50	4.58	4.64	4.72	4.77	4.81	4.84	4.90	4.94	4.97	4.99	5.00
16	0.05	3.00	3.15	3.23	3.30	3.34	3.37	3.39	3.41	3.43	3.44	3.45	3.46	3.47	3.47
	0.01	4.13	4.34	4.45	4.54	4.60	4.67	4.72	4.76	4.79	4.84	4.88	4.91	4.93	4.94
17	0.05	2.98	3.13	3.22	3.28	3.33	3.36	3.38	3.40	3.42	3.44	3.45	3.46	3.47	3.57
	0.01	4.10	4.30	4.41	4.50	4.56	4.63	4.68	4.72	4.75	4.80	4.83	4.86	4.88	4.89

附表6　累计法平均增长速度查对表

平均每年增长%	各年发展水平总和为基期的%				
	1年	2年	3年	4年	5年
0.1	100.10	200.30	300.60	401.00	501.50
0.2	100.20	200.60	301.20	402.00	503.00
0.3	100.30	200.90	301.80	403.00	504.50
0.4	100.40	201.20	302.40	404.00	506.01
0.5	100.50	201.50	303.01	405.03	507.56
0.6	100.60	201.80	303.61	406.03	509.06
0.7	100.70	202.10	304.21	407.03	510.57
0.8	100.80	202.41	304.83	408.07	512.14
0.9	100.90	202.71	305.44	409.09	513.67
1.0	101.00	203.01	306.04	410.10	515.20
1.1	101.10	203.31	306.64	411.11	516.73
1.2	101.20	203.61	307.25	412.13	518.27
1.3	101.30	203.92	307.87	413.17	519.84
1.4	101.40	204.22	308.48	414.20	521.40
1.5	101.50	204.52	309.09	415.23	522.96
1.6	101.60	204.83	309.71	416.27	524.53
1.7	101.70	205.13	310.32	417.30	526.10
1.8	101.80	205.43	310.93	418.33	527.66
1.9	101.90	205.74	311.55	419.37	529.24
2.0	102.00	206.04	312.16	420.40	530.80
2.1	102.10	206.34	312.77	421.44	532.39
2.2	102.20	206.65	313.40	422.50	534.00
2.3	102.30	206.95	314.01	423.53	535.57
2.4	102.40	207.26	314.64	424.60	537.20
2.5	102.50	207.56	315.25	425.63	538.77
2.6	102.60	207.87	315.88	426.70	540.40
2.7	102.70	208.17	316.49	427.73	541.97
2.8	102.80	208.48	317.12	428.80	543.61
2.9	102.90	208.78	317.73	429.84	545.20
3.0	103.00	209.09	318.36	430.91	546.84
3.1	103.10	209.40	319.00	432.00	548.50
3.2	103.20	209.70	319.61	433.04	550.10
3.3	103.30	210.01	320.24	434.11	551.74
3.4	103.40	210.32	320.88	435.20	553.41
3.5	103.50	210.62	321.49	436.24	555.01

续表

平均每年增长%	各年发展水平总和为基期的%				
	1年	2年	3年	4年	5年
3.6	103.60	210.93	322.12	437.31	556.65
3.7	103.70	211.24	322.76	438.41	558.34
3.8	103.80	211.54	323.37	439.45	559.94
3.9	103.90	211.85	324.01	440.54	561.61
4.0	104.00	212.16	324.65	441.64	563.31
4.1	104.10	212.47	325.28	442.72	564.98
4.2	104.20	212.78	325.92	443.81	566.65
4.3	104.30	213.08	326.54	444.88	568.31
4.4	104.40	213.39	327.18	445.98	570.01
4.5	104.50	213.70	327.81	447.05	571.66
4.6	104.60	214.01	328.45	448.15	573.36
4.7	104.70	214.32	329.09	449.25	575.06
4.8	104.80	214.63	329.73	450.35	576.76
4.9	104.90	214.94	330.37	451.46	578.48
5.0	105.00	215.25	331.01	452.56	580.19
5.1	105.10	215.56	331.65	453.66	581.89
5.2	105.20	215.87	332.29	454.76	583.60
5.3	105.30	216.18	332.94	455.89	585.36
5.4	105.40	216.49	333.58	456.99	587.06
5.5	105.50	216.80	334.22	458.10	588.79
5.6	105.60	217.11	334.86	459.29	590.50
5.7	105.70	217.42	335.51	460.33	592.26
5.8	105.80	217.74	336.17	461.47	594.04
5.9	105.90	218.05	336.82	462.60	595.80
6.0	106.00	218.36	337.46	463.71	597.54
6.1	106.10	218.67	338.11	464.84	599.30
6.2	106.20	218.98	338.75	465.95	601.04
6.3	106.30	219.30	339.42	467.11	602.84
6.4	106.40	219.61	340.07	468.24	604.61
6.5	106.50	219.92	340.71	469.35	606.35
6.6	106.60	220.24	341.38	470.52	608.18
6.7	106.70	220.55	342.03	471.65	609.95
6.8	106.80	220.86	342.68	472.78	611.73
6.9	106.90	221.18	343.35	473.95	613.56
7.0	107.00	221.49	343.99	475.07	615.33

续表

平均每年增长%	各年发展水平总和为基期的%				
	1年	2年	3年	4年	5年
7.1	107.10	221.80	344.64	476.20	617.10
7.2	107.20	222.12	345.31	477.37	618.94
7.3	107.30	222.43	345.96	478.51	620.74
7.4	107.40	222.75	346.64	479.70	622.61
7.5	107.50	223.06	347.29	480.84	624.41
7.6	107.60	223.38	347.96	482.01	626.25
7.7	107.70	223.69	348.61	483.15	628.05
7.8	107.80	224.01	349.28	484.32	629.89
7.9	107.90	224.32	349.94	485.48	631.73
8.0	108.00	224.64	350.61	486.66	633.59
8.1	108.10	224.96	351.29	487.85	635.47
8.2	108.20	225.27	351.94	489.00	637.30
8.3	108.30	225.59	352.62	490.19	639.18
8.4	108.40	225.91	353.29	491.37	641.05
8.5	108.50	226.22	353.95	492.54	642.91
8.6	108.60	226.54	354.62	493.71	644.76
8.7	108.70	226.86	355.30	494.91	646.67
8.8	108.80	227.17	355.96	496.08	648.53
8.9	108.90	227.49	356.63	497.26	650.41
9.0	109.00	227.81	357.31	498.47	652.33
9.1	109.10	228.13	357.99	499.67	654.24
9.2	109.20	228.45	358.67	500.87	656.15
9.3	109.30	228.76	359.33	502.04	658.02
9.4	109.40	229.08	360.01	503.25	659.95
9.5	109.50	229.40	360.69	504.45	611.87
9.6	109.60	229.72	361.37	505.66	663.80
9.7	109.70	230.04	362.05	506.86	665.72
9.8	109.80	230.36	362.73	508.07	667.65
9.9	109.90	230.68	363.42	509.30	669.62
10.0	110.00	231.00	364.10	510.51	671.56
10.1	110.10	231.32	364.78	511.72	673.50
10.2	110.20	231.64	365.47	512.95	675.47
10.3	110.30	231.96	366.15	514.16	677.42
10.4	110.40	232.28	366.84	515.39	679.39
10.5	110.50	232.60	367.52	516.61	681.35

续表

平均每年增长%	各年发展水平总和为基期的%				
	1 年	2 年	3 年	4 年	5 年
10.6	110.60	232.92	368.21	517.84	683.33
10.7	110.70	233.24	368.89	519.05	685.28
10.8	110.80	233.57	369.60	520.32	687.32
10.9	110.90	233.89	370.29	521.56	689.32
11.0	111.00	234.21	370.97	522.77	691.27
11.1	111.10	234.53	371.66	524.01	693.27
11.2	111.20	234.85	372.35	525.25	695.27
11.3	111.30	235.18	373.06	526.52	697.32
11.4	111.40	235.50	373.75	527.76	699.33
11.5	111.50	235.82	374.44	529.00	701.33
11.6	111.60	236.15	375.15	530.27	703.38
11.7	111.70	236.47	375.84	531.52	705.41
11.8	111.80	236.79	376.53	532.76	707.43
11.9	111.90	237.12	377.24	534.03	709.48
12.0	112.00	237.44	377.93	535.28	711.51

参 考 文 献

[1] 李洁明，祁新娥. 统计学原理 [M]. 7版. 上海：复旦大学出版社，2017.
[2] 徐国祥. 统计学 [M]. 2版. 上海：格致出版社，2014.
[3] 贾俊平，何晓群，金勇进. 统计学 [M]. 7版. 北京：中国人民大学出版社，2018.
[4] 袁卫，庞皓，贾俊平，等. 统计学 [M]. 4版. 北京：高等教育出版社，2014.
[5] 曾五一，统计学简明教程 [M]. 北京：中国人民大学出版社，2012.
[6] [加拿大] 杰拉德·凯勒. 统计学：在经济和管理中的应用 [M]. 8版. 李君，冯丽君，译. 北京：中国人民大学出版社，2012.
[7] [美] Mario F. Triola. 初级统计学 [M]. 8版. 刘新立，译. 北京：清华大学出版社，2004.
[9] 周恩荣. 应用统计学 [M]. 北京：北京交通大学出版社，2007.
[10] 刘乐荣，刘彩云. 商务统计 [M]. 长沙：中南大学出版社，2015.